Japanese Mythology

日本神話

從創世神話到妖怪物語·奇巧·炫麗的神鬼世界

李潔
著

目錄

第1章

神出高天原

別天神與神世七代

這是一個萬物未生的時代。世界一片灰濛濛，沒有天空，也沒有大地，沒有山川河流，也沒有海洋與沙漠。這是一個混沌世界，是萬事萬物的初始。然而，這個世界正在一點一點地發生著變化：清揚的風正緩緩上升，變成天空，渾濁的泥沙凝聚著厚重的塵埃與土壤緩緩下沉，變成了最初的大地。而世界由此而生。

又過了很久，在高天與大地之間，有一塊軟如油膏一樣的物體，輕輕飄浮著，緩緩在天空遊蕩。慢慢地，在它的上面生出一個小葦芽，柔嫩又新鮮——這就是諸神之始。

天地間最早誕生的神明是天之御中主神。這是天空的中心之神，也是天上的主宰者，象徵著世界本身，是第一世代的神明，在創世後就歸隱了。

接下來誕生的是高御產巢日神，掌管著生命與繁殖，是生命形成之神，也喚作「產靈之神」。這是高天原系統的創造神，能號令高天原諸神，其女兒是天孫邇邇藝命之母。他後來雖然歸隱，卻經常為後世之神留下神示，為他們指引方向。

此後，誕生了幽冥界的主宰神明——神產巢日神，這也是一位產靈之神，又名「神皇產靈神」，是出雲系國津神的創造者。這位神明住在高天原，雖慣常不理俗世，但有時也會發號施令，幫助後來出現的大國主神。

天之御中主神、高御產巢日神和神產巢日神，並稱為高天原的造化三神，這三位神明終生沒有結婚。他們後世雖然生出諸多神明，卻並不是婚生子孫。

在造化三神之後，讚美葦芽神聖的宇摩志阿斯訶備比古遲神和永遠生存在天上的天之常立神也相繼出現，這兩位神明與造化三神合稱「別天神」。

雖然別天神不分男女，飄忽不定，卻在高天原之上主宰著天界的萬事萬物，是天界永存不滅、萬古恆昌的象徵。

葦芽繼續化生，誕生了國之常立神，掌管著蒼茫大地，與天之常立神對應而生，象徵地之四極永存不滅，這就是神世七代中的第一代神明。

然後誕生的是豐雲野神，豐雲野神與別天神和國之常立神一樣，是「隱形獨神」，既沒有性別，也沒有形體。豐雲野神誕生之際，天與地、地與海還沒有區分開，這是一位原野之神，也是神世七代中的第二代神明。或許造物主覺得這些「隱形獨神」孤單而無聊吧，從第三代神明開始，新的神明有了性別，有了血肉之軀，他們是宇比地邇神和須比智邇神。身為男性的宇比地邇神是泥土神，而身為女性的須比智邇神是沙土神。從此，世界開始有了土壤，更加踏實。

第四代神明是角杙神和活杙神，他們是一對木樁神，掌管山林木材。角杙神是男神，使植物的根莖發芽，支撐大地；活杙神是位女神，她的存在使植物生長。

第五代神明也是一對神明，男神為意富斗能地神，女神為大斗乃辨神，他們是居所之神，也就是建築神。

神明此時雖已經有了性別與實體，卻缺少靈性，這時，在葦芽中誕生了一對新的神明。男神為淤母陀琉神，是創造面目的神明；女神是阿夜訶志古泥神，是傳輸思想的神明，他們就是第六代神明。

至此，土木建築齊全，生命就可以建房築屋，定居下來；有了面目，就能夠進行交際；有了思想意識，就能夠超越現實，使神識通達天地。

第七代神明比以往的神明更加優秀，男神叫伊邪那岐，又稱伊奘諾尊；女神叫伊邪那美，又稱伊奘冉尊。他們是一對出色的兄妹，面貌姣好，思維靈活，也是此後諸神的主宰，無所不能。伊邪那岐與伊邪那美互相吸引、互相扶持，在他們的努力下，天地和諧，生機盎然。

天浮橋

有了面目與智慧的伊邪那岐與伊邪那美，生活在廣闊無際的高天原上。雖有諸神的陪伴，但那些神明要麼連形體都沒有，要麼沒有性別與面目，溝通起來十分困難。伊邪那岐與伊邪那美感到非常孤獨，在漫長的歲月裡，他們過著了無生趣的日子。伊邪那岐和伊邪那美無法忍受，兩位神明常常相互傾訴，借此打發時間。

一天，兩人一同散步時，漫步到天浮橋上。看著波濤洶湧的大海，兩個神明不約而同地誕生了一個奇妙而偉大的想法，他們要在海上建造一片樂土，那裡不同於寂寥的高天原，是充滿神奇生機的國度。

伊邪那岐與伊邪那美找到了一支矛，這矛有著長長的木柄，並且鑲嵌著美玉，被後世稱為「天瓊矛」。二神合力將天瓊矛扎入海中，努力攪動著長矛。海水翻滾得十分厲害，發出轟隆巨響。很久之後，伊邪那美與伊邪那岐一起用力提起天瓊矛。海中生出巨大的水柱，盤旋在天瓊矛周圍。突然水柱順著天瓊矛倒灌下去，在天瓊矛的尖端，一些海鹽、泥沙等沉澱物慢慢地開始凝聚、堆積。不久，在廣闊無邊的大海中，一個嶄新的島嶼凝結出來，這就是淤能碁呂島，意為「自行凝固」的島嶼，它是高天原下的第一個島嶼。《古事記》中，仁德天皇曾頌詠和歌，提到這座非凡的島嶼：「離於皇居，立難波岬，遙望國土，可視淡島，淤能碁呂，望檳榔島，佐氣都島。」也就是說，傳說中的淤能碁呂島，可能在瀨戶內海諸島之中。

造神運動：八百萬神

伊邪那岐與伊邪那美望著淤能碁呂島，十分開心，他們從天浮橋上走下來，輕盈地跳到了淤能碁呂島上，感覺新奇而有趣，同時又非常興奮。這是神聖的創造，是他們帶給世間的第一塊土地。為了紀念這次偉大壯舉，二神在淤能碁呂島上立起了一根巨大的圓形柱石，並給這塊聳立在島上的巨石取名為「天之御柱」。

伊邪那岐與伊邪那美在淤能碁呂島之上，縱情歌舞，歡喜地擁抱在一起。忽然，他們又像觸電般快速跳開了。

此時萬籟俱寂，有一種難以言說的氣息彌漫在這對男神與女神之間。二神呆呆地站在孤島之上，凝望著彼此的身體。伊邪那美與伊邪那岐的眼中，不約而同地綻放出激蕩之情，胸中的欲望之火難以遏制地翻滾沸騰。伊邪那岐好像第一次看到伊邪那美的體態：亭亭玉立，婀娜曼妙。伊邪那美也好似第一次看清伊邪那岐雄壯的身姿：充滿陽剛，挺拔健美。

伊邪那岐含情脈脈地問伊邪那美：「我可愛的妹妹，你如此美妙迷人的身姿，是如何長成的？」

伊邪那美被看得有些羞澀，她低聲回答：「我親愛的哥哥，我這美麗的姿色是與生俱來的，即使這樣，我還是有點苦惱，不知為何，我的身體上有一處永遠也無法癒合的凹陷，使我的身體不夠完美。」

伊邪那岐卻說：「伊邪那美，你看看我，這副雄健的身體上，也有一處多餘的隆起，這個凸出之處，令我十分羞愧與難堪，不知道它有什麼用。今天才恍然大悟，原來這都是天意，上天給了我們各具形態的身體，均有神妙的趣味。我身體的這部分凸起，與你身體的凹陷處相合，如此成為完美體態，豈不妙哉？」伊邪那岐一臉誠懇地望向自己的妹妹。

伊邪那美十分認同：「你這主意甚好。」

這是天作之合，是高天原的神聖旨意，需要有隆重的儀式來與之相配。伊邪那岐與伊邪那美再三商量後說：「伊邪那美啊，我倆不如圍繞著天之御柱舉行我們的結合儀式，你從右走，我從左走，男左女右，環繞此柱，相遇之後，我們就可以開始結合了。」

蒼茫大海碧波萬頃，在二神合力創造的淤能碁呂島上，伊邪那岐與伊邪那美開始了莊嚴神聖的結合儀式。他們繞著巨大的天之御柱，向相反的方向奔跑，終於迎面相遇。伊邪那美氣喘吁吁，欲火無法壓抑，於是高聲叫著：「伊邪那岐，你真是個偉岸剛健的好男子！」伊邪那岐也欲望勃發，勢如奔馬，撲向伊邪那美，他讚歎著：「伊邪那美，我親愛的妹妹啊，你是如此出色的女子！」

在這高高聳立的天之御柱下，伊邪那岐與伊邪那美陰陽合璧，終於在天之御柱下結合在一起。

沒過多久，伊邪那美就懷孕生子了。這是一對雙胞胎，第一個孩子沒有發育完全，是一個天生軟骨的水蛭子。而第二個孩子也並不稱心如意，性別不詳，二神為其取名淡島。

伊邪那岐與伊邪那美非常難過，他們十分困惑，如此神聖的創造性活動，為何卻產生了這麼悲涼的後果？他們將水蛭子裝入蘆葦船，推入茫茫大海，漂向遠方。至於淡島，自然也被遺棄，任其自生自滅。

二神為這件事苦惱了很久，終歸還是無解。他們向高天原諸神問詢，眾神焚燒了朱櫻樹皮，烘烤鹿的肩胛骨，根據裂痕來占卜，最終得到了上天的啟示。

原來，他們的誠心與嚴謹的儀式都無可厚非，但在儀式中女性先開口說了話，這非常不合規則，觸犯了忌諱，遭到了報應。高天原諸神告誡他們要吸取教訓，命令他們重新來過。伊邪那岐和伊邪那美從此以後，嚴格遵循這條規則，不論做什麼，都是男先女後，男人主動，女子被動。

伊邪那岐與伊邪那美重新開始繞著天之御柱奔走。在這次相遇之時，伊邪那岐先開口了：「美麗聰慧的伊邪那美，請你做我的妻子。」伊邪那美回答他：「勇敢偉大的伊邪那岐，只有你才配得上我。」兩位神明再次進行了神聖的夫妻行為，這次結合後效果很好，順利產子。後來伊邪那美生下了八個稱心如意的子女，這些孩子後來成了日本各地的國土，他們就是八大洲，也稱八大島國。

首先是大日本豐秋津洲（奈良縣），其意為「上天保佑五穀豐登的大和國」。然後是伊予之二名洲（四國島）。此後是筑紫洲（福岡縣）、隱岐洲（隱岐島）、佐渡洲（新潟縣）、越洲（日本西部地區）、大洲（山口縣的屋代島）、吉備子洲（岡山縣的兒島半島）。這八大洲都是伊邪那岐和伊邪那美所生的神國。

自八大洲誕生後，伊邪那岐與伊邪那美開始了幸福美滿的生活，他們在高天原上眺望自己的兒女，心滿意足，但同時又有些替他們擔憂，怕他們的生活單調乏味，沒有情調，也怕土地貧瘠無法好好養育兒女。二神再次進行創造，他們造出高山丘陵、湖泊河流，再添置花草樹木，使大地生機勃勃，綠意盎然。此後，兩位神明又生育了其他神祇，為天地設立秩序，為萬物擬定規則。

最初誕生的是家宅六神，他們都是與居住有關的神明。先有了石頭與泥土之神石土毘古和石巢比賣，他們提供建築房屋的材料地基。然後又生下了門板之神大戶日別、屋頂之神天之吹男、構造房屋之神大屋毘古，以及防範風災、保護房屋的風木津別之忍男神。

之後誕生的是海神大綿津見與河神速秋津日子、速秋津比賣。在父母之命下，海神與河神又聯姻生下了八位神明。其中，沫那美使大海與河川洶湧激蕩，浪濤起伏，沫那藝則負責平息大海與河川的風浪。水利神天之水分在天空管理灌溉用水，國之水分管理地上的水利灌溉。水利神天之久比奢與國之久比奢在乾旱之時，教會人們獲取水源來拯救大地，頑強地生存下去。水泡神頰那藝與頰那美負責照顧江河湖海中的生命，為它們提供氣息與食糧。

在山川中有樹神久久能智，掌管植物的茁壯成長，枝葉長青。山神大山津見是山中精靈和萬物的管理者。平原神名為野椎神，又名鹿屋野比賣，是所有平原的主宰者。伊邪那岐與伊邪那美又讓山神與平原神結合，生下了八位新的神明。

首先是掌管山坡路的天之狹土和國之狹土，他們為人們修築通往深山峻嶺的道路，使人們能從深山中獲得生存所需的東西。

天之狹霧神與國之狹霧神，負責將山地與平原一分為二——人們從此有了農耕與狩獵兩種生存模式。

天之暗戶與國之暗戶負責管理山中的溪谷，守護著大山中的峽谷與山溪。

大戶惑子和大戶惑女是一對方向神，幫助人們在山谷中找到方向。

此時世間終於誕生了一位非自然神明，他就是鳥之石楠船神，也就是傳說中的天鳥船，這是一艘可以凌空飛起的神船，他能載著地上諸神，去平定世界上諸多事端。

還有一位非自然神名為大宜都比賣，她是一位女神，為人類提供各種食物。從此，伊邪那岐與伊邪那美創造的世界裡，天上有日月星，地下有水、火、風，還有高山平原。人們有了房屋和食物，能夠沿著山路進入深山，駕著船舶縱橫滄海，一個嶄新而又豐富多彩的世界已經開始運行了。

體貼的父神與母神又想讓子女過得更加舒適，他們希望房屋能夠在冬天也溫暖起來，讓人們能吃到煮熟的食物，讓夜晚也有光芒。由此降臨的是帶著光芒而來的神明，他就是火之迦具土神，又稱「火之夜藝速男神」，他具有無邊威力，帶著熊熊烈火，降生世間，為世間烘烤食物，提供溫暖。

這些神明相互聯姻，繁衍後代，生生不息，最終造就了大量的神明，再加上各種方式新誕生的神明，形成了日本的「八百萬神」。到了後來，神明的出現更加隨意，只要能夠受人崇拜，得人香火，便可被尊為神明。各種各樣的神明開始在日本安家落戶，在不同時代各領風騷，演繹著各自的神話故事。

從碧落到黃泉：由愛生恨的天神

火之迦具土神出生的時候渾身帶著火焰，燒傷了伊邪那美的身體。女神重傷不癒死去了。伊邪那美臨死前的嘔吐物生成了礦石神，名為金山毘古和金山毘賣；她因痛苦而腹瀉出的糞便，變成了肥料神，名為波邇夜須毘古和波邇夜須毘賣；她的尿生成了另一種肥料神，名為彌都波能賣與和久產巢日神。這兩位神明結合，生出了農作物之神，名為豐宇氣毘賣。

美麗的女神伊邪那美去世後，伊邪那岐痛哭失聲，他失去了最愛的妻子，卻沒有任何辦法，只能哭訴衷腸：「我親愛的妻子，你怎麼能用自己的性命換這個孩子呢？這不值得。」

雖然如此悲傷，伊邪那岐仍舊不忘造神。他的淚水變成了哭神——泣澤女神。這位女神此後隱居在香具山畝尾的木本。伊邪那岐無法喚醒死去的妻子，心灰意冷，帶著已經沒有了氣息的伊邪那美，來到了出雲國和伯伎國之間，將伊邪那美埋葬在了比婆之山上。

離開了心愛的伊邪那美，伊邪那岐心中的悲痛無以復加，他尋根溯源，由悲轉怒。造成伊邪那美死亡的直接原因是燒傷她的火神迦具土。儘管火神的火是其天性，但被憤怒沖昏頭腦的伊邪那岐無處發洩，他拔出了十拳劍，走向他和伊邪那美剛出生的兒子火之迦具土神。

「雖然你是我和伊邪那美的孩子，但是你害死了你的母親、我的妻子，你的罪孽不可饒恕！」伊邪那岐揮舞十拳劍，劈向火神。無辜的火神並沒有抵抗之力，當場被父親殺死，他血濺三尺，這些血隨即變成了新的神石拆神、暗御津羽神等八神，他的屍身又變成了正鹿山津見神、戶山津見神等八神。

然而，即使殺死火神，也無法再回到從前。伊邪那岐日夜思念著伊邪那美，他下定決心，要去黃泉國尋找他美麗溫柔的妻子。

伊邪那岐來到黃泉國的大殿門前，竟看到妻子伊邪那美開門相迎。伊邪那岐激動萬分，他想帶妻子回家，於是和妻子商量：「伊邪那美，我們共同創造的國土還沒有完成，請你跟我回家。」

伊邪那美也很想家，想她的丈夫和孩子，但她回不去了，陰陽相隔，人鬼殊途，即使是神，死後也要受到規則的約束。

伊邪那美對伊邪那岐說：「真是太可惜了，伊邪那岐，你來晚了一步，我已經吃了黃泉的食物，難以返回陽間。你如此愛我，還追到黃泉國來尋我，我很感動，然而，我現在受黃泉之神的管轄，需要黃泉之神的許可才能離開。所以請你在門前等我，在這期間千萬不要進去找我。」

伊邪那美說完，就回到殿裡，再沒有出來。

伊邪那岐等了很久，這麼長時間，在這幽暗的黃泉，伊邪那美究竟和黃泉之神說了什麼？黃泉之神同意她回家了嗎？還是她沒有得到黃泉之神的許可，觸怒了黃泉之神？伊邪那美不會是出事了吧？或者，伊邪那美根本就是在騙他，她並不想回到自己的身邊？

伊邪那岐心焦如焚，雖然記得伊邪那美的叮囑，但是他實在等得太久，害怕發生什麼變故，於是他取下了左髮鬟上的多齒木梳，點燃一根梳齒，照亮了黃泉之路，進入黃泉國度。他終於看到了他所牽掛的伊邪那美，然而，眼前的一幕讓他又驚又懼：伊邪那美赤裸裸地躺在黃泉大殿中，身上爬滿蛆蟲，這些蟲子在啃食伊邪那美的身體。大雷、伏雷等八個雷神也附在伊邪那美身上，情形十分詭異可怖。伊邪那岐不敢相信自己的眼睛，那個美麗賢慧的妻子，竟然變成了這種齷齪骯髒、不堪入目的樣子，這讓他實在無法接受。

伊邪那岐退縮了，他不顧妻子的心情轉身就走，逃跑一樣離開了黃泉國，曾經想帶著妻子一起回家的執念已經煙消雲散。伊邪那美已經不再是他所愛的那個女人了，她變成了醜陋的怪物。伊邪那岐拋棄了他的妻子，落荒而逃。

伊邪那美為了與伊邪那岐一同回家，飽受了諸般痛苦，然而伊邪那岐違背了約定，他那種嫌棄的目光，讓伊邪那美羞憤交加。伊邪那岐的決然離去，讓伊邪那美備受打擊，被丈夫拋棄的怒火，使她對伊邪那岐的愛意全部變作恨意。

伊邪那美派出黃泉巫女追趕伊邪那岐。倉皇中伊邪那岐取下頭上的黑髮飾丟到了地上，黑髮飾落地生根，瞬間長成葡萄藤，生出多汁甜美的野葡萄。生長在黃泉國的巫女從未見過這般美食，放棄了追趕伊邪那岐，在葡萄藤下痛快地摘吃起了葡萄，使得伊邪那岐趁機逃走。

黃泉巫女的追捕失敗了，伊邪那美又派出八大雷神，率領著一千五百名黃泉大軍，追趕伊邪那岐。伊邪那岐揮舞著十拳劍，將黃泉軍和八雷神打得落花流水。伊邪那岐且戰且退，終於到了黃泉國與葦原中國的邊界比良坂。

黃泉軍再次追來，伊邪那岐又一次施展神術，從比良坂的桃樹上摘下三枚桃子，用桃子猛砸黃泉軍。桃子帶著辟邪的神性，是黃泉軍的剋星。黃泉軍見到砸來的桃子，慌忙逃竄，最終撤軍。伊邪那岐十分感激桃子：「你剛剛救了我，我封你為大仙桃神，今後，如果葦原中國的眾生遇到了苦難，你也要像剛才一樣拯救他們。」

伊邪那美見黃泉軍大敗而歸，只好御駕親征，伊邪那岐則在黃泉比良坂立起了千引石。隔著千引石，這對昔日的恩愛夫妻相望而立，彼此之間卻再沒有愛，只有相互之間無窮無盡的恨意。伊邪那美咬牙切齒：「伊邪那岐，你對我如此絕情，我不會放過你，即使無法殺掉你，我也會每天殺死上千葦原中國的人。我要讓你嘗嘗背叛我的苦果。」伊邪那岐卻凜然不懼：「伊邪那美，我的妻子，如果你這麼對我和我的國人，我就要每天造就一千五百個新生嬰兒，以延續我的國度。」

從此，父神與母神夫妻二人陰陽永隔，勢不兩立。伊邪那岐在葦原中國統治生者，伊邪那美在黃泉國管轄死者，又稱黃泉津大神。黃泉比良坂，就是夫妻二人最後的決裂之處，那塊巨大的千引石，也成了神，名為道反大神，又名「塞坐黃泉戶大神」。

從黃泉歸來，伊邪那岐非常悲傷，決心和這段不堪回首的往事告別，開始新的生活，於是他進行了一番儀式，要洗掉在黃泉國沾染到身上的汙穢之氣。伊邪那岐來到了筑紫日向國橘小門的阿波岐原，進行了此世的第一次祓禊，以水潔淨身體，去除穢厄。現代的日本人去神社參拜時，先用水洗手漱口，便是源自這一最初的祓禊。洗浴需要脫掉身上的衣服飾物，在這一過程中，伊邪那岐又生出了諸多神明。他丟下的手杖，變成了陸地上的引路神，名為衝立船戶。他解開的衣帶變成了護佑出行者旅途平安的神明，名為道之長乳齒神。他脫下的衣裳變成了時辰神，名為時量師，為人們確定旅途行止的吉日佳期，以避免災禍，帶來好運。伊邪那岐脫下的華麗外套，變成了解憂神，名為「和豆良比能宇斯能」，為人們驅散旅途中的煩惱與憂思。伊邪那岐的褲子變成守路神，名為道俣，專為旅人消災解難。他的冠飾變成了飽咋之宇斯能神，為旅人消除旅途疲勞，讓其重整旗鼓。伊邪那岐左手的玉串，散落在地，變成三位海路神，他們是奧疎神、奧津那藝佐毘古神和奧津甲斐辨羅神，他們在廣闊的深海標明航路，使人們能避開暗礁險情，平安出海。他右手的玉串也變成另外三位海路神，他們分別是邊疎神、邊津那藝佐毘古神和邊津甲斐辨羅神，他們在近海海域為漁民指明方向，使漁民避開風浪海嘯並獲得豐收。

由於要洗浴的河流上游湍急，下游又太緩慢，都不適合洗浴，伊邪那岐來到了河流的中游，進入河水中，開始沐浴。

伊邪那岐身上洗下來的汙穢之物變成兩位神明，名為八十禍津日和大禍津日，他們是伊邪那岐從黃泉帶回來的穢物，這兩位神明，造成了後世諸多的災難與瘟疫。

第二次洗滌身體，伊邪那岐造就了三位神明，名為神直毘神、大直毘神和伊豆能賣神，他們是伊邪那岐被黃泉軍追殺時沾染的穢物，這三位神明是後世所有不幸與苦難的根源。

滌淨所有穢物，伊邪那岐身心舒泰，暢遊於河水之中。他鑽入河底，由此而誕生了兩位水底水產神，名為底津綿津見與底筒之男命。伊邪那岐上升到水中層，由此生出兩位魚神，名為中津綿津見和中筒之男命。伊邪那岐浮出水面，生出了水面水產神，名為上津綿津見和上筒之男命。

「綿津見」是「大海」的古語，三位綿津見神是後世的航海、漁業之神。「筒之男」是獵戶座的三顆明星，可以作為暗夜航海的標識，三個筒之男命成為後世的海上保護神，是水手所尊奉信仰的海洋守護神。

洗淨了身軀，伊邪那岐開始洗刷面部。他清洗左眼，生成了天照大神[1]；清洗右眼，生成了月讀命[2]；清洗鼻子，生出了素盞嗚尊[3]，又稱「須佐之男」。這三位神明得到伊邪那岐的重視與寵愛，後世將這三位身分極其尊貴的神明合稱為「三貴子」。

1 天照大神：或稱「天照大御神」，是高天原的統治者與太陽的神格化，被奉為日本天皇的始祖，也是神道教最高神。
2 月讀命：別稱「月夜見」，是掌管黑夜的神明。
3 素盞嗚尊：又名「須佐之男」，負責治理海洋。

第2章

天津神

三貴子

「三貴子」是伊邪那岐最鍾愛的三個孩子，他們分別是天照大神、月讀命與素盞鳴尊。

天照大神是太陽神，她誕生之時，瑞彩千條，光華奪目，輝芒耀天，令伊邪那岐十分欣喜。他從未見過如此具有靈性的孩子，天生尊貴，精氣十足。伊邪那岐認為這孩子日後一定能夠成為天地的主宰，他讓天照大神沿天之御柱向上飛升，穿越雲海，渡過天浮橋，達到縹緲空靈的高天原。天照大神將成為未來高天原的萬神之神，是萬能的天空之主，也是後世天皇的祖先。

月讀命為月亮女神，又喚作月弓尊、月夜見尊、月讀尊。她秀美而清冷，十分靦腆，伊邪那岐喜愛她的忍讓與謙卑。天照大神光照大地的白晝之時，月亮神隱去自己的輝芒，將天下讓與日神。夜晚降臨，天照大神收回日光，開始休息的時候，月亮神在黑暗中展現皎潔容顏，驅散天地間的暗影與恐懼，成為夜之國的主宰。

素盞鳴尊是天照大神與月讀命的弟弟，也是三貴子中唯一的男神。這位男神有著強壯的身體，十分剽悍，好鬥而頑皮。素盞鳴尊出生後知道兩個姊姊得父親寵愛，就哭鬧不休，想要吸引伊邪那岐的注意，與姊姊們爭寵。

伊邪那岐見這孩子如此好勝，十分擔心他會擾亂高天原的寧靜與和諧，就命他降臨下界，統治海洋與陸地。

伊邪那美的去世讓人悲傷，但天照大神與月讀命都恪守本分，努力治理好自己的管轄之地，只有素戔嗚尊不同。因為思念母親，這孩子不停地哭泣，哭聲帶著殺傷力，嚇死了凡間很多人——他一哭，全世界的人都為之戰慄，就連花草樹木都瞬間枯萎。伊邪那岐心想既然如此就如他所願，於是貶他去了根國，也就是黃泉之國。

然後，伊邪那岐就歸隱了，去了多賀（今滋賀縣）犬上郡的敦賀，再也沒有回來。

憑什麼兩個姊姊都在天上，只有他一個孤零零流落地下？素戔嗚尊不服安排，要去高天原找姊姊天照大神。在素戔嗚尊向高天原上升的時候，他的力量顯現出來，大地與海洋都為之震動，波濤洶湧，發出震天的響聲。

天照大神
天照大神是伊邪那岐最寵愛的孩子，她是一位光彩奪目的女神，為世間帶來光明與希望，將高天原治理得和平安樂。她喜歡種植植物，養蠶織布，飼養小動物，並讓子孫將這些技藝帶到人間，傳授給葦原中國的人。

高天原諸神都被驚動了。雖然天照大神是十分溫和的神明，但她看到弟弟這氣勢，知道來者不善，免不了要有一番爭鬥。於是，她解開髮結，盤成角髮，兩邊飾以瓊玉，做男人裝束，戴上父親送給她的玉串，然後背上弓箭，手執寶劍，全副武裝，嚴陣以待。

素戔嗚尊原本只是想來看望姊姊，沒想到被當成了入侵者。他只好向天照大神解釋，自己只是想念母親，卻被父親所厭棄，於是想來與姊姊告別，再去黃泉國找母親，並沒有任何陰謀與企圖。

天照大神半信半疑，這個一向惹禍的弟弟讓她十分頭疼。這小子性格乖張暴戾，在天上地下都是出了名的。

素戔嗚尊見姊姊依舊不肯相信自己，也有點生氣：「既然你不相信我，那麼我們不妨對天盟誓，讓蒼天來裁決是非。」

這就是著名的天安河盟誓。

天安河又稱為銀河，天照大神與素戔嗚尊站在天安河兩側，開始盟誓。

「我們在這天安河之上，對天發誓，誓言將會化作神子，如果出生的是女孩子，說明我沒有不良居心；如果出生的是男孩，證明我心懷不軌。」

盟誓後，天照大神拿過素戔嗚尊的十拳劍，折為三段，斷劍被投入天之真名井中，洗淨後，天照大神將三段寶劍丟入口中嚼碎，吐出三位神明。這是三個美麗的女孩，她們都是素戔嗚尊的女兒，是三位女海神，多紀理比賣命是縹緲的海島女神，市寸島比賣命是碼頭與港口女神，多岐都比賣命是湍急的險灘女神。

素戔嗚尊拿過天照大神所佩戴的三塊玉飾和兩個玉串，放入天之真名深井中，洗淨後丟入口中嚼碎，並向天禱祝，生出了五位神明。他們是天照大神的兒子，分別是正勝吾勝勝速日天忍穗耳命、天之菩卑能命、天津日子根命、活津日子根命和熊野久須毘命，他們都是活潑健壯的男孩，掌控著陽光、溫暖與烈火。

這樣的盟誓結果，讓素戔嗚尊十分興奮，他的劍變成女孩，說明他心思清白真誠，沒有敵意，天照大神的玉飾和玉串卻變為男孩，有刀兵之意。

天照大神看到這個結果，也有點羞愧，知道誤解了弟弟。她讓三位新生的女神去筑紫島，分別掌管奧津宮、中津宮和邊津宮，她們後來成為筑紫島著名氏族所供奉的三尊大神。天照大神又讓五位新生的男神去凡間，他們繁衍後代，在各國留下了一代又一代的後裔，也成為這些地區所供奉的祖先神。

素戔嗚尊在勝過天照大神後，住在了高天原。然而，他性情原本就古怪暴躁，再加上剛回高天原時被姊姊懷疑，覺得委屈而鬱悶，就想辦法胡鬧以發洩心中不滿。此外，他認為盟誓時能夠順利取勝，也是由於老天眷顧，說明自己是得到天意寵愛的，越發驕縱。因此，在高天原沒住多久，他就原形畢露，又開始惹禍了。

高天原有良田千畝，碧綠的原野一望無際，景色宜人。素戔嗚尊卻在田地中縱情奔跑，將田中的水渠與溝壑踩得一塌糊塗，田中的莊稼也被踩得東倒西歪，損失慘重。

每年豐收時節，高天原要舉行祭祀，天照大神率領眾神在神聖的祭壇品嘗新豐收的稻穀。然而素戔嗚尊大喊大叫，踢翻所有祭品與容器，之後又脫下褲子，在祭器上拉屎撒尿。

高天原諸神忍無可忍，紛紛跑到天照大神面前告狀，要求她嚴懲暴徒，將素戔嗚尊逐出高天原。

然而，對於自己這個唯一的弟弟，天照大神卻十分容忍。一則是因為他年幼失去父母，十分可憐，另外，當初素盞嗚尊剛上高天原的時候，天照大神覺得自己確實錯怪了他，內心愧疚，在諸神的指責中，天照大神依舊袒護弟弟，說他去農田只是為了重新劃分土地，減少浪費，這說明他非常愛惜土地。至於在祭壇上拉屎撒尿，撒潑胡鬧，只是因為他酒後失態而已，那些汙穢之物，也只是酒後嘔吐的東西。日本人向來對飲酒後的失態與惡行是相當寬容的，但是天照大神這麼說，只是為了給素盞嗚尊找藉口。這赤裸裸的袒護，讓高天原諸神啞口無言，他們很無奈，既然天照大神都為素盞嗚尊開脫，那就只能順其自然，不再理會此事，只是每位神明都惴惴不安，生怕這小子再惹出什麼禍來。

素盞嗚尊看到天照大神如此退讓，卻覺得這個姊姊心虛了，實在懦弱可欺，他更加肆無忌憚，胡鬧程度再度升級。

天照大神平時喜歡飼養動物，她養了一匹天斑馬，這馬餵養得十分精壯，毛色也異常美麗，是天照大神的愛寵。此外，天照大神也喜歡華麗的衣服，經常向其他神明敬獻神衣，因此，她專門有一個織布廠，很多織女在裡面織布。天照大神自己也很喜歡做手工，白天的政務處理完畢後，她就會來與織女們一起織布，放鬆心情。

素盞嗚尊得知這兩個資訊，以為掌握了天照大神的弱點。他跑到馬廄，用十拳劍斬殺了天斑馬，並剝下馬皮，原本美麗健壯的天斑馬，立刻鮮血淋漓，一命嗚呼。然後，趁著天照大神在機房與織女共同織布的時候，素盞嗚尊扛著剝了皮的天斑馬，跑到機房屋頂，掀開瓦片，將鮮血淋漓的天斑馬丟了下去。

天斑馬轟然從天而降，機房內立刻血光四濺。天照大神與織女都嚇傻了。一台織布機上的梭子被馬屍撞飛，直接扎死了一個織女。

素盞嗚尊如此胡鬧，最終導致他與天照大神關係的破裂。

天照大神的隱與現

素盞嗚尊的所作所為讓天照大神既失望又羞愧，她感覺無顏面對高天原諸神，同時又有些畏懼，怕素盞嗚尊再做出什麼出格的事情，危害到自己。而此時的素盞嗚尊更加肆無忌憚，他的胡鬧已經超過了孩子淘氣的程度，簡直可以用邪惡來形容。

天照大神氣憤而痛苦，她原本愛著這個弟弟，現在卻十分憎惡他，再也不想見到他。對於她對素盞嗚尊之事的處理方式，高天原諸神也頗多非議，這讓天照大神十分下不了台。左右為難之際，天照大神逃到了天之岩戶，躲進了石屋裡，不想出來。

沒有了天照大神的光芒普照，高天原陷入一片漆黑，高天原之下，陸地與海洋也陷入永夜的狀態，無論是人還是神，都只能在黑暗中生活。

沒有了天照大神的束縛與監管，素盞嗚尊如脫韁野馬，在天地間肆意逞凶。他所過之處，無論是高天原還是人間，都妖風四起，鬼怪橫行，戰爭瘟疫與水旱大災交替。

由於素盞嗚尊勇武強悍，殘暴狡詐，所有神明都拿他沒轍，只有天照大神能夠管教與懲治他。於是，為了使漆黑的世界恢復光明，驅散邪惡與災難，八百萬神明齊聚於天安河邊，舉行降魔大會，想辦法解決問題。

智慧天神思金神提議，要想制伏狂亂之神素盞嗚尊，只有讓天照大神親自出馬。智慧天神思金神是高御產巢日神之子，當年伊邪那岐與伊邪那美第一次婚禮失敗後，高御產巢日神曾為他們提供正確的建議，使他們誕生下健康而高貴的後代神明。

天照大神這時正躲在天之岩戶不肯出來，所以，思金神這個降魔方案的關鍵，就是要使隱居的天照大神重現高天原。

高天原上，有一隻專門報時的長尾神雞，思金神將牠找來，帶到天之岩戶前，從早晨到晚上，每天不停地打鳴，叫聲讓天之岩戶分外喧囂。

接著，高天原諸神又按照思金神的吩咐，找到了鍛造技藝精湛的冶煉之神，從天安河畔取來冶煉用的天堅石，開採天金山的礦石。材料與人員配備齊全，就叮叮噹噹地開工了。冶煉神伊斯許理度賣命在思金神的指示下，打開冶煉的火爐。最後，一面明澈可鑒、光芒奪目的八咫銅鏡被鍛造出來。與此同時，思金神又讓玉神玉祖命開採高天原上碧綠溫潤的優質美玉，製成了精美絕倫的八尺瓊勾玉串。

當然，這次行動也要得到天意的認可。於是，思金神請來占卜神天兒屋命，取來天香山的特產——公鹿的肩胛骨與朱櫻樹的樹皮，將它們燒出龜裂的紋路，以占卜神意，進行祝禱與祈福。

八百萬神都動員起來，參加這次活動。他們將天香山上的神樹真賢樹連根拔除，運到天之岩戶前，在繁茂的樹枝上，將美麗的八尺瓊勾玉串掛在真賢樹的枝頭，將金光閃閃的八咫銅鏡掛在粗壯的樹枝上，又在下面的樹枝上掛滿黑白相間的神幡，這棵真賢樹，立刻變得華麗而耀眼，迎風招展，璀璨奪目。

這些工作準備妥當，天兒屋命就開始按照計畫，根據燒裂的鹿肩胛骨和朱櫻樹皮，來解讀天意寄託的卦辭。高天原上的諸神頂禮膜拜，靜靜聆聽，整個場面十分盛大莊嚴。

與此同時，大力神天手力男早已按照思金神的命令，潛伏在天之岩戶石門旁的暗處，他屏息凝神，等待關鍵時刻的到來。

天宇受賣命是一位十分古怪的女神，她將鬢飾紮起，頭上亂糟糟地纏滿天香山的藤蔓枝條，又帶來一個大木桶，把衣袖捋起使用蠻力將大木桶倒過來，然後天宇受賣命自己跳到大木桶上，發出「騰」的一聲，雙腳踏著木桶底，瘋狂地舞蹈起來，光腳踩在木桶上，猶如敲響一面大鼓，整個高天原都在鼓聲中震顫。她越跳越急，恣意展現出各種神態，扒開自己的衣服，裸露身體，以戲謔荒誕的舞姿，盡展狂態。八百萬眾神都被她的舞蹈所感染，發出此起彼伏的哄笑聲。高天原喧鬧無比，從來沒有這麼熱鬧過。

天照大神原本在天之岩戶裡靜靜地反思著，她雖然不肯見人，但並非不再關心高天原與凡間，只是一時氣憤，過後又不知該如何去面對，所以暫時躲避起來。天之岩戶門外那喧鬧歡笑的聲浪讓她無法再置之不理，天照大神將門打開一條縫，看到了天宇受賣命那十分淫邪的舞蹈，而她曾經統率的八百萬神，都在一旁起哄叫好，一點都沒有個神樣兒。

天照大神一時間被氣暈了，她自從隱居天之岩戶後，反覆思量，本以為自己不在高天原，整個世界一定是一片漆黑與混亂，充滿憂愁與恐懼。那些先前非議她袒護素盞嗚尊的諸神，現在本應該十分惶恐，為了驅散黑暗，百般懇求天照大神去為他們散播光明。現在看來，沒了自己這位太陽女神，他們竟然如此喜悅。

天照大神怒從心頭起，厲聲喝道：「你們在做什麼？我不過是想在此處圖個清靜，你們就如此胡鬧！」

天宇受賣命依然舞蹈個不停，邊跳邊陰陽怪氣地回答天照大神：「天照大神，我們崇高的女神，在你離開我們躲進天之岩戶的這段日子裡，高天原來了一位更崇高的神靈，他比你更有能力，比你更加尊貴，比你更加受人擁戴，我們八百萬眾神都非常歡喜，正在迎接這

天之岩戶

素盞嗚尊大鬧高天原後，天照大神躲進了天之岩戶，高天原一片黑暗。為了讓天照大神從天之岩戶中出來，思金神讓諸神立起真賢樹，在上面掛起了八咫鏡和勾玉串，長尾公雞從早到晚鳴叫，天宇受賣命瘋狂跳舞。天之岩戶前上演大戲，好奇的天照大神終於探出頭來看熱鬧。

位神明，舉行歡迎典禮！」

此時，占卜神天兒屋命舉起了那棵異常招搖的真賢神樹，樹上掛著巨大的八咫神鏡，遇到天照大神的光，瞬間光芒萬丈，晃得天照大神瞇起眼睛。樹上黑白相間的神幡飄蕩搖擺，讓天照大神看不清真相，而樹上掛著的晶瑩透亮的八尺瓊勾玉串，閃閃發光，讓天照大神心中不悅。她不相信有人能取代自己的位置，也不信有人比自己更強大，但這儀式如此盛大，她也十分不安。她想看清那樹上掛的是什麼，想知道這位新神到底長的什麼樣子。不知不覺地，天照大神把門打開了一條縫，把手伸出來搭在了天之岩戶。

這時，潛伏在石屋門旁邊的大力神天手力男，看準機會抓住了天照大神的手臂，用盡力氣強硬地將她拉了出來。一同潛伏的幡旌神布刀玉命也衝上來，他將一根掛著稻穗的注連繩，橫掛在天之岩戶前，形成空間結界。這樣，天照大神就再也無法躲回天之岩戶。

天照大神一出現，就釋放了所有的光芒。

高天原上，光明再度普照，凡間大地，黑暗被驅散，萬物沐浴在陽光之下。

素盞嗚尊的過與功

狂暴之神素盞嗚尊在高天原闖下大禍，八百萬神都十分憤怒。這次，回歸高天原的天照大神也沒有理由袒護弟弟了。於是，高天原開始了對素盞嗚尊的懲罰。

首先是物質上的懲罰，由於素盞嗚尊汙穢了祭壇，並且糟蹋了向天獻祭的稻穀，損毀了獻給眾神的織錦，眾神罰他承擔祭祀用的眾多祭品。這事對於素盞嗚尊來說是舉手之勞，他很爽快地答應了。

然而，諸神還要對素盞嗚尊上刑罰：剃掉他的鬍鬚，拔掉他的手指甲和腳指甲。沒了鬍子，雖然會讓他不像從前那般威武，但還可以忍受，只是十指連心，拔掉指甲，對於他這個天之貴子來說，實在是難以忍受。在高天原眾神的威壓下，素盞嗚尊只有忍了，因為姊姊天照大神再也不會袒護他了。

素盞嗚尊在受到處罰後，被眾神趕出了高天原。他萬分屈辱，疼痛難忍，孑然一身，流落凡間，走到哪裡，都被地上的諸神排斥，十分淒慘。

這一天，素盞嗚尊來到了肥河上游一個叫鳥髮的地方。這裡十分安靜，景色也非常美麗，但是周圍荒無人煙，沒有落腳之處。他是天之貴子，雖然依靠神力，傷口迅速癒合，但心傷難癒。本想投奔姊姊，賴在高天原，但因為自己性格暴躁，不容於神族，今後又該何去何從？

素盞嗚尊蹲在河邊看著湍急的河水，他思考著自己的前路，這時河流中漂來一根筷子。素盞嗚尊意識到這是上游流下來的，那裡一定有人居住。他沿河上溯，終於看到了人。

那是三個抱在一起哭泣的人。走近一看，原來是一對老夫妻和一個年輕姑娘。

素盞嗚尊十分好奇，詢問他們為什麼在這裡抱頭痛哭。

原來這老翁是山神大山津見神的兒子足名椎，是這片土地的國神，他與老妻手名椎有八個美貌的女兒，原本過著幸福快樂的日子。忽然有一天，本地來了一個妖怪，名為八岐大蛇，這是一個凶狠殘暴的惡魔，專門吃年輕的少女，每年吃一個。到今年為止，八岐大蛇已經吃掉了足名椎的七個女兒。如今又到了八岐大蛇進食的時節，足名椎只剩下最小的女兒，名為奇稻田姬，老夫妻捨不得這個女兒，走投無路，這才與女兒一起慟哭。

素盞鳴尊聽得火冒三丈，他雖然性子火爆，天生頑劣，但本心不壞，也有惻隱之心，看到國人被妖怪如此欺負，就想伸張正義，但他又怕自己的暴脾氣嚇壞老夫妻，只能強壓怒火，耐著性子詢問八岐大蛇的情況。

據老人說，八岐大蛇長相非常駭人，牠長著八頭八尾，眼睛如山中的紅果，不分晝夜都閃著紅光。八岐大蛇的身體非常龐大，能夠填滿八個峽谷與山峰，身上還長滿各種樹木與青苔，牠的肚子裡鮮血湧動，皮肉外翻，散發著濃烈的腥臭味。

素盞鳴尊聽到這裡，已經決意除掉這個為禍民間的妖怪。他看到奇稻田姬躲在父母身後，正用她美麗的眼睛偷偷地打量著自己。素盞鳴尊看著奇稻田姬俏麗的身影，忽然心生愛慕。

素盞鳴尊斬八岐大蛇

素盞鳴尊灌醉了八岐大蛇，用十拳劍斬斷了牠的頭尾，得到草薙寶劍。八岐大蛇使素盞鳴尊一戰成名，他不再是高天原那個只會搗蛋的淘氣弟弟，從此成為保護世人的英雄，是一位受人尊敬的神明。

他告訴足名椎，自己是創世神伊邪那岐之子，是高天原的天照大神的弟弟，他說到這裡，忽然有點臉紅，想到當年的胡作非為，非常後悔。而奇稻田姬卻十分傾慕地看著這個年輕人，顯然心生好感。

素盞鳴尊允諾二位老人，自己一定會殺掉八岐大蛇，保護他們最後一個女兒，只是有個條件，他希望奇稻田姬能嫁給他。

足名椎與手名椎知道素盞鳴尊的身分後，本來就已經肅然起敬，自然欣然答應了他提出的條件。

就這樣，素盞鳴尊開始了除妖的準備工作。

他首先使用變化之術，將奇稻田姬變成了一把小巧精美的木梳，插在自己的頭髮上，這樣做，是為了保護她不受八岐大蛇的傷害。此後，他又請老夫妻造了八大罈烈酒，這酒經過八蒸八釀，香味四溢，甘醇無比卻又後勁十足。

老夫妻又在他的授意下築起圍牆，圍牆上有八個洞，洞口內有八個酒槽，每個酒槽中都倒滿濃烈的八釀酒。做完這一切，素盞鳴尊讓兩位老人躲起來，而他守在此處，靜候八岐大蛇的來臨。

八岐大蛇如約而至，卻沒有看到美貌少女，只看到一道奇怪的圍牆，但是牠聞到了濃濃的酒香，便興高采烈地進入圍牆，八個頭分別伸入八個洞中，暢飲著濃烈的美酒。

烈酒很快讓牠醉倒了，八岐大蛇呼呼大睡。

素盞嗚尊抓住時機，拔出父親伊邪那岐給他的十拳劍[4]，朝八岐大蛇砍去。他斬斷了八岐大蛇的八個頭，當他斬斷蛇尾的時候，十拳劍竟然被碰開，金星四濺，像是砍到了異常堅硬的東西。

素盞嗚尊用十拳劍撥開蛇尾，看到裡面有一把鋒利又光潔的寶劍。這把寶劍切金斷玉、削鐵如泥，同時又光華奪目，是把有神性的劍。

欣喜異常的素盞嗚尊首先想到的是在高天原上屢次袒護自己的姊姊。他即刻捧著寶劍，飛升上高天原，將這柄神劍奉獻給天照大神。這柄寶劍被命名為天叢雲劍，又名草薙劍，後世將它供奉在葦原中國的神社中祭祀。

經此一役，素盞嗚尊得到了高天原諸神的認可，他已經不再是昔日那個四處闖禍的年輕人了，他斬妖除魔，守護人間，建功立業，已經成為天上地下出類拔萃的英雄。

殺了八岐大蛇的素盞嗚尊，帶著美麗的新婚妻子奇稻田姬，雲遊各地，想找一處風水寶地建造宮殿。他們來到了須賀，這裡原野蔥蘢，天空蔚藍，雲淡風輕，景色宜人，素盞嗚尊夫妻二人十分喜愛此處。而此處恰好沒有其他神明管轄，於是，素盞嗚尊徵得妻子同意，在此處建造宮殿。

宮殿開工伊始，忽然有一朵紫紅色的彩雲從此地緩緩升空，這彩雲無比瑰麗，光華漫天，

4 十拳劍雖在前面已被絞為粉碎，但神話裡總是會有不可思議的事發生，很可惜關於這個部分的說明幾乎沒有記載。後來登場的這一把是不是另外一把劍呢？又或是神劍後來復原？至今仍眾說紛紜。

漸漸升到碧藍的高空，久久不肯散去。於是素戔嗚尊將此地命名為「出雲國」。為了慶祝建宮立國，素戔嗚尊還為妻子奇稻田姬作了詩：「出雲國現八重雲，與君共做八重宮，嗚呼壯哉。」

隨後，他又請來足名椎與手名椎，拜託足名椎管理須賀神宮，後世尊稱足名椎為稻田宮主的八耳神。

宮殿建成後，素戔嗚尊欣欣然登高遠望，巡視自己的國土，卻發現出雲國原來只是狹長的一塊領土。素戔嗚尊覺得國土太小了，於是他開始想辦法擴張國土。

首先，他看中了朝鮮半島的南端，便拿了把大鋤頭，用力將那角土地砍斷，然後用隨身攜帶的三條繩索，將那塊土地套住，拉過來與出雲國土併在一起，又潛入水下，用樹樁將國土釘牢。

素戔嗚尊並不滿足，不久又看中了隱岐島，用同樣的辦法將隱岐島也併入出雲國。領土終於擴大了，但這些新的領土由於此前沒有神明眷顧，異常荒涼貧瘠，都是些不毛之地。

素戔嗚尊從朝鮮找到金山銀山，將財富運回出雲國，此後，他開始營造自己的領土。他的鬍子變成了杉樹，胸毛變成了檜樹，腰間的體毛變成了松樹，他的眉毛變成了楠樹。不久，嶄新的出雲國，樹木繁盛，鬱鬱蔥蔥，成了豐饒之地。

在這片國土上，素戔嗚尊與奇稻田姬育有一子，名為八島士奴美，之後他又娶了山神大山津見的女兒神大市姬，生了兩個兒子，分別是大年神與宇迦之御魂，這兩位是農業神。

素戔嗚尊開枝散葉，子孫綿延，最終完成使命，離開了安居樂業的出雲國，去根國（黃泉之國）隱居，也算是遵從了他的父親伊邪那岐最初的命令吧。

三大神器

日本人一向以謹慎著稱，即使是襪子，也會仔仔細細疊好，而不像中國人和西方人那樣，將一雙襪子捲成一個球。他們的理由是，襪子白天為我們工作了一整天，已經足夠辛勞了，我們休息的時候，它們也應該放鬆，而不是緊緊繃起來。一些小細節，足見日本人的惜物精神，不僅僅是因為曾經的貧瘠與缺乏，更是因為他們源初的萬物有靈崇拜，使得他們對萬事萬物都懷有一顆敬畏之心。

三大神器是日本人器物崇拜的一個極致表現。日本的三大神器分別是八咫鏡，八尺瓊勾玉和草薙劍，它們的神聖，源於其曾經的主人天照大神。天照大神是日本天皇君權神授的源頭，所以，由此傳承下來的三大神器，便有著如同中國的傳國玉璽般的象徵意味。當然，有著如此重要使命的三大神器，也各自有著其非同凡響的來歷。

八咫鏡又名真經津鏡，前文已提到天照大神隱藏於天之岩戶時，為了將躲起來不見人的天照大神引出來，思金神讓冶煉神伊斯許理度賣命製造了一面超級大鏡子，架在真賢樹上，正對著天照大神的天之岩戶大門。所謂的八咫，不僅僅是因為它大而美，更是因為有八束強光圍繞著鏡子，在鏡子背面，有龜、魚等水產神物的花紋。中國古代器物紋飾中，就有「海八怪」，寓意嚮往自然的超脫心態。

八咫鏡是日本歷史上第一次出現的鏡子，也是日本鏡子的老祖宗，連天上地下無所不能的天照大神，都第一次見到鏡子，可見其珍貴。在這次使用以後，天照大神就將這面把自己騙出天之岩戶的八咫鏡保存了下來，傳給了天孫，其後世子孫將八咫鏡當成天照大神的化身，每逢節令就祭祀一番。

日本古代是不用銅做器皿的，鏡子也是在彌生時代（約西元前三世紀—西元三世紀）才傳入日本，物以稀為貴，這是當時本國沒有能力生產的器物，尤其還是能夠真切地映照人的影像的奇物，因此，鏡子被日本人視為神祕的有靈物品就不足為奇了。日本人認為這種能映照出另一個自己的東西富有神性，它能觀照出「忘我」與「無我」的境界，因此，有些人相信它有趨吉避凶的魔力，也將鏡子當成飾物掛在胸前，在日本古代還將佩戴護心鏡當成擁有地位的表現。

如今在日本關於鏡子的傳說也有很多，比如不能使用破碎的鏡子。在他們的想像中，鏡子中有靈魂存在，而破碎的鏡子會釋放出難以預料的東西。日本人認為，八咫鏡沐浴過天照大神的靈光，因此，鏡中留存著天照大神的御靈，時至今日，在日本的伊勢神宮內，依舊供奉著八咫鏡。

八尺瓊勾玉，也稱「八阪瓊勾玉」，這塊玉現今無人見過，以至於是不是真正的玉都有待商榷，它目前收藏在日本的皇宮中，祕不示人，是傳說之物。所謂八尺，有人說是因為這塊玉很大，另一種說法是穿玉的繩有八尺之長。

八尺瓊勾玉也是天照大神神話系列中重要的神器，在讓天照大神重現高天原的行動中，八尺瓊勾玉也算功臣。天照大神此後將八尺瓊勾玉賜給了天孫，它也作為神明的象徵得到世代供奉。

事實上八尺瓊勾玉的源頭應該更早些，伊邪那岐在授予天照大神高天原管轄權的時候，就曾經賜給她一串發出悅耳之聲的瓊勾玉。玉信仰是中國的信仰，日本本國並不出產玉料，那時即使是中國的玉，也大多來自西域，也就是傳說中的崑崙之地。因此，日本關於玉的崇拜，更有可能源自中國。勾玉的形狀，更似太極圖中的陰陽魚，可見，日本開始輸入中土文化之時，多少也將這些元素融入到了日本文化中。尊貴者佩玉，玉器象徵著崇高的精神權威，八尺瓊勾玉也成為神意在人間的體現。

八尺瓊勾玉自被賜給天孫後，幾經輾轉，成為景行天皇的妹妹倭姬命的收藏品。在天皇之子武尊東征時，皇妹倭姬命擔心侄子，就將草薙劍和八尺瓊勾玉一同賜給武尊。武尊勝利東征[5]歸來，卻在大和國被造反的叔父困住。於是，武尊取出姑姑給的神器瓊勾玉，用它摩擦生出火焰，最終逃出生天。

由此可見，武尊使用的八尺瓊勾玉在材質上可能有些類似於製造火鐮的燧石。日本也有考據，最初的八尺瓊勾玉並非特指一塊玉，而是某一類裝飾品的統稱，其材質可能並非玉石，更可能是獸骨或牙齒。到了後來，材質更加廣泛，有金、玉、石、瑪瑙、水晶等等。八尺瓊勾玉串的形態也可能更加豐富，不僅有形似陰陽魚的帶孔玉墜，還有圓形和管狀的玉器，穿在一起，作為有身分有地位的人佩戴的飾物，或者在祭祀時使用的神器。

在日語裡，「玉」的發音是「tama」，靈魂的發音是「ta ma xi i」，非常類似。在日本，對

5 景行天皇四十年時，東國有蝦夷騷動，天皇便令武尊前去討伐。日本武尊動身往東，並先前往伊勢神宮參拜，其間倭姬命將天叢雲劍交付給他。

神器「瓊勾玉」的信仰也算是靈魂崇拜的一種，日本現今很多流行文化元素，特別是動漫遊戲中，「勾玉」屢見不鮮，比如高橋留美子的漫畫《犬夜叉》中的言靈念珠，輔助語言去控制妖的靈魂；鹽崎雄二的漫畫《一騎當千》中，勾玉蘊含著每個被命運選定的人所對應三國英雄的靈魂。

草薙劍就是那把素盞鳴尊從八岐大蛇尾巴中取出來，並獻給天照大神的寶劍。此後天照大神也將這把劍賜給了天孫。傳說這把劍目前供奉在日本三重縣伊勢市的伊勢神宮。

有史料記載，草薙劍劍長兩尺七寸，刀身中厚邊薄，刀鋒如葉，全刀呈多節形態，如同蛇骨。刀身通體純白，不折不彎，鋒利異常，是出色的神刀。草薙劍最初是斬殺八岐大蛇所得，八岐大蛇所在之處，上空必有叢雲浮動，因此，草薙劍又名「天叢雲劍」。據說，草薙劍的鋒利程度天下無雙，十拳劍是創世神伊邪那岐的神器，即使是十拳劍，也被草薙劍碰撞出缺口，可見其劍鋒之利。

天照大神的子孫世世代代傳承著天叢雲劍，到了第十二任天皇景行天皇之時，天叢雲劍在天皇之子倭建命（即日本武尊）手中，他力大無窮，智勇雙全，在東征的時候，到了駿河國，被

三神器：劍、鏡、玉

三大神器是歷代天皇傳承的法寶，他們認為這是高天原命他們統治日本的信物。在中國的宋明時期，儒學逐漸傳入日本，這三大神器又被賦予了新的含義，鏡代表知，玉代表仁，劍代表勇，是三種優秀品德的化身，也是君子的尊貴所在，簡而言之，就是日本最高統治者天皇所具有的三種德行。

當地武裝力量欺騙，在草原上狩獵之時，敵人焚燒草原，將他所騎乘的駿馬殺掉，試圖燒死他。倭建命拿出天叢雲劍，神劍一出鞘，火勢立刻轉向，為倭建命留出生路。倭建命立刻用天叢雲劍砍伐野草，打開道路，最終逃出生天。為了紀念這次死裡逃生，倭建命為天叢雲劍起名為「草薙劍」。東征歸途到達尾張之時，倭建命把劍寄放在了宮簀媛處，就英年早逝了。

草薙劍再次出現在歷史舞臺上是源平之戰末期，其時平氏已經到了窮途末路的境地，在壇之浦戰役中，平清盛的妻子二位尼，抱著有平氏血脈的幼帝安德天皇投海身亡，就帶著這把象徵天皇權威的草薙劍。當然，當時被沉入大海的，也許是仿製品，否則日後的皇室就無法代代相傳了。

三大神器是日本的國寶，在日本的南北朝時期，曾有對三大神器的爭奪。當時三大神器在南朝的後龜山天皇手中，而北朝的後小松天皇雖然有實力，還占著天時地利，但神器畢竟是皇室信物，是天皇登基必備的祈禱用品。於是，後小松天皇用下一任天皇的繼承權，向後龜山天皇交換三大神器。不過，等神器到手之後，後小松天皇又反悔，最終還是讓自己的兒子繼任了天皇。當然，三神器也自此歸屬了後小松天皇一系。

劍、鏡、玉這三大神器，在日本象徵著天皇的威權，由神所授，萬古流傳。劍，代表著國家級別的武力，是征服者的象徵。鏡，代表著天照大神的子孫統治著光照所及的日本國土，正如日本的太陽旗所蘊含的意味。玉，代表著高貴者的權威，寓意神明之子世代承襲著至高無上的地位。這三大神器，是天照大神賜予日本的最高權貴天皇，並承諾持此神器，可得到高天原神明的庇佑與幫助。

日本皇室將這三大神器當作神明供奉，在後世出土的文物中，有很多三神器的仿製品，是為了方便歷代天皇登基儀式時的祭祀典禮使用，不需要四處尋回當時不知流落在何方的原版而製造的。

對於草薙劍、八咫鏡以及八尺瓊勾玉，也有考古學家認為，這三件上古神器，代表了三個時代，八尺瓊勾玉代表石器時代，八咫鏡代表青銅時代，草薙劍代表鐵器時代。

還有說法認為三神器與一段中日友好的故事有關。在日本史上，邪馬台的女王卑彌呼被認為是天照大神在原始時代的原型。三國時期，卑彌呼曾經向曹魏進貢。魏明帝十分重視，賞賜豐厚，其中就有五尺刀兩口、銅鏡百枚、鉛丹（八班瓊）五十斤，正好應了傳說中的三神器「劍」、「鏡」、「玉」。

三大神器的傳說雖然虛無縹緲，但未見得完全是杜撰之言。畢竟，日本一向是神話、歷史不分家。

第3章

國津神

大國主神

素盞嗚尊的子孫，被稱為國津神。

大國主神是眾多國津神之一，傳說他是素盞嗚尊的第六代孫，是延續著神明血脈的凡人。他以凡人之身獲得神格，最終成為諸天神明之一，世人又稱他為大穴牟遲神、葦原色許男神、八千矛神等，是繼三貴子等天津神之後，葦原中國新生代主宰神明的第一人。

大國主出生時，並沒有受到高天原的眷顧。他有八十個兄弟神，這些兄弟都很瞧不起他，也經常欺負他。八十神和大國主每人都有自己的封地，但八十神十分懶惰，每日裡賦閒享樂，無心治國，將所有國事勞務都交由大國主。但大國主毫無怨言，將一切安排得井井有條，反而越發鍛鍊了自己的才能，成為一個出色的年輕人。

轉眼這些兄弟與大國主都到了適婚年齡，他們聽說在因幡國的稻羽，有一位美麗的少女，名為八上姬，不僅溫柔嫻雅、國色天香，也是因幡國的唯一繼承人，娶到她，就等於得到了因幡國。

八十個兄弟全都懷著傾慕之心去求娶這位公主，大國主也不例外，雖然兄弟們都看不上他，不希望他去，但是因為他跟隨眾兄弟時，可以做幫他們背行李的僕人，兄弟們也就同意了。

眾兄弟輕裝上陣，春風得意馬蹄疾，將大國主遠遠丟在後面。大國主吃力地背著行李，跟在兄弟們身後，沒有任何怨言。

路上，兄弟們忽然看到一隻兔子，渾身沒毛，正在哭泣。兄弟們覺得有趣，就去詢問。原來，這兔子被剝去了皮毛，既痛苦又醜陋，不知如何是好，所以悲傷。這些兄弟覺得有趣，就告訴兔子，要想治好，必須在海水中泡一泡，再在太陽下曬乾，兔子皮自然就好了。

兔子道了謝，按照他們的辦法，在海水中泡了很久，身上浸足了鹽水，再躺到岸邊，讓烈日照射，結果，身體經醃漬日曬，開始風乾龜裂。兔子疼得死去活來，號啕大哭。

大國主背著沉重的行李，落在後面很遠。此時，他正好路過看到這隻兔子，十分同情，便問牠怎麼會落到這種地步。原來，兔子想從於岐島經過大海到達陸地，牠個頭太小，就想了個主意。牠假意和鯊魚打賭，比誰的族人更多，讓鯊魚排成一行，浮在水面上，直到海邊。隨後，兔子就踩著鯊魚的脊背，數著鯊魚的數量，蹦蹦跳跳到了海邊。在離岸邊還有一小段距離的時候，兔子覺得靠自己也能游過去了，便得意忘形。牠跳入水中，大聲叫嚷：「你們這群大笨蛋，都被我騙了！」

鯊魚知道上當，惱羞成怒，加速游到準備上岸的兔子身邊，將牠抓住，剝去兔子的皮毛，兔子就變成了裸兔。兔子向大國主的兄弟們求助，反遭到戲耍。現在兔子不僅光禿禿的，還疼痛難忍，醜陋不堪，差點變成風乾兔肉。

大國主十分同情兔子的遭遇，決定幫助牠。他讓兔子先在山中溪水裡浸泡，將身上的海鹽漬洗掉，然後採摘了很多蒲草，將蒲草黃色的花粉撒在地上。兔子在蒲草花粉上打滾，果然身上不再疼痛，裂口痊癒。

不久，兔子就有了一身雪白輕柔、蓬鬆亮麗的皮毛，毛茸茸的，既舒服又溫暖。這就是因幡白兔，至今仍舊是稻羽地區的兔神。曾用神奇的方法為白兔治病的大國主，也被後世奉為藥神。

白兔對大國主千恩萬謝，在告別前，牠仔細端詳著大國主，說：「你是個好人，老天會幫你的，你的那些兄弟高高在上，但心地齷齪，你雖然地位卑微，但心靈高貴，此次去求娶八上姬，你那些兄弟休想成功，只有你才能得償所願。」

大國主神告別了白兔，到達了因幡國。他的八十個兄弟早已經見到了八上姬，可八上姬一個都沒看上，這些輕浮的男人並不合美麗公主的心意。當她看到了大國主，第一眼便愛上了這個勤奮又善良的年輕人。正如白兔所說，八上姬最終嫁給了大國主。

大國主的兄弟們嫉妒得要命，偏偏是這個誰都看不起的傢伙娶到了八上姬，他們不甘心，決定報復他。他們帶著大國主來到手間山，要他去捉一隻紅色的野豬，揚言他要是放跑了野豬就會殺了他。然而，那並不是什麼紅野豬，而是一塊巨大的石頭，被兄弟們燒得滾燙。果然，大國主摸到燒紅的石頭後被燙死了。大國主的母親十分傷心，她向高天原的神明哭訴求助。她原本是高產巢日神的女兒，被指派嫁給了素盞嗚尊的子孫，才生下大國主，雖然不在高天原，但依然可以申訴。

高產巢日神聽到了她的悲鳴，便讓貝殼神蚶貝比賣和蛤貝比賣到手間山去救人。蚶貝比賣與蛤貝比賣分別將自己身上的貝殼粉與貝汁調和起來，製成治療燙傷的神藥，塗在大國主神的屍首上。不一會兒，大國主神就奇蹟般地站起身來。

八十神看到大國主竟然死而復生，又使出一個毒計。他們砍倒山上一棵巨大的樹，將樹幹從中劈開一半，又打進一塊木楔，讓大國主神躲在木楔上休息，美其名曰保護他。但當大國主進入樹幹後，八十個兄弟立刻圍攏過來，揮舞巨斧，將大國主神砸死在樹幹中。大國主神的母親再次向高產巢日神求助，高產巢日神將大國主從樹幹中救出，又讓大國主復活了。

大國主的母親擔憂兒子繼續留在這裡，終有一日會被害死，再也回不來了。她勸大國主快點逃走，以躲避兄弟們的追殺。大國主神毫不猶豫，起身就走，他的兄弟們彎弓搭箭，要射死他。大國主身手敏捷，躲在樹杈上，再次躲過一劫。

在母親的建議下，大國主逃往了根國，進入了素盞嗚尊統治的黃泉世界，原本想尋求庇護，沒想到在這裡，他遭遇了更大的危機。素盞嗚尊雖是大國主的曾曾曾祖父，但對這個小玄孫卻一點兒也不照顧。根國荒涼破敗，到處陰氣森森，鬼怪橫行。大國主在這裡首先見到了素盞嗚尊的小女兒須勢理毘賣。素盞嗚尊雖是冥國之人，他的女兒卻是凡人。須勢理毘賣對大國主一見鍾情，她愛大國主的英俊溫雅、善良勤懇，便帶著大國主來見自己的父親——冥界的主宰素盞嗚尊。

得知眼前這位一表人才的青年就是大國主時，素盞嗚尊很驚訝。他早就聽說過這位年輕人，認為他有治國之才，是後輩中最有資格繼承出雲國土的人。他也看出了小女兒對大國主的愛慕之情，但他並不明白，為什麼這年輕人不在人間治國，卻跑到陰間來，還十分落魄。

大國主將他的遭遇告訴了素盞嗚尊：他不為八十個兄弟所容，被追殺，所以逃到了根國。

素盞嗚尊沉思良久。這個年輕人雖然聰慧勤懇，但過於敦厚，這在權力鬥爭中是致命的，在這裡，善良就是懦弱的代名詞，而他在兄弟手足相殘中一味忍讓，缺乏身為人君所應有的決斷。這樣軟弱的男人，女兒如果跟隨他，將來一定會吃盡苦頭，甚至可能喪命。

素盞嗚尊打定主意，要對這位年輕人進行一番地獄級別的考驗與磨練。他沒有對大國主的遭遇做任何評價，只是為他安排了住處，讓他早早去休息。

大國主來到了住處，進門後，卻漆黑一片。他的腳下忽然踩到了一些柔軟的東西，等目光適應了黑暗，看到那些東西，立刻嚇得毛骨悚然。原來，這是一間蛇屋，他正站在蠕蠕而動的群蛇之間，那些蛇不大友好地看著他，似乎隨時可能攻擊他。大國主一動也不敢動，很怕惹到毒蛇，被咬一口。

這時，門被打開了。門外站著焦急萬分的須勢理毘賣，她聽說父親讓大國主住在這裡，就知道不妙，便儘快想辦法來解救他。

須勢理毘賣向大國主扔了一塊領巾，讓他揮動三下。

大國主依言用領巾向群蛇揮動，本來繞著他轉的蛇群，像是受到了極大的驚嚇，紛紛退到牆角，大國主走到哪裡，蛇就會退開。大國主就憑著這方領巾，在爬滿毒蛇的房間中安然入睡。

次日，大國主安然無恙地站在素盞嗚尊面前。素盞嗚尊見他度過此劫，又帶他到另一個房間居住。

這個房間爬滿巨大的蜈蚣，有毒的黃蜂滿室盤旋。須勢理毘賣再次出現，她又丟給他一塊領巾。大國主再次揮動領巾，那些蜈蚣簌簌退散，黃蜂也遠遠地避開了大國主。

大國主再次得救，素盞嗚尊也發現了女兒從中作弊，幫助大國主通過考驗。於是，素盞嗚尊將大國主帶出居所，到了空曠的冥界草原。這一次，須勢理毘賣也束手無策了。

素盞嗚尊拿出神弓，彎弓如滿月，向草原射出一支響箭，響箭有聲無影。這次的考驗，就是要大國主去找到這支響箭。

大國主追著響箭跑出很遠，他翻開每一塊草皮，尋找響箭的蹤影，最終找到了。

然而此時他才發現情勢不對，四周早已濃煙滾滾。原來，素盞嗚尊趁著大國主專心找響箭時，將荒原點燃。此刻，野火燎原，火光耀天，大國主被荒原之火包圍，找不到生路。

須勢理毘賣看到荒原上一片火海，知道大國主這次再也無法逃出生天，只能在悲切中開始著手為大國主準備葬禮。

天無絕人之路，被困在火中的大國主，忽然看到一隻小田鼠竄來竄去。這田鼠一邊跳，一邊口中振振有詞：「洞口狹窄，洞內寬闊。」然後牠刺溜一聲，鑽入草地上的一個洞中不見了。

這個洞實在是太窄，只能容許田鼠進出。可大國主轉念一想田鼠的話，恍然大悟，立刻開始向地下挖掘，發現確實有一個洞穴，十分寬敞，足以藏身。大國主跳入洞中，又將洞口用浮土掩好。這樣，大火燒盡了荒原，卻沒有燒到大國主。大火熄滅後，大國主從洞中爬出，毫髮無傷。此時，那隻老鼠又出現了，嘴裡叼著素盞嗚尊的響箭，送到大國主面前。

素盞嗚尊看到野火吞噬了整個荒原，估計大國主變成煙灰了。他有點惋惜，但女兒也不能跟著無能之輩。素盞嗚尊帶著這個噩耗回到住處。須勢理毘賣大哭，帶著祭奠之物，到荒原上去祭奠自己的戀人。

在已經燒成焦土的荒原上，她看到的是毫髮無傷的大國主，手裡還攥著素盞嗚尊的響箭。

大國主與須勢理毘賣手牽手回到素盞嗚尊面前，素盞嗚尊雖然沒說什麼，心裡已經對這位年輕人十分讚賞了。在那場大火中，若沒有上天的庇佑，即使是神明，也會被燒得灰飛煙滅。

隨後，素盞嗚尊為大國主設計了最後一次考驗。他將大國主帶入自己的寢室，然後舒服地躺在床上，讓大國主為自己抓頭上的蝨子。

大國主撥開素盞嗚尊的頭髮，倒吸一口涼氣，這滿頭長髮間，全是蜈蚣在裡面蠕動。大國主不知從何下手。須勢理毘賣再次來幫忙，她給了大國主一把糙葉樹的漿果和紅土，讓大國主放在嘴裡咀嚼。

這東西味道非常惡劣，大國主一下子吐了。

素盞嗚尊被驚動了，看到大國主吐了一地紅紅的東西，還以為他是將蜈蚣抓住嚼碎後吐出來的。身為狂暴之神的素盞嗚尊很欣賞這種做法，他覺得這小子還是有點勇武氣概的，於是十分安心，閉上眼睛睡著了。

大國主僥倖通過考驗，卻不敢久留。他要帶著聰慧體貼的須勢理毘賣離開這裡，回到人間，即使那裡有惡毒的兄弟在等著他，經歷了地獄般考驗的他也不再懼怕。

大國主悄無聲息地把素盞嗚尊的頭髮分成很多束繫在屋椽上，又用一塊大石頭抵在門上。他拿上素盞嗚尊的十拳劍和滿月弓，帶著天沼琴，背上心愛的姑娘須勢理毘賣，匆匆出逃。

他太過急切，不小心把天沼琴撞到了大樹，發出震天的響聲，也吵醒了素盞嗚尊。

素盞嗚尊得知大國主逃走，還拐了自己的女兒，偷了神器，大發雷霆，他起身想追，頭髮卻被束在屋椽上。素盞嗚尊動用蠻力，掀翻了整個屋子，連擋在門口的大石也被震倒。

他追呀追呀，一直追到了黃泉比良坂。此時，大國主已經帶著須勢理毘賣越過黃泉，離開冥土。而素盞嗚尊是黃泉國之人，沒辦法追過去。

於是，素盞嗚尊站在黃泉邊，朝著那重回人間的大國主神喊：「你這小子，去用我的十拳劍，把你那些可惡的兄弟統統打敗吧，一定要當上出雲國的國君！」

須勢理毘賣這才發現，父親對大國主所有的刁難，都是為了自己，想到今後再也無法見到父親，她淚落如雨。

素盞嗚尊看到女兒落淚，萬分揪心，他繼續喊：「你要善待須勢理毘賣，讓她成為你的王后，在宇迦山下建造宮殿，從此成為天下之主。」

大國主也明白了素盞嗚尊的用心良苦。他與須勢理毘賣在黃泉彼岸向素盞嗚尊深深施禮，然後重返人間。

大國主用十拳劍和滿月神弓征服了自己那些狡猾殘忍的兄弟，又用天沼琴獲得了萬民的信仰，最終成為出雲國的主君。輔佐他征伐天下的須勢理毘賣，也成為他的王后。

因幡美麗的八上姬依舊對大國主痴心不改，但她畏懼黃泉出身的須勢理毘賣，即使為大國主誕下兒子，終究還是離開了。她將自己的孩子掛在樹杈上，走出了出雲皇宮，回到故鄉稻羽。她的孩子，被後世稱為「木俣神」。

葦原中國的諸神之戰

八上姬走後，大國主神與須勢理毘賣相親相愛了一段時間，但沒過多久，他就厭倦了。須勢理毘賣太主動、太強勢，她要求大國主神只愛她一個，不許別的女人染指自己的丈夫。妻子如此霸道，大國主神十分鬱悶，這樣如何增添子嗣，傳承基業？

大國主神私下尋找美女，得知高志國有一個美女，名為沼河比賣，年輕漂亮，溫柔賢慧。大國主便踏上了浪漫之旅，來到了高志國。

沼河比賣對大國主神早就十分傾慕，兩人一拍即合，成就了美好姻緣。這段露水之情被出雲的王后須勢理毘賣得知，她非常難過，當初自己背叛父親跟著大國主出走，捨棄了一切，大國主平定八十神，統一出雲國也有她的一份功勞。現在他卻背叛了自己。

須勢理毘賣向大國主神抱怨、哭訴，卻讓大國主神更加厭惡、疏遠她。為了躲開她那幽怨的面孔，大國主神假裝要出趟遠門，實際上是去與情人私會。

須勢理毘賣知道這個變了心的男人再也無法挽回，傷心欲絕。大國主神臨行前，須勢理毘賣與他共飲了一杯交杯酒。然後，這個淒苦的女人毒發身亡。她用決絕的方式離開了大國主神，回到了故鄉黃泉國。

須勢理毘賣去世後，大國主神又娶了幾個妻子，生下了十七代子孫，稱為「十七代神」。

在大國主神的悉心治理下，出雲國興盛起來，百姓安居樂業。

忽然有一天，大國主心血來潮，到海邊遊覽，遠遠地看到海中有一艘桃子大小的羅摩船漂過來。那船緩緩駛到了岸邊，船上的人登陸後，竟然是一位穿著鵝皮衣的神明，他的身後跟隨著神使。

大國主神覺得有趣，伸手捧起這位小小的神明。他向這位神明問安，並詢問神明為何來到出雲。

奇怪的是，鵝皮神不僅一言不發，還連踢帶踹，差點咬傷大國主神，讓大國主神十分困惑。

青蛙神多邇具久獻策，請大國主神去求教見多識廣的久延毘古。久延毘古是一位農田裡的神明，他平日裡以稻草人的形象出現，站立在農田中，保護糧食不受鳥雀啄食。

久延毘古一看這位鵝皮神，就認出了他的來歷——這小巧的神明，是神產巢日神的兒子。

大國主帶著疑問，上高天原去問詢神產巢日神，這位神明因何蒞臨出雲國。原來，這小小神明名為少名毘古那，原本住在高天原，是神產巢日神兒子中最調皮的。神產巢日神十分喜愛他，經常把他拿在手裡把玩，結果一不小心，少名毘古那就從神產巢日神的指縫裡掉落下去，到了凡間。

少名毘古那是農業神，善於種植五穀，神產巢日神請大國主與少名毘古那結為兄弟。農業神少名毘古那教會國人耕作，使出雲國年年豐收，更加富裕，老百姓豐衣足食，國力也逐漸強盛。

完成了教授出雲國人務農的本領，少名毘古那便隱退了，他去了一個沒有憂愁煩惱的長生國，名為常陸國。大國主神十分思念少名毘古那，天天在海邊守望，希望有一天少名毘古那從海上歸來。他沒有等到少名毘古那，卻等來了另一位神明。

這位神明渾身銀光閃閃，他要求大國主神向他供奉香火，子子孫孫沿襲這個習俗。這樣，他就能保佑出雲國的太平興盛，否則，天災人禍就會毀滅出雲。

這位神明自稱為大國主神帶來了幸運之魂。神道教的「一靈四魂」，包括象徵勇猛與災禍的荒魂，象徵和平的和魂，象徵幸運的幸魂，以及象徵奇蹟帶來財富的奇魂，而這位神明帶來的，正是幸魂和奇魂。

大國主神遵從了這位神明的旨意，在大和國的東山供奉這位神明，東山就是後世大和國世代侍奉的三輪山。這位神明，就是三輪山神。

三輪山神沒有神殿，三輪山本身就是朝拜對象。通過巨大的鳥居，大和國人對三輪山頂禮膜拜，進行祭祀，保持香火世代不斷。在三輪山所在的大神神社，供奉著大國主神的和魂。出雲國白日熱鬧非凡，繁華興盛，夜晚也是燈火輝煌，人們載歌載舞。歌唱與歡笑聲直傳到九霄雲上的高天原。

天照大神看到昌盛的葦原中國，十分心動。天安河之盟所誕生的正勝吾勝勝速日天忍穗耳命，此時已經長大成人，是天照大神十分器重的兒子，她為此子迎娶了高御產巢日神的女兒做妻子，並將葦原中國賜給天忍穗耳命作為封地。

天忍穗耳命從高天原上朝下瞭望，此時正值夜晚，葦原中國卻依舊燈火通明，人聲鼎沸，嘈雜不堪。天忍穗耳命回去向天照大神覆命，說葦原中國已經有了統治者。

天照大神很生氣，這一定是哪位土地神擅自做主，自立為王，真是不把高天原放在眼裡。她召集群神，商議平定葦原中國的策略。

思金神向天照大神推薦了天菩比神，這位神明是驍勇善戰的戰神，天照大神對他也十分信任。於是，天菩比神來到葦原中國，進入了出雲國。

然而大國主神卻一點也沒有顯示敵意，他誠懇熱情地招待了天菩比神，用美食、美酒、美女等誘惑，讓天菩比神陷於紙醉金迷的生活，耽於享受，渾然忘記了此行的目的，最終成為大國主神的跟隨者。

高天原上的天照大神本以為一個凡間的小神，鬥不過天兵天將，卻遲遲沒有等到消息。天菩比神是否遭遇了不測，還是另有隱情？天照大神決定再派一位神明去探查究竟。

思金神再次向天照大神建議：派天菩比神的兒子天若日子去葦原中國，他驍勇善戰，有能力平定葦原中國，另外，他尋父心切，必然能不辱使命。

天照大神認為很有道理，天若日子臨行前，天照大神還贈送了他射鹿神弓和神羽箭，以助他作戰。

天若日子來到葦原中國，大國主神如法炮製，讓天若日子沉溺於聲色犬馬，並將自己的女兒，美麗的出雲公主下照姬嫁給了天若日子。這勾起了天若日子的野心。有朝一日大國主神歸隱黃泉，他就可以借著天神與駙馬的雙重身分霸占出雲國，征服整個葦原中國，成為這片凡間樂土的主宰。

一晃八年過去了，高天原上的天照大神與眾神都覺得詭異，怎麼父子兩代都一去不返，杳無音信，難道他們已經被葦原中國的國津神降服了？

思金神又來獻策，派一隻名叫鳴女的雉雞去探查。這是一隻非常漂亮的神鳥，天照大神派牠去凡間尋找天若日子。

鳴女來到葦原中國，找到了出雲國裡天若日子的居所，落在他家門前的樹上鳴叫，希望得到天若日子的回應。

這事被喜歡惡作劇的天佐具賣（就是天探女）得知，她是個看人家遭殃就開心的禍津神，她跑去向天若日子挑撥離間，說門前有一隻長相醜陋的鳥，叫聲像喪歌，是不吉之物，如不及早處理，會招致災禍。

天若日子久居出雲國，並未得到大國主神的重用，每天鬱鬱寡歡，無所事事，聽到天佐具賣的挑唆，惱火地拿起射鹿神弓和神羽箭，也沒有仔細看，就朝著門外樹上的鳴女射了一箭。

神羽箭是高天原神器，這一箭射中了鳴女，穿胸而過，可憐的神使鳴女當場一命嗚呼。然而，箭和鳥都沒有落地，箭直接帶著鳴女飛上了高天原，「噗」的一聲，落在毫無防備的天照大神和眾神面前。

天照大神被嚇了一跳，仔細察看，卻發現那隻死去的鳥是鳴女，扎在牠胸前的箭，正是自己贈予天若日子的神羽箭。

即便如此，她依舊不相信天若日子已經背叛了自己，覺得他可能另有苦衷。

高皇產靈尊看到驚疑不定的天照大神，出了個主意。他建議將神羽箭射回凡間，如果這支箭是天若日子與葦原中國本土神作戰時誤殺鳴女的，那麼這支箭就不會射中他，如果天若日子已經與土地神勾結到一起，背棄了高天原，殺掉了神使，那麼這支箭就會要他的命。

天照大神覺得這個主意很合理，於是，高皇產靈尊將神羽箭投向葦原中國。

殺了神使的天若日子回到房間，越想越覺得不對勁，煩躁地躺在床上。正在此時天空中一聲巨響，一支帶著光芒的神箭穿過屋頂，射向天若日子。還沒反應過來的天若日子被這一箭貫穿心口，立刻殞命。

連續派去兩位神明都沒能拿下葦原中國，反而都被策反，天照大神有點焦急。

思金神再次獻策，目前高天原上的可用之兵是兩位刀劍神，一個是天之尾羽張，另一個是其子建御雷神。天之尾羽張過於暴躁，曾經為洩私憤阻塞天安河，他這性子未必肯從命，所以先讓鹿神天迦久去詢問一下。結果，天之尾羽張果然不願去葦原中國，卻委託自己的兒子建御雷神前行。

高天原諸神中也有人不服氣，天鳥船神認為自己也能勝任這次使命，請命同行。

天照大神很高興，讓船神載著雷神從天而降，出征葦原中國。在出雲的伊那佐，一個名為小濱的地方，他們找到了大國主神。

建御雷神拔出十拳劍，倒插在地上，他本人坐在劍尖上，以顯示武藝高超，神技無敵。他單刀直入，向大國主說明來意。天照大神要他和船神來收復葦原中國，這葦原中國的富饒之地，應該歸屬天照大神的子孫，要大國主神讓出國君之位。

大國主神知道早晚有這麼一天，他無法鬥過高天原諸神。但他還是不太甘心拱手讓位，於是他說：「我已年邁，國事早已經交給我的大兒子事代主神了，讓位一事，你們去問他吧。不過，他正在外祭祀，可能有段時日回不來。」天鳥船神看出大國主神的拖延之計，立刻出發，將事代主神帶了過來。

事代主神看出老爹的想法，但他十分懦弱，面對氣勢洶洶的船神與雷神，他覺得惹不起，就恭敬地表示服從上天安排。為了自保，他乾脆弄翻了小船，變成圍牆的模樣，自己躲在裡面，再也不肯出來。

大國主神卻不服輸，他還有一個兒子，名為建御名方，是個大力士，生性魯莽，脾氣暴躁。大國主神帶著兩位高天原的神明找到建御名方，說明緣由。

建御名方瞧不起眼前這兩位神明，他伸出手，擺明要與建御雷神比試力氣。在凡間，他的力

建御雷神
建御雷神受天照大神之命，以武力威脅大國主神讓出出雲國的統治權，打敗了大國主神的兒子建御名方，是高天原下降到凡間的軍神。

道無人能及。

建御雷神剛剛一握他的手，建御名方的手立刻骨折了，鮮血淋漓。此時，建御雷神的手指已經變成冰冷銳利的劍鋒。他拉起大力士建御名方，將他遠遠地丟了出去。

建御名方大吃一驚，倉皇逃走，建御雷神緊追不捨，一直追到洲羽海。建御名方無處可逃，跪地求饒，只要不殺他，他同意將出雲國交給高天原的天照大神及其子孫。

大國主神的兩個兒子都已經順服，建御雷神便逼著他交出葦原中國的大權。大國主神心中難受，出雲國是他一磚一瓦建立起來的國度，歷經艱難險阻，是豁出命換來的天下，如今國泰民安，卻要將國家拱手讓人，真是無奈。

大國主神心灰意冷，提出了最後一個要求。他希望高天原能夠為他建一座高樓，如同九霄上的瓊樓玉宇，以供他的後世子孫祭祀祈禱。他將歸隱山林，頤養天年。然後，他將統治出雲的權杖——出雲大矛交給雷神與船神。

建御雷神用它號令葦原中國各地，包括大國主神的一百八十個兒孫所管轄之地，都聽命於天照大神及其子孫。那些不肯服從天命的地方，被雷神武力蕩平，最終葦原中國統一了。

天孫降臨葦原中國

葦原中國被建御雷神平定後，天照大神與高御產巢日神開始著手主持權力交接。天照大神早已將葦原中國分封給了天忍穗耳命，此時開始催促他準備去治理這塊凡間樂土。天忍穗耳命卻推辭了，他為葦原中國推薦了一位新的君主。

天忍穗耳命曾奉命與高皇產靈尊的女兒萬幡豐秋津師比賣命成婚，婚後生了兩個兒子，大兒子為火神，名為天火明命，二兒子叫天津彥彥火瓊瓊杵尊，又有一個十分響亮的稱呼，叫天邇歧志國邇歧志天津日高日子番能邇邇藝命，其意為，「天地豐饒，太陽高照，太陽之子，稻穗豐碩」。因其名字過長，後世皆稱其為邇邇藝命。

邇邇藝命生下來就相貌堂堂，紅光滿面，秀美英武，有帝王之相，天照大神十分喜歡這個小天孫。天忍穗耳命為天照大神推薦的葦原中國統治者，就是這位小天孫邇邇藝命。

天照大神和高皇產靈神都覺得這個建議十分合理，天照大神十分高興地招來邇邇藝命，讓他代替父親，降臨葦原中國，主宰凡間。在天孫降臨之前，天照大神還特意準備了真床追衾。這是一張碩大的御床，上面鋪了光鮮的錦被。邇邇藝命端坐床上，開始飄落凡間。

然而到了天之岔道，卻有一位神明擋在邇邇藝命面前。這位神明渾身散發著異樣的紅光，光芒四射，照得前來送行的諸神睜不開眼，即使是天照大神也覺得這位神明的光輝普照天地，簡直要與自己比肩。天照大神十分困惑，派剽悍的女神天宇受賣命去探查情況，看對方是敵是友，有何貴幹。

天宇受賣命也覺得這位神明來歷不明，想試探一下對方。於是，她擺出了在天之岩戶前跳舞的姿態，要對此神唱咒歌。

這位神明並未做出什麼敵對的舉動，只是面色略有不快，質問天宇受賣命為何要詛咒他。天宇受賣命這才停止歌舞，詢問他的來歷和意圖。

原來，這位天神是來自葦原中國的土神，名為猿田毘古，此次前來，特意為即將降臨葦原中國的天孫做嚮導。

天宇受賣命回去向天照大神覆命，天照大神很高興，覺得這是一個吉兆，便同意讓猿田毘古輔佐邇邇藝命前去葦原中國。

天照大神又考慮到邇邇藝命過於年輕，又加派了很多得力助手，有占卜神天兒屋命、幡神布刀玉命、剽悍的女神天宇受賣命、鏡神伊斯許理度賣命、玉神玉祖命。不僅有天神隨行，邇邇藝命還帶著三大神器：八咫鏡、八尺瓊勾玉串和草薙大劍，這三大神器，被世代供奉祭祀，如同侍奉天照大神的靈魂。

天照大神又指派一批神明幫助邇邇藝命打理葦原中國的政務，有智計無雙的思金神、保食神登由宇氣、大力神天手力男等等。這些神明分別被供奉在不同的神宮與神社，成為後世各部的祖先神。

一切準備就緒，邇邇藝命坐在御床上，飄飄然穿過九霄雲霧，過了天浮橋，越過浮島。猿田毘古將他引導到了筑紫日向的高千穗峰。從此，邇邇藝命開始統治葦原中國。

邇邇藝命的隨從武將天忍日命與天津久米命帶著神弓神箭，揮舞著大刀，一路披荊斬棘，護送降落凡間的天孫，征服各地，終於來到了笠沙的御崎。

這方水土正對朝鮮半島，背山臨海，景色壯闊而秀美，朝陽夕暉均可見到，是塊風水寶地。邇邇藝命帶領眾神落腳此處，命天兒屋命率領眾神構建神宮。

既然已經到達了目的地，就不再需要引路神。邇邇藝命讓天宇受賣命送走猿田毘古，並將其名號轉贈給天宇受賣命，名其為猿女君，世世代代為皇家管理神灶祭祀事宜。

猿女君將引路神猿田毘古送到海邊便分別了。猿田毘古無所事事，打魚度日，一不小心手被比良夫貝夾住，跌入海水中，成為海水神，是專司海水水泡的神明。海水冒泡時，稱為泡魂，水泡破裂時稱為泡破神，沉入海底時，稱為沉底魂。

告別了猿田毘古的猿女君，在海邊召集了各種各樣的魚，命牠們今後要聽從天孫邇邇藝命的號令，好好侍奉這位葦原中國的主宰。只有海參無動於衷，牠實在是太懶了，連張嘴說話都覺得費力。猿女君生氣地掏出小刀，將海參的嘴割開，從此，海參世世代代只能張嘴，無法閉口。

後世每當有新天皇登基之時，海民都要貢奉初次收穫的魚貝，天皇又將其賞賜給猿女君，遂成習俗。

邇邇藝命在笠沙御崎建立了輝煌的神宮，卻沒有心滿意足，他總覺得缺了點什麼。有一天，他遇到了一名生於葦原中國的少女。這少女美若天仙，嬌柔而明豔，即使是神明見了也會怦然心動。邇邇藝命對此女一見鍾情，向這個少女搭訕。原來，這個美麗的少女名為阿多都比賣，是山神大山津見的小女兒，因為她漂亮得如同絢爛綻放的櫻花，因此，大家送給她一個美名，叫木花之佐久夜毘賣，又稱木花開耶姬。木花開耶姬還有一個姊姊，名為石長比賣，與她年紀相當，又名磐長姬。

邇邇藝命聽到這些，對這少女又多了一分傾慕，於是便向她求婚。木花開耶姬雙頰飛紅，她要徵得父親同意才能給邇邇藝命答覆。

邇邇藝命急不可耐，趕忙讓身邊的神明去見大山津見。大山津見聽說是葦原中國的新君主天孫邇邇藝命向自己的女兒求婚，高興極了，當場應允，不僅如此，他還將自己的另一個女兒磐長姬也許配給邇邇藝命。

邇邇藝命得到回覆，喜不自勝，當即拜謝了山神大山津見，帶走了兩名少女。

當他一手牽著美麗的木花開耶姬，一手牽著少女磐長姬走向自己的神宮之時，忽然覺得磐長姬的手冰冷而堅硬。

直到這時，他才認真打量磐長姬，原來，這個少女奇醜無比，面色黝黑，臉上長滿青春痘，與木花開耶姬大相徑庭。邇邇藝命恍然大悟，難怪此女名為磐長姬，原來是形容長相如同石頭。

邇邇藝命心裡不爽，只看了一眼，便立刻將這個醜陋的少女趕出了自己的神宮，只將木花開耶姬帶回宮內，洞房花燭。

磐長姬受到了莫大的侮辱，委屈地跑回娘家。

天孫邇邇藝命降臨人間

邇邇藝命接過天照大神賜予他的劍、鏡、玉三大神器，率領著思金神、保食神、大力神等高天原神明，坐著御床，飄然降落在高千穗峰之上。

大山津見既心疼又失望。他將一美一醜兩個女兒都嫁給邇邇藝命，原本是用心良苦。木花開耶姬的美貌，會讓邇邇藝命沉醉於美色，既耽誤政事，又損傷身體。磐長姬雖然醜陋，卻能幫助邇邇藝命節欲自製，細水長流。沒想到邇邇藝命只貪戀美色，卻不顧長久。大山津見預言，這位國君的壽數，終將如櫻花般短暫。

後世的天皇也如同邇邇藝命一般，壽數並不長久，正應了大山津見的預言。

邇邇藝命只與木花開耶姬共度一夜，他還有建國重任，因此，第二日就辭別了新婚的美貌妻子，繼續征程。

就這樣過了很久，忽然有一天，正在處理政務的邇邇藝命看到了木花開耶姬，她千里迢迢來尋找他，風塵僕僕，腹部隆起。她告訴邇邇藝命，自己已經懷了他的骨肉，所以才擅自來尋找他，希望孩子能在父親的庇護下降臨人間。

邇邇藝命大吃一驚，自己僅與她共度一晚，怎麼可能有了孩子？因此，他懷疑這孩子是木花開耶姬與某個葦原中國土神的血脈。

木花開耶姬歷盡千辛萬苦尋找夫君，卻換來一瓢冷水，她傷心欲絕，失聲痛哭。她的淚水並未打動邇邇藝命，於是，她向邇邇藝命提出了一個請求，以此來驗證自己的貞潔之身。

她請邇邇藝命派人建起一座八尋殿，高大又沒有窗戶。她告訴邇邇藝命，如果自己是貞潔的，大殿燃起烈火之時，自己就能順利生產，母子平安。如果自己與他人有染，母子必葬身火海。說完這些話，木花開耶姬拖著沉重的身子，毅然走進了八尋殿。

邇邇藝命讓人封死入口，並用柴火點燃八尋殿。

八尋殿煙火剛起之時，忽然聽到其中傳來嬰兒啼哭的聲音，第一個孩子降生了，因為他生於火勢剛起，火光照亮大殿之時，便被命名為火照命。火勢繼續大起來，室內火光沖天，第二個孩子也降生了，名為火須勢理命，意為火勢最旺。火勢略微減弱，煙氣升騰，此時，第三個孩子也降生了，此子名為火遠理命，意為火勢衰弱。

這三個孩子分別誕生於火勢的初起、旺盛、衰微之時，象徵著自然運行之理。他們是天神與凡人結合的後代，傳承著帶有天神血統的皇族血脈。

此時，木花開耶姬抱著三個孩子，安然無恙地走出了已經被燒毀的八尋殿，她用絕境中的奇蹟，證明了自己的清白之身。

邇邇藝命十分愧疚，終於體認到自己錯怪了妻子，他向木花開耶姬致歉，並與妻子重歸於好。他將三個孩子抱在懷中，承認他們是自己的至親骨肉。

山幸彥與海幸彥

邇邇藝命與木花開耶姬沒有共同度過多少時光，邇邇藝命就撒手人寰了。他被後人安葬在當年初到葦原中國時降落的筑紫日向，陵墓建築在可哀山之上。

邇邇藝命的兒子繼承了父親的事業，開始治理葦原中國。

邇邇藝命與木花開耶姬的三個兒子中，大兒子火照命喜歡親近大海，善於捕魚，人稱海幸彥，小兒子火遠理命喜歡在山林中自由自在，他善於狩獵，人稱山幸彥。

海幸彥有一隻金魚鉤，用這只特製的魚鉤，海幸彥在大海中可以釣到很多大魚，他以此為生，並將釣到的魚做成美味佳餚，與弟弟一同享用。

山幸彥有一張寶弓和一柄寶劍，他每天背著弓，提著劍，在崇山峻嶺的茂密森林中狩獵，獵獲很多飛禽走獸，他將這些山珍野味做成菜餚，分給哥哥食用。

山幸彥是個明朗活潑的青年，他覺得日復一日的生活太單調乏味，同時，他也十分好奇哥哥每天在海上是如何工作的。於是，他建議兄弟倆交換一下工作，體驗一下新鮮生活。

海幸彥卻覺得弟弟是個浮躁性子，雖然身法靈活，在山林中綽綽有餘，但卻難以駕馭大海。不過，看到弟弟那迫切的眼神，海幸彥於心不忍，只好勉強答應了。

海幸彥拿起弓箭，到了山林，他感到百般不適，抽弓搭箭，忙了一整日，卻一無所獲，他很懊惱自己對弟弟的妥協，決定明天無論山幸彥說什麼，他都不會再來山裡了。

山幸彥興沖沖地駕船出海，拿著金魚鉤就急匆匆拋向大海，然而，沒有任何魚蝦上鉤，過了很久，他垂頭喪氣地提起魚線，卻發現金魚鉤不見了。大海茫茫，浪濤滾滾，到哪裡去尋找？

山幸彥覺得沒辦法向哥哥交代，回到陸地上，熔化了心愛的寶劍，請人打造了一大堆魚鉤。海幸彥從山中回來，看到弟弟沒有打到魚，卻帶了一堆魚鉤給自己，他很困惑。山幸彥很愧疚地告訴哥哥，他將金魚鉤弄丟了，想用這些魚鉤來彌補哥哥的損失。

海幸彥聽後勃然大怒，那金魚鉤是特製的神物，用它才能在海中獲得豐收。如今弄丟了，今後要以何為生？他又悲又怒，大罵弟弟，當初就不該違背天意，讓弟弟無論如何也要找回金魚鉤。然後，海幸彥憤憤然離去，留下山幸彥孤單一個人。

山幸彥見哥哥不肯原諒自己，還逼自己去找回金魚鉤，傷心地在海邊大哭起來。大海深不可測，到哪裡去尋找金魚鉤？可如果找不到金魚鉤，兄弟之情可能就此斷絕了。

正在山幸彥悲傷難過卻又走投無路的時候，他聽到幾聲鳥叫，似乎是十分痛苦地在呼救，山幸彥循聲找去，發現一隻被捆了翅膀和爪子的海鷗，正在海邊岩石後悲鳴。

山幸彥放開了海鷗，任牠自由飛走，這時，他的眼前出現了一位白髮的老人。老人自稱是海潮神鹽椎神，他詢問山幸彥為何一個人在海邊哭泣。

山幸彥將自己和哥哥的糾紛說給老人聽，老人卻微微一笑，告訴他一個辦法。他揮了揮手，海岸邊立刻長出了一簇茂密的竹子。老人用竹子做了一個十分結實的竹籠船，他讓山幸彥坐在船上駕船出海。

山幸彥按照老人的指點，任竹船隨波逐流，借著海流，漂向遠方，待他看到一座用魚鱗蓋成

山幸彥　海幸彥
火遠理命生活在山中，以狩獵為生，人稱山幸彥；火照命生活在海邊，以捕魚為生，人稱海幸彥。山幸彥將捉到的飛禽走獸做成佳餚與哥哥分享，海幸彥將捕撈到的魚蝦蟹蚌做成美味與弟弟分享。

的房屋時，便下了船。這便是海中的宮殿，裡面住著海神綿津見和他美麗的女兒。

海潮神告訴山幸彥，要先沉入海底，然後，沿著海底的一條曲折蜿蜒的沙路前行，就可以看到一棵香桂樹，長在龍宮的井邊。山幸彥不知道為什麼要這麼做，卻還是很聽話地爬上香桂樹，坐在其中一根粗壯的樹枝上。

他剛剛坐好，海神的龍宮大門就打開了，一名俊俏的少女從裡面盈盈走出，手裡拿著玉杯，準備到龍宮門前的井中打水。從井水的倒影中，她隱隱約約看到了一個人影。少女驚訝地抬起頭，看到香桂樹上，一個少年正笑吟吟地看著她。

山幸彥靈活地跳下香桂樹，腳步輕快地走到少女面前，向她討水喝。

這少女並不是海神的女兒，只是她的侍女。她對山幸彥很有好感，就在玉杯中盛滿了井中清泉，送給山幸彥。山幸彥卻沒有喝泉水，他摘下脖頸上懸掛的美玉，放入杯中，然後將杯子交還給侍女。

侍女看到杯中美玉，想拿出來，卻無論如何也取不下來，那美玉彷彿已經與玉杯融為一體似的。這玉杯原本是海神之女專用的杯子，現在被弄成這樣，如何交差？侍女十分生氣，一邊責怪山幸彥，一邊跑回龍宮，向海神的女兒稟報。

海神的女兒名為豐玉毘賣，看到侍女抱著玉杯，一臉焦急地跑進來，她十分詫異。

小侍女伶牙俐齒，劈里啪啦地將剛剛遇到山幸彥，山幸彥討水，以及杯中之玉的事情告訴豐玉毘賣。豐玉毘賣聽得有趣，又聽說這個山幸彥長得十分英俊，就微微有些心動，當她接過杯子，看到杯中的美玉，立刻呆住了。

這玉瑩潤翠綠，光華閃爍，隱隱帶著靈氣，絕非凡品，應該是神明所佩之物。豐玉毘賣知道這少年一定很有來歷，決定親自去看看這位遠方來客。

豐玉毘賣在龍宮的門前，偷偷看著那位等在香桂樹下的少年，見他雖然眉宇間帶著焦慮的神情，卻絲毫不減丰神俊朗之氣，不僅十分英武，還透著機敏與睿智。豐玉毘賣從心底喜歡上了這位少年，她轉身走入龍宮，找到父親綿津見，告訴他家裡來了一位客人，是個十分英俊有為的少年，也許是有事來求見的。

海神綿津見來到龍宮門前，一眼認出了這是天孫邇邇藝命之子，人稱山幸彥，是葦原中國皇室的繼承人之一。

他將山幸彥接入皇宮，大擺筵席，為山幸彥鋪上厚厚的皮氈和棉墊，請山幸彥先入座，隨後，又讓女兒豐玉毘賣坐在山幸彥身邊侍奉他飲酒。原來海神早已看出女兒眉眼中對山幸彥的情意，樂得成全這對少男少女。

山幸彥見到真正的海神女兒，為她的美麗所傾倒，兩人在席間藉著美酒，推杯換盞，漸漸熟絡，十分親昵。海神綿津見看到這一幕就推波助瀾，最終將女兒許配給了山幸彥，山幸彥滿心歡喜，與豐玉毘賣成就姻緣，兩人情投意合，在龍宮裡住了三年。

有一天，山幸彥望著水中的游魚，回憶當年來龍宮的初衷。他想起了自己的哥哥海幸彥，也想起了當年弄丟的金鉤。由於思念家鄉，山幸彥開始悶悶不樂，不管豐玉毘賣如何勸慰，他總是難以釋懷。豐玉毘賣無計可施，淚水漣漣地去求父親想辦法。綿津見召來山幸彥，再三詢問下，才知道他當年是為了尋找金鉤才到了龍宮。綿津見聽到山幸彥的心結，也不禁為他歎息，最終決定幫助他找到當年遺失的金鉤。

他向龍宮所有魚神徵集金鉤的下落，終於在一條紅嘴鯽魚那裡找回了金鉤。綿津見知道此後再也無法將山幸彥留在龍宮了，十分擔心他回去後的境遇，畢竟山幸彥多年未歸，回家後可能會被哥哥欺負。

他將金鉤交給山幸彥，歎息一聲，告訴他，這只金鉤是個不祥之物，是一只承載著煩惱焦慮與愚蠢貧窮的魚鉤，叮嚀他將金鉤交還給哥哥時，一定要倒背著手交出魚鉤。還告訴山幸彥，要與哥哥分開種田，哥哥在山上，他就在山下，哥哥去山下，他就去山上。海神用降水之法，可以令山幸彥生活富足，令海幸彥顆粒無收。此外，他還給了山幸彥兩顆寶珠，分別是漲潮珠與落潮珠。如果海幸彥在窮困潦倒之際向山幸彥發動攻擊，就可以用這兩顆寶珠解圍。

在一番囑咐後，綿津見又開始安排山幸彥的歸程，最終決定用自己的坐騎——一尋鱷魚送山幸彥返鄉。

山幸彥流著淚與心愛的豐玉毘賣告別。他再次拜謝了海神綿津見，騎上一尋鱷魚，踏上歸鄉之路。一尋鱷魚在海上乘風破浪，選擇最湍急的海流將山幸彥在一天之內送到了海岸邊。

山幸彥望著大海感慨萬千，解下隨身的小佩刀掛在了鱷魚的脖子上，讓牠告知豐玉毘賣和綿津見，自己一路平安。

山幸彥回到家，將金鉤還給哥哥，但海幸彥依舊對他十分不友好。於是山幸彥就上山種田，海幸彥看到弟弟豐收，也學著樣子在山下種田。由於海神操縱著降水，山下的田地根本沒有收成。海幸彥就跑到山上，霸占了山幸彥的田地。山幸彥沒有與他計較，跑到山下繼續種田，結果可想而知，這次輪到山上顆粒無收，山幸彥在山下的田地依舊是大豐收。

海幸彥由妒生怨，經常無事生非，對山幸彥連打帶罵。山幸彥忍了幾次，海幸彥卻不依不饒，似乎無止無休。山幸彥忍無可忍，終於拿出了海神送給他的寶珠。漲潮珠一出，海幸彥立刻被滔天海水圍困，他在海中掙扎良久，眼看就要命喪浪濤，於是，他向弟弟求饒呼救。山幸彥原本也只是想嚇嚇他，拿出了落潮珠，海水立刻就退卻，海幸彥得救了。

然而過了不久，海幸彥惡態復萌，又打罵弟弟。山幸彥再次拿出寶珠，如此幾次，海幸彥終於服服貼貼，向弟弟告饒，並承諾世世代代侍奉弟弟這一支的族人。為了讓族人記取教訓，海幸彥還讓後人編排祭祀舞蹈，以展現自己曾被海水圍困的境遇，進而警醒後人。

在海神的幫助下，山幸彥成為葦原中國實際意義上的主宰者。

自從山幸彥離開龍宮，豐玉毘賣日夜思念著他，終於辭別了父親綿津見，來到葦原中國找到了山幸彥。此時她已經懷孕了，她不希望孩子在海中出生，而希望孩子誕生時，父親能在他們母子身邊陪伴。

山幸彥十分開心，他為豐玉毘賣在海邊蓋起了一座茅草產房，焦慮地等待妻子生產。豐玉毘賣卻不希望他觀看自己產子，因為她是海神之女，生產時會恢復原形。她怕嚇到山幸彥，竭力將他推出產房門外。

山幸彥雖然人在外面，心中卻充滿期待，妻子的原身究竟是什麼樣的，他很想知道。於是，就在產房外透過門縫向內窺視。結果他看到產房內有一隻巨大的鱷魚痛苦地躺在地上，翻來滾去，哪裡還有那個美麗的龍女豐玉毘賣呢？

山幸彥嚇得轉身就跑，房中的豐玉毘賣又急又氣，生下小孩後，即刻變成人身。她顧不得疲憊骯髒，終於追上了山幸彥，對他一頓責罵。

原來，豐玉毘賣此行不僅是來生子的，她也想幫助山幸彥打通海路，這樣，他就能在陸地和海洋中往返無阻了。但是，山幸彥這種不守約定的行為讓她感到莫大的恥辱。豐玉毘賣丟下孩子憤然離開了山幸彥，回到深海龍宮，她讓鱷魚們堵塞海路，讓山幸彥無法去龍宮尋找她。

但回到龍宮的豐玉毘賣思前想後，還是心軟了，即使再生山幸彥的氣，孩子也是無辜的。她讓自己的妹妹玉依毘賣去葦原中國，為她照料孩子。

愧疚又後悔的山幸彥十分思念妻子，不久就去世了，他的兒子天津日高日子波限建鵜草葺不合命繼承了他的事業，並娶了姨母玉依毘賣為妻，生下四個兒子，分別是五瀨命、稻冰命、毛沼命和神倭伊波禮毘古命。

很久以後，鵜草葺不合命也去世了，他的小兒子神倭伊波禮毘古命繼位，這就是日本的第一任天皇——神武天皇。

第4章

現人神

神武天皇

世界上認為皇帝就是神的國家並不少見。中國古代認為皇帝是天子，也就是昊天上帝之子，埃及的法老自稱是太陽神阿蒙的兒子，印加帝國的君主認為自己是太陽神的後裔，而日本的天皇認為自己也是神子，是高天原天照大神的孫子下降到凡間的後裔，這種認神作父的現象在人類歷史上屢見不鮮。

天地者，無形父母也。在蒙昧時代，人們認為有著神祕力量的自然，是生命誕生的根源，本質上是沒錯的。不過，把別人視作凡人，而將自己視為某某自然物體唯一的後裔，卻只是統治者尋找自信並樹立威信的普遍做法罷了。

日本天皇在古代被稱為「現人神」，從第一位天皇神武天皇，到一百二十五代的明仁天皇，都用這種「天皇就是神」的說法影響著國人。日本的天皇自稱是「萬世一系」，和中國這種「皇帝輪流做，明年到我家」的朝代更替還是很不同的，也鑄就了兩個民族不同的歷史性格。

二戰後，日本天皇曾經發表《人間宣言》，由天皇宣稱自己是人不是神，天皇雖然身分尊貴，但不再神聖，國際上也試圖通過這種方式，來驅散神道和迷信的魔力，對這個國度在精神上的影響，避免神道中的侵略思想對其自身的蠱惑和對他國的傷害。

日本天皇的「現人神」神話，要從神武天皇的傳說談起。

相傳神武天皇與他的大哥五瀨命曾經商量，要從哪裡開始實現統一葦原中國的大業，最終他們決定東征。他們一路經過很多波折，用了十幾年到了速吸之門。這時，他們在海上看到一位奇人，這人坐在巨大的龜甲上釣魚，還不時拍打著自己的羽翼。神武天皇覺得不可思議，便將這人收為臣僚，並賜給他一個名字——槁根津日子。

此人對這片海域十分熟悉，他作為航海嚮導，將大軍引至浪速國，到達白肩津。而敵軍攝津的登美能那賀須泥毘古，此時早已做好了迎戰準備。雙方經過一場大戰，五瀨命被敵軍的流箭射穿了手臂，傷口一直不見好轉，越來越嚴重，他這才醒悟過來，告訴神武天皇，作為日神的後裔，不應該往東朝著太陽作戰，這等於是向身為太陽神的祖先宣戰，我們應該向西征戰。神武天皇聽從了他的建議，開始從血沼海移向男之水門，讓大軍向南進行大幅度迂迴。其間，五瀨命傷重而死，葬在了紀伊國的灶山。

高天原的天照大神和高木神等諸神看得很著急，神武天皇簡直是南轅北轍，向南的這條路上妖魔橫行，十分凶險。天照大神將建御雷神找來質問，既然早已平定了葦原中國，為什麼現在凡間還是亂成一團，讓天神的子孫遭殃？他們讓建御雷神再次出手，助神武天皇一臂之力。

這一次，建御雷神卻沒有下凡，他只是找了一把神刀，讓熊野的高倉下之男帶到凡間。

神武天皇率領大軍繼續南行，途經熊野村，忽然出現一頭巨大的熊，這熊很快失去了蹤影，而神武天皇和他的部下卻像中了迷藥一樣倒在地上，不省人事。高倉下之男喚醒神武天皇，將建御雷神讓他轉交的神刀送給了神武天皇，神武天皇用這把刀斬殺了熊野山的狂暴之神，此後，神武天皇的部下才紛紛醒來。

高倉下之男將高天原諸神的決議告訴了神武天皇，告誡他切不可繼續向南方山區深入，那裡有很多荒暴之神。高倉下之男放出八咫烏，為神武天皇引路。

在宇陀，神武天皇遇到了兄宇迦斯和弟宇迦斯兩兄弟率眾與神武天皇的對抗。神武天皇派八咫烏招降他們，兄宇迦斯朝八咫烏放箭，回去集結軍隊與神武天皇作戰未果。兄宇迦斯又想出一計，他建造一座宮殿，設下陷阱，誘導神武天皇前來，準備弄垮宮殿壓死神武天皇。

弟宇迦斯與哥哥想法不同，他認為神武天皇既然是神子，就不應該對抗他。弟宇迦斯偷偷將哥哥的圈套告訴了神武天皇。神武天皇的大臣們將計就計，找來兄宇迦斯，逼著他進入即將垮塌的宮殿，殺了兄宇迦斯。弟宇迦斯與神武天皇修好，熱情地接待了神武天皇的大軍。

神武天皇到達忍阪大室，土雲人準備伏擊神武天皇。這個部族中人都有尾巴，他們準備在宴席上動手。神武天皇早已察覺，他先下手為強，讓膳夫持刀殺掉了土雲人。

此後，神武天皇的大軍又與長髓彥大軍鏖戰，始終沒辦

神武天皇東征

神武天皇經過熊野，山高林密妖魔出行，無法辨認方向，高倉下之男讓八咫烏為神武天皇指明道路，幫他避開荒暴之神。八咫烏也成為熊野本宮大社的神紋，得到世代供奉。

法分出勝負。這時，八咫烏再次出擊，牠振翅高空，在神武天皇大軍上空盤旋，光芒刺目，讓長髓彥的軍隊睜不開眼睛，沒辦法與神武天皇的大軍戰鬥，節節敗退，落荒而逃。當年五瀨命死的時候，就是中了長髓彥軍隊的弓箭，神武天皇發誓為哥哥報仇，窮追不捨，要趕盡殺絕。長髓彥無奈終於亮出了自己的王牌。原來，他的妹婿是饒速日命，也是高天原神明的後裔（傳說是那個被自己的箭射死的天若日子的後代），身上帶著神器天羽羽矢和步韃。

神武天皇讓饒速日命觀看自己所持的三大神器——八咫鏡、瓊勾玉和草薙劍，饒速日命這才明白對方原來是天孫一系，更加正統，於是不再固執，表示臣服。但是，長髓彥由於與神武大軍有過很多恩怨，不肯甘休。饒速日命屢次勸他他都不聽，只能將偏執的長髓彥殺掉，歸順了神武天皇。

平定了叛亂，神武天皇終於在畝火的白檮原宮建立政權，開始治理大和國。他早先曾經娶了日向的阿比良比賣，生了兩個庶子當藝志美美命和岐須美美命，後來又在大和的高佐士野，娶了比賣多多良伊須氣余理比賣，生下了日子八井命、神八井耳命、神沼河耳命等三個嫡子。

神武天皇去世後，他的大兒子當藝志美美命娶了神武天皇的正妃伊須氣余理比賣，不僅如此，還要殺掉伊須氣余理比賣所生的孩子，以免他同父異母的弟弟們與他爭奪皇位。伊須氣余理比賣十分擔心，用和歌的形式派人傳遞訊息給三個兒子：「畝火山上，朝有雲起，夕有葉動，風起之兆。」也就是說，樹欲靜而風不止，他要動手了，你們要小心。

接到母親的警告，三個兒子在一起籌劃對策，神沼河耳命覺得不能再猶豫了，要先下手為強，勸他的哥哥神八井耳命去殺掉當藝志美美命。神八井耳命到了當場卻渾身顫抖，一點力氣也使不出來，神沼河耳命見狀，奪過刀殺死了當藝志美美命。

神八井耳命十分慚愧，事後他自認為太懦弱，無法主宰天下，決意推舉弟弟神沼河耳命當天皇，而自己退居後方，掌管祭祀之事。

從此，神沼河耳命成為第二任天皇，由於他神勇果敢，後世尊稱他為「建沼河耳命」。

倭建命

在日本歷史上，有「建」之稱的，都是戰神級別英武勇猛的人，現人神中，除了「建沼河耳命」，還有另一位有「建」的稱呼的人，那就是倭建命，也就是日本武尊。

倭建命原名小碓命，又稱小碓尊，是景行天皇的小兒子。景行天皇有八十多個兒子，其中只有三個有資格繼承皇位，小碓命位列其中。

小碓命有個雙胞胎哥哥叫大碓命，這人行事荒唐，非常沒分寸。

有一次，景行天皇看上了大根王的兩個女兒，想要召進宮中做妃子，就命令大碓命去將人接來。大碓命見到兩個漂亮女孩，色膽包天，納為己有，另找了兩個年輕女子，濫竽充數送給父親。天皇發覺不對，想詢問大碓命，可他卻根本不進宮，躲在自己的住處不肯出來。天皇沒辦法，就讓小碓命去探查究竟。

小碓命到了大碓命住處，看到哥哥正和兩個美女玩樂，怒從心頭起，他潛伏在哥哥家中，趁著大碓命早上上廁所的時候，擒住哥哥，將其綁起來，砍掉手腳，用竹蓆包起來，扔進了茅廁，然後回去向天皇覆命。

景行天皇沒料到這個小子竟然這麼暴戾，這要是留在身邊，哪天惹怒了他，可是個大麻煩。於是，景行天皇便委以軍權，命小碓命征伐四方。

小碓命首先去征伐的是西方的熊曾建兄弟，因為他們不服管束，又對朝廷無禮。熊曾建兄弟在他們的大本營外面派了三層兵力把守，又在內部建起堡壘，好似銅牆鐵壁，正面進攻實在難以攻破。

小碓命此時還只是個十五、六歲的男孩，頭上原本梳著一個少年人的瓢花髮束。面對敵方的守勢，小碓命決定智取。他散下頭髮，梳成少女髮型，又穿上從姑母倭姬命那裡借來的女人衣服。他原本就生得清秀俊美，裝扮成少女也是十分美貌。他將寶劍藏在寬大的衣裙中，準備完畢後，隨著很多女孩混入熊曾建家裡。

熊曾建兄弟從沒見過這麼漂亮的女孩，他們讓小碓命坐在兩兄弟中間，小碓命虛與委蛇，向他們頻頻敬酒。酒至半酣，小碓命忽然抽出藏匿的寶劍，揪住熊曾建哥哥的衣領，一劍刺入他的胸膛，轉回身又刺向弟弟。弟弟急忙閃避，被小碓命刺中了屁股。

熊曾建弟弟落荒而逃，邊逃邊告饒，小碓命殺得興起，不可能饒過求饒的敵人，將熊曾建弟弟也殺掉了。由於小碓命的驍勇，世人此後稱他為倭建命。

倭建命西征得勝還朝，天皇欣喜之餘不禁撓頭，這小子江山易改本性難移，留在朝中還是不妥。沒等倭建命在都城休息整頓好，又命令他去東征，平定東方十二宮的荒暴神和其他叛亂部落。這次東征，景行天皇沒有給他增加兵力，只是賜了一些無足輕重的武器給他。

倭建命沒辦法，只好在出征前去參拜伊勢神宮，祈禱自己此行能順利平安，旗開得勝。他察覺天皇對他並不像一個父親對親生兒子那樣愛惜，心中十分難過，於是去找姑母倭姬命訴苦。

倭姬命有著非凡的預言能力，她預料到倭建命此行凶多吉少，但君命不可違，而且天機不可洩露。於是，她送了倭建命兩樣東西，草薙劍和一個錦囊。她讓倭建命一定要將這兩樣東西隨身攜帶，並小心火患。倭建命覺得姑母的囑託太奇怪，但還是將劍和錦囊收好，辭別了姑母，拿著父親給他的槓谷木之八尋矛，踏上了向東的漫漫征途。

倭建命經尾張到東國，一路所向披靡，將東國本土大大小小的荒暴神明和叛亂者全部誅滅，隨後，來到了武相國。

武相國的國造（地方官名）是個狡猾之人，他想殺掉倭建命，卻苦於打不過，於是欺騙倭建命，說在原野還有一夥荒暴神，請倭建命去平定。倭建命信以為真，去了原野。武相國國造下令放火焚燒原野。火光四起，倭建命被圍在火原中央。

倭建命想起臨行前姑母的話，掏出草薙劍和錦囊。錦囊裡卻只有火石。足智多謀的倭建命立刻明白了，他用草薙劍將身周的草砍倒，再點燃倒在地面上的草。這樣，他附近的火就只能在地面燃燒，化為灰燼，為他留出一塊安全的地域，原野上火勢再大，也燒不到他身邊。等火滅了，倭建命逃出來，找到那個欺騙他的國造，殺掉後燒了他的屍體藉以洩憤。

東征途中，倭建命和他的妻子弟橘比賣經過走水海，當地海神也是荒暴之神，掀起了滔天巨浪，眼看倭建命的船就要傾覆，所有人都會葬身大海，弟橘比賣主動請命，自己獻身給海神，以保全倭建命和東征大軍。

弟橘比賣縱身滄海之後，風浪即刻平息，倭建命化險為夷，平安登陸，但弟橘比賣卻再也回不來了，她的髮梳漂到岸邊，倭建命命人為她在此地建了陵墓，以寄哀思。

倭建命繼續東征，征服了蝦夷，打敗關東各路荒神，用野蒜殺掉曾化身白鹿的足柄峠之神，他從山路走，途經甲斐國，最後到了伊吹山。

眼看東征即將接近尾聲，不久就可以班師回朝，倭建命心中愉悅，對伊吹山不禁起了輕視之心。他傲慢地放言，自己就是空手也能征服伊吹山。此時，山中忽然出現了一頭巨大的白色野豬。倭建命嘲笑那野豬，認為那野豬一定是山神的使者，先留牠一條命，等回程再殺掉牠。

白野豬卻正是伊吹山神，他十分生氣，使出法術降下冰雨。這冰雨鋪天蓋地，倭建命的大軍無處躲藏，狼狽地逃到山腳下，喝了一些泉水才得以緩解。倭建命卻開始生病，他雙腳沉重，

倭建命

倭建命奉父親景行天皇之命，征討了西方的熊曾建兄弟，又進行東征，征服蝦夷，橫掃關東，經過甲斐，最後在伊吹山英年早逝。他智勇雙全，為大和國開疆拓土，被奉為日本武尊。

邁不開步，拄著拐杖在路上走，感覺足底發軟，如同纏繞在一起的三重鈎，他疲憊異常地倒在地上，到了三重村就一病不起，終於氣絕身亡。

他的妃子和兒女焦急地趕到這裡，慟哭失聲。正在此時，倭建命忽然變成了一隻天鵝，凌空而起，飛向了遠方。

一言主神、住吉神與八幡神

現人神是人也是神，日本公認的現人神除了歷代天皇，就是那些以人的形象出現，卻有著神明之力的靈體。有死後受大眾所信仰，變成神明的人，也有神巫、巫女。有的地方也把現人神稱為荒人神。這些現人神到底是人還是神，何時是人，何時是神，很難界定。不過，在日本有一個簡單的鑒定神明的標準，那就是信仰：只要有一群堅定持久的信仰者，不論被信仰的是人、鬼、妖、物品，甚或是自然現象，都可以成為神明，得到參拜與祭祀。

現人神用預言、讖緯、占卜的方式，向世間傳達神諭，這就是所謂的言靈。日本最著名的三大現人神，是一言主神、住吉神和八幡神。

1. 一言主神

一言主神出現於雄略天皇在位之時，傳說雄略天皇曾經帶著儀仗到葛城（今天奈良縣北的葛城郡），要登葛城山，他的隨從威風凜凜，全都穿著整齊的青摺染、紅衣帶。

進入深山幽谷時，雄略天皇見到另一隊人馬也在登山。這些人無論是服飾還是排場，都與天皇的儀仗一模一樣，同時也有著非凡的氣派。雄略天皇和臣僚都十分驚訝，不知道這些人是什麼來頭。於是派人向對方喊話：「這個國家，除了我天皇，沒有其他的君主，誰敢如此效仿我？」然而，對方也派使者喊話回來，那答話卻是：「我才是這個國度的唯一君主，何人敢冒犯我？」雄略天皇大怒，令隨從放箭，可對方也同樣放箭過來。

雄略天皇這才驚覺不妥，對方可能大有來頭。他詢問對方是何人，來自何處，畢竟如果開戰，總要知己知彼。對方卻回答，他是葛城的現人神，對好話壞話一律直言不諱，名為一言主大神。

雄略天皇這才明白自己剛剛冒犯了神明，連忙下馬表明了自己的身分，並且恭謹地將自己的大刀和弓箭獻給一言主神。為了表示誠意和謙卑，雄略天皇還讓自己的部下脫下服飾和裝備，不敢再與神明同等排場，他將這些作為貢品，都呈給一言主神。

一言主神神社
一言主神是言靈神，人從口中發出請求，神明為這話語附著神性，從而創造奇蹟，即使這些要求，只是「治癒牙疼」、「找回丟失的貓咪」這樣十分微小的願望。

一言主神並未計較他此前的失禮，欣然接受。此後，他與天皇一同在林中狩獵，縱馬在林間馳騁，射箭獵鹿，相處愉快。

天色將晚，雄略天皇即將返回，一言主神十分不捨，目送雄略天皇直到來目水河邊。自此以後，人們都說雄略天皇是高尚有德，因此得到一言主神的青睞。

一言主神的神社設在葛城山麓奈良縣御所市，葛木一言主神社至今仍然供奉著這位言靈之神。之所以稱其為「一言主」，是因為他能接受他人的祈願，無論這祈願多麼微不足道，哪怕只有短短的一句話，一言主神都會實現此願。

不過，也有人因為一言主神的名字與事代主神相近，而認為這兩個神明其實是一體的。事代主神是大國主的大兒子，就是當年建御雷神去逼宮之時，躲到扣翻的小船下面的那個懦弱王子。他的另一個名字是「言代主神」，與一言主神近似。

一言主神在民間傳說中是個山中精靈，曾經被賀茂氏的神巫役小角所驅使束縛。役小角是後世陰陽師的鼻祖，他神通廣大，在大和的金峰和葛木峰間架設了石橋，役使各路神明。一言主神將役小角的企圖告知天皇。天皇派人捉拿役小角，並將其流放到伊豆國。一言主神從此獲得自由，還得到供奉與祭祀。

在德島縣的葛城神社，一言主神又被當作護眼神侍奉，這源於另一個傳說。第三十八代天皇天智天皇巡遊九州時，一言主神陪同前行，卻不慎墜落馬下，傷了眼睛，在粟田的葛城神社中，一言主神用一口井的井水清洗眼睛，受傷的眼睛竟然痊癒了。

一言主神此前因為眼疾備受折磨，至此，他開始守護人們的眼睛，因此成了護眼神明。後世，人們在葛城神社中設置了「眼鏡塚」，每年的十月一日前來供奉，作為「眼鏡日」。這一祭祀行為是由當地商會組織的，所以商業意味更濃。

2. 住吉神

日本號稱有八百萬神，但神社比神還多。分布在日本的住吉神社有二千一百二十九座之多，其中，福岡博多的住吉神已建立了有一千八百年之久，是日本最早的神社，也稱「住吉本社」，或稱「日本第一住吉宮」。福岡住吉神社、大阪住吉大社、下關住吉神社，合稱為「日本三大住吉」。

如此多的住吉神社，裡面究竟供奉著什麼樣的神明？

住吉神社中供奉的是住吉大神明，一共有三位，稱為「住吉三神」，也稱為「墨江之三大神」。這三位神明並不是無中生有，他們是三兄弟，為上古時期伊邪那岐與伊邪那美的孩子。伊邪那岐從黃泉歸來，在海邊進行祓禊，以洗淨從黃泉帶來的汙濁之物。他鑽入水底，生出了底筒之男命，在水中清洗時，生出中筒之男命，到了水面上，生出了上筒之男命，這三位大神都是海神，通常同時出現，即住吉大神明。

住吉大神既是保佑出海航行平安的海神與龍神，也是祛邪淨化的神明，能夠為人們洗去邪穢，帶來吉祥。因此，住吉神受到了民間的廣泛崇拜，事關人生大事的決定，都要來住吉神社舉行儀式——生了孩子到住吉神社舉行洗禮；傳統的婚禮要在住吉神社舉行儀式；找工作、升職之類的事，也要到住吉神社開運；如果近期運氣不好，人們也會到住吉神社驅魔消災。有些稍大的家族，居家大小事情，都會專門請住吉神社上門去舉行祭典，進行決斷。

住吉神社通常都建在較為清靜幽玄的林木環繞之處，住吉神社所供奉的住吉神的形象，因地區不同也略有區別。下關住吉神社所供奉的住吉神是帶有戰爭色彩的荒御魂的形象，表現出神明勇武憤怒的一面；大阪住吉神社的住吉神是和御魂的形象，慈祥親和，寧靜安然，讓人感受愉悅而舒泰。

住吉神也廣泛存在於日本的民間傳說中，在「一寸法師」裡，一對多年不孕不育的老夫婦，在向住吉神祈禱供奉後，就得到了一個男孩。雖然這個男孩只有一寸大小，可住吉神畢竟達成了老夫婦求子的願望，回應了他們虔誠的信仰。

3. 八幡神

八幡神又稱八幡大菩薩，是日本赫赫有名的戰神，在日本的地位不亞於希臘神話中的阿瑞斯（Ares），羅馬神話中的瑪爾斯（Mars），北歐的提爾（Tyr），印度的室建陀。明代入侵中國沿海的倭寇在旗幟上寫著「八幡大菩薩」，中國人也將倭寇叫作「八幡人」，將倭寇的船稱為「八幡船」，所以，在明代時中國人就知道日本有這尊神了。

日本有四萬多座八幡宮和八幡神社，其中，宇佐、石清水、鶴崗被稱為日本三大八幡，宇佐神宮是總本社。八幡神在日本的信仰者廣泛，是日本神道教中十分重要的一位神明。

八幡神起源於傳說中的山幸彥一支，通常稱為八幡三神，也就是應神天皇、比賣神、神功皇后。

八幡三神中，比賣神的概念較為模糊，有人認為她是宗像三女神（素盞嗚尊天安河盟誓時斬斷的十拳劍所生），也有人覺得她就是天照大神。不過，更多的人認為比賣神是彌生時代邪馬台國的卑彌呼女王，她雖然身為凡人，卻極具神祕色彩，或許就是天照大神的原型，是侍奉太陽神的巫女。她曾經因為日食而被國人殺害，此後國家陷入動盪與黑暗，直到下一任太陽巫女臺與出現，國家才重新安定。這也是天之岩戶傳說的藍本。

卑彌呼是在戰火中登上王位的，當時日本有三十多個小國征戰不休，卑彌呼被推上王位時才十七歲，她平定了紛

神功皇后

神功皇后堅忍而聰慧，她聽從神諭，懷著身孕，在神明的幫助下征服了新羅，又回國產子，同時平叛，用計謀除掉了香坂王和忍熊王。

爭，在國內推行稅制和身分制度，同時派難升米出使三國曹魏和新羅等國，建立邦交關係。傳說卑彌呼是日本鬼道教的創始人，具有靈力，善於使用鬼道，能借此魅惑民眾。平定內亂後卑彌呼並未參與政事，治國之事全都交給弟弟，她居住於深宮，不再拋頭露面，這也與天照大神的傳說十分相似。

更多日本人願意相信八幡神是應神天皇。提到應神天皇，就不能不說說他的母親神功皇后。

神功皇后是仲哀天皇的妻子，仲哀天皇是傳說中東征的倭建命的兒子。神功皇后原名息長帶比賣命，曾經隨著仲哀天皇住在香椎宮。仲哀天皇準備征討熊襲，一邊彈琴，一邊占卜。神明恰好附在神功皇后身上，告訴天皇，西方有一個國度，那裡有數不清的金銀珠寶，應該去征服他們。

仲哀天皇登高遠望，只看到西方一片茫茫大海，根本沒有什麼國家，於是，他對神諭無動於衷，並不再彈琴侍奉神明。

神明大怒，詛咒仲哀天皇，這位不聽話的天皇很快就過世了。

群臣這才慌了，舉行盛大的儀式進行占卜，原來出示神諭的竟然是住吉三神。住吉三神告訴他們，接下來將統治國家的，是神功皇后腹中的胎兒。神功皇后聽從了神諭，決定率軍征討大海彼岸的新羅國。集結船隻的時候，忽然刮起順風，海中的魚群也成群結隊地聚集在船底馱著船，使日本的船隊很快到達了新羅。

神功皇后收服了大海彼岸的新羅與百濟，讓新羅養馬，將百濟當倉庫，在新羅國豎立住吉三神的神杖，讓住吉神的荒魂鎮守此地。

得勝回國的神功皇后順利產下皇子，這就是應神天皇。此時，神功皇后發現國內有叛亂的苗頭，她心生一計，讓人做了一條喪船，假意將她親生的皇子放在喪船上，詐稱皇子已死。見此情形，蓄謀已久的香坂王與忍熊王紛紛起兵造反，準備殺了神功皇后，奪取大權。然而，在香坂王和忍熊王風風火火準備誓師狩獵的時候，一隻巨大的紅色野山豬突然出現將香坂王咬死。神功皇后又讓人向忍熊王詐降，自折弓弦以示解除武裝，卻趁對方不備使用暗藏的新弦，殺死了忍熊王，取得了內戰的勝利。

應神天皇本應出生在新羅國，但當年神功皇后為了讓他名正言順，硬是在腹部綁了塊石頭，壓住胎氣，回到日本才生下孩子。雖然應神天皇沒有直接參與日本對朝鮮的戰爭，也沒有平定內亂，但他在娘胎裡就被神明認定是國家安定後的統治者，因此，戰神八幡神的神位上，也有他的名號，後世的日本人稱他為「胎中天皇」。

在欽明天皇時代，八幡神是鍛冶之神，此後，因為神功皇后母子的事蹟，八幡神曾經作為母子神來祭奠。到了平安時代（西元七九四—一一九二年），八幡三神、八幡大菩薩，被視為日本天皇的守護神，尤其是源氏武士，將八幡神作為氏族之神。八幡神宮地位可與伊勢神宮比肩，類似於國家宗廟，受到歷代天皇與朝臣的參拜。

第5章

怨靈神

菅原道真

每到考試季節，日本的天滿宮就彙聚了來自各地的考生祈求考試順利通過。天滿宮的主神菅原道真是日本歷史上真實存在過的名人。

菅原道真是日本平安時代的公卿學者，曾經官拜右大臣，學富五車，為人正直，後來遭到陷害，死在流放途中。這樣的一個人，是如何成為學問之神和雷神的呢？

菅原道真
平安時代日本的學問之神菅原道真，不僅學識淵博，而且精通書法。由於他死後發生清涼殿落雷事件，所以他又被稱為雷神。在日本民間，菅公是一位赫赫有名的文化神。

江戶時代（西元一六〇三—一八六八年），菅原道真的學問品行和悲劇故事，被編寫成淨琉璃歌舞伎劇在舞臺上演繹，這就是至今仍在日本流傳的《菅原傳授手習鑑》，它與《義經千本櫻》、《假名手本忠臣藏》並稱為日本淨琉璃三大傑作。

《菅原傳授手習鑑》是以菅原道真和泰昌之變為題材的淨琉璃故事，淨琉璃也就是人偶歌舞伎劇，到現代，已經變為真人演繹。這部劇從誕生到現在已經有二百六十年的歷史了，依舊在舞臺上長盛不衰，日本人可能不知道歷屆天皇是誰，但每一位當過學生的，都知道菅原道真和天滿宮，為了升學和考試及格，拜考神是天經地義的。

《菅原傳授手習鑑》中的兩大對手，是菅丞相與左丞相藤原時平，其中的忠奸之鬥、皇權之爭、父子兄弟反目、恩怨情仇糾葛，與中國的《趙氏孤兒》極其相似。故事的導火線是唐徽宗派使者來為天皇繪畫御像。唐徽宗想見見天皇，但是又不能本人親自漂洋過海來個一期一會，只好派畫師來日本畫像，看看天皇長相聊寄相思。很不湊巧，天皇生了病不能久坐，無法當模特兒，只好找個替身。

當時朝臣分為兩派，一派是菅原道真和齋世親王代表的忠良派，一派是藤原時平代表的奸佞派。在畫像事件中，藤原時平充分表現了他作為奸臣的基本素質，他毛遂自薦，要當皇帝的替身。菅原道真極力反對，其一，藤原時平和皇家人相貌相去甚遠，讓唐皇帝把一個大臣當天皇想像，成何體統？其二，齋世親王作為皇家子弟，做替身模特兒符合規矩。

最後，天皇讓菅原道真安排畫像之事，齋世親王合理地成了天皇的替身模特兒。結果，菅原道真不僅得罪了藤原時平，也讓天皇心中埋下了猜忌的種子。與此同時，菅原道真的內部陣營也開始分化，菅原道真手下的白大夫有三個兒子——梅王丸、松王丸和櫻丸，他們得到了菅丞相的賜名，成為車夫兼保鏢，分別跟隨了菅丞相、藤原時平和齋世親王，從此走上了不同的人生道路。

菅原道真是個非常穩重的人，每日忙於政務和書道，卻沒想到飛來橫禍。他的養女苅屋姬和齋世親王暗暗相戀。自由戀愛本來沒什麼，但他們的身分太敏感。藤原時平一直在伺機報復，終於抓住這個機會，將菅原道真和齋世親王扯在一起，硬說他們內外勾結，結黨營私，意圖謀反。

謀反這個詞太恐怖了，天皇根本就沒心思辨別真偽，政治鬥爭向來是你死我活，不管是不是真謀反，將可能的威脅消滅於萌芽才是當務之急。最終，菅原道真和齋世親王雙雙獲罪，都成了反賊。菅原道真被流放到九州筑紫地區，幸得梅王丸與弟子武部源藏的保護；齋世親王則被櫻丸保護著，與苅屋姬一起到了河內國土師，也就是苅屋姬的生母家中。菅原道真在流放途中也恰巧到了此處。苅屋姬希望能見養父一面，但是這會給雙方甚至齋世親王帶來殺身之禍。因此，菅原道真雕了一個自己的木像給苅屋姬後，離開了此地。

藤原時平扳倒了權力之路上的兩大絆腳石，卻沒有收手。斬草必除根，他又勾結菅原道真流放途中的地方勢力土師兵，試圖除掉菅原道真。然而，菅原道真已被押解官保護著先行離開，土師兵到了苅屋姬生母家，只是砍了菅原道真的木像就回去覆命了。

菅原道真逃過一劫，他的部下卻忍無可忍。梅王丸和櫻丸前去行刺藤原時平，卻被松王丸阻止了。隨後櫻丸在質疑聲中促成了齋世親王與苅屋姬的姻緣，給齋世親王帶來殺身大禍，害死了親王，櫻丸也因愧疚而自我了斷了。

菅原道真終於到了流放的目的地九州，他舉目無親，又是戴罪之身，十分痛苦。值此之際，他做了一個美夢，自己庭院中的梅樹一夜之間飛到九州來陪伴他。第二天，梅王丸來了，同時，噩耗也來了，藤原時平謀反了，齋世親王死去了。藤原時平在朝中獨攬大權，法皇（指出家的太上皇）、天皇全被囚禁。

菅原道真無可奈何，懷著滿腔仇恨，用自己的生命作為祭奠，自殺身亡，換來死後成為怨靈的力量。他拋卻人身，變成雷神，飛向帝都，攜著怨恨的烏雲與憤怒的雷火，尋找藤原時平，要為自己、齋世親王和天皇復仇。

菅原道真死去的消息讓藤原時平放心，他繼續清算菅原道真的殘黨。菅原道真之子，幼年的菅秀才是他的下一個目標。此時，菅秀才被菅原道真的弟子武部源藏保護起來，與松王丸的兒子小太郎一起就讀於武部源藏的私塾。

松王丸自上次阻止了行刺事件後，一直想尋找機會贖罪，他故意將小太郎放在菅秀才身邊來保護菅秀才。最終，他用自己的親兒子小太郎冒充菅秀才，砍下小太郎的腦袋交給藤原時平，保全了菅秀才。

菅秀才與姊姊苅屋姬會合後，開始聯手組織力量討伐藤原時平。而此時的藤原時平正焦頭爛額，他在京城並沒有享受到天皇般優渥的生活，卻每日被菅原道真和櫻王丸的怨靈追殺。菅原道真的雷霆每天在他頭頂上空盤旋，還劈死了他的部下，令他惶惶不可終日。內憂外患折磨著他，最終藤原時平在兩下夾擊中一命嗚呼。

恢復了權位的天皇不僅為菅原道真平反，還封他為「天滿大自在天神」，因此，菅原道真不僅是雷神、學問之神，也成為當時京城的守護神。此外，他還是一位商業神，在日本中世紀，工商業漸漸興起，工商業者對農耕神大國主神並不認同，需要自己本行業的商業神。而當時藤原氏壓制工商業發展，作為他的反對派，怨靈神菅原道真就成了工商業者心中的神明，最終成為日本本土的商業神。

平將門

東京都千代田區大手町有一個將門首塚，「將門」是日本歷史上有名的叛將——平將門。將門首塚，是平安時代當局為了平息平將門怨靈而建造的鎮魂所在。中國古代豎碑立墓，通常都是為了值得尊重的文臣武將，或者堪稱楷模的名人聖賢，而在日本，很多怨靈都有自己的碑塚，甚至神宮、神社。由此可見，日本人對於神的理解與中國不同，尤其在真人神方面，由畏生敬，也是某些怨靈成神的緣由。

提到平將門，可以為他貼上這樣幾個標籤，「刀槍不入」、「新皇」、「影武」、「飛首」、「怨靈」等等，這人確實深藏不露——生得神祕，死得離奇，並且無論生死，都是翻天覆地、震懾朝野。

平將門生在日本平安時代，是關東平氏平良將的兒子，他幼年便氣度不凡，青年時代勇武剽悍，後去京都謀職，卻因奔父喪而失去晉升機會，只能在老家繼承父親的家業。好景不長，平將門與當地家族源氏在爭奪土地時展開戰鬥，殺了自己的大伯，趕跑了二伯，被朱雀天皇叫去訓話。因為種種機緣天皇並沒有責罰他，反而放他歸去。天皇的這一行為引起了他對皇權的輕視。他擺脫仇家的追殺回到關東，聯絡各國掀起戰爭。局勢如燎原之火，一度讓天皇的統治岌岌可危。平將門自立為新皇，要與天皇分庭抗禮。然而沒過多久，平將門在與宿敵平貞盛和藤原秀鄉的北山決戰中被殺，首級遭砍下，叛亂也平息了。

平將門的神話首先源自他的母親。很多日本神話人物與中國如出一轍，總是能找出一些血統論的根源，比如安倍晴明的母親是狐狸，而平將門的母親是一條蛇。日本山林茂密，自古就有蛇崇拜習俗，最著名的就是八岐大蛇。在日本神話中，「大蛇」也是「龍」的別稱，因此平將門的母親又是龍母。無論龍還是大蛇，都有神性，因而平將門的母親也法術高超。

在平將門出生後的第三天，這位龍母化身巨龍，舔遍平將門的身體，借助龍涎的妖力，使平將門刀槍不入，水火不侵。然而，只有一處沒有舔到，那就是額頭（也有說法是太陽穴）。這一處空門，最終也成了平將門的致命弱點。這種傳神的說法，有點類似希臘神話中的阿基里斯，傳說他的母親是仙女忒提斯，她曾將剛生下來的阿基里斯倒提著浸入冥河，只有手抓著的腳跟處沒有浸到，就因為這個弱點，阿基里斯這位英雄在特洛伊戰爭中被人射到後腳跟，最終死去，這就是著名的「阿基里斯之踵」。而平將門的額頭，是日本神話中的「阿基里斯之踵」。

平將門

平將門是日本歷史上唯一一個公然反叛天皇，自立皇號的人。平安時期的平將門，從關東掀起戰火，以摧枯拉朽之勢使戰火席捲八國，他打著八幡大菩薩的旗號，借著菅原道真的名義，自稱皇統蔭孫，自立為新天皇，發誓誅討無道天皇與弄臣藤原氏，還百姓太平盛世。

具備這種高強的防禦屬性，平將門勇往直前，戰無不勝，即使是與他青年時代經歷很相似的

堂兄平貞盛，在武力上都無法與他匹敵。在平安時代，平將門在戰場上幾乎無所忌憚，一時間成為足以與天皇抗衡的反派大魔王。

平將門創造了一個紀錄，他是日本自有天皇以來，第一個也是唯一一個反叛天皇、自立皇號的人。在日本，反對幕府，或者反對幕府而發動戰爭都不是稀奇事，而與天皇硬碰硬，並一強到底自立為天皇的，只有平將門一人。在日本歷史上，平將門死後，最初被定為叛臣，到了近代的革命時代，平將門居然像北歐的洛基（Loki）一樣，成為逆天而行的神明。與平將門相似的神話人物，還有一位天草四郎，他因信奉天主教而遭到德川幕府的鎮壓。日本天皇的正統理論根基是神道教，天主教與神道教的不同，註定了天草四郎從根本上否定天皇制度的神性，與天皇相對立。天草四郎也因為宗教鬥爭而被傳得神乎其神，只是與平將門比起來，缺少了那種「皇帝輪流做，明年到我家」的霸氣。

面對平將門如此的囂張，天皇和幕府在正面戰場無法取勝，只好暗地裡動作。這時，平將門的母親又發揮了作用。她早年傳授了平將門一種祕術，使其成為「影武者」。平將門可以為自己幻化出六個替身，替身被殺，平將門本人依舊安然無恙。

影子武士的做法在後來的戰國時代（西元一四六七—一六一五年）被廣泛應用，很多領主僱用與自己相似的影武者當替身，最有名的莫過於德川家康的影武者傳說。傳說真正的德川家康在大阪夏之陣之時就被真田信繁殺死，後來的德川家康是影武者假扮的。

平將門勇猛無雙，又能夠借助神明之力，刀槍不入，還用影武者，簡直如同天神，按理說直搗京城，取天皇之位而代之是有可能的。只可惜一代梟雄，終究難過美人關——平將門最喜歡的女子桔梗前是個間諜。

桔梗前的哥哥是藤原秀鄉，也就是別名稱作「俵藤太」的下野國押領使（關東地區的縣級警備司令官）。藤原秀鄉和平貞盛聯合在一起，是平將門的死敵。將敵人的至親放在自己身邊，平將門不是太大意，就是太驕傲，這也直接導致了他後來的滅亡。

桔梗前將平將門的祕密告訴哥哥，藤原秀鄉因此掌握了平將門的諸多致命弱點。平將門的真身在清晨有影子，進餐的時候有咀嚼的動作，天寒的時候會哈氣。而影武者有的躲在南天竹裡做斥候，有的潛伏在蘇鐵上做護衛。此外，成田不動神明的護身符可以破解影武者的分身。藉由這些資訊，藤原秀鄉破了平將門的分身，最終逆轉了戰局。而他的同盟平貞盛也在桔梗前的提示下，掌握了平將門的命門，殺死了平將門，砍下他的首級懸掛起來。

故事到這裡才剛剛開始。平將門生前雖然厲害，但他死後才真正成神。

就在平將門死去的當晚，美女間諜桔梗前七竅流血死於非命，此後怪事就開始一發不可收拾。很快平將門的屍體無緣無故失蹤，平貞盛和藤原秀鄉只看到留下來的首級，圓睜二目，而這首級居然還能說話：「不就是砍掉我的腦袋嗎？我不會讓你們得意的，我要永遠詛咒你們！」

平貞盛不敢怠慢，連忙將首級上交，最後呈給朱雀天皇。原本剿滅反賊，朱雀天皇的心情雀躍，但看到木盒子裡平將門的腦袋時，立刻嚇得魂不附體。平將門的首級怒髮衝冠、咬牙切齒，和活著時候一樣。滿朝公卿嚇壞了，朱雀天皇很快就一病不起，差點一命嗚呼。

權臣藤原忠平是平將門最初侍奉的老長官，他覺得這顆頭煞氣太重，需要驅邪，便將平將門的頭懸掛在熱鬧繁華的東市，以人氣去戾氣。但這並未壓服平將門的亡靈，反而讓東市也開始鬧鬼，很多人在晚上看到身著盔甲的幽靈圍繞著平將門的首級大笑，見到的人全都被嚇得病倒。與此同時，平將門老家阪東下總國也傳來詭異的說法，平將門的身體再次出現，滿大街尋找自己的腦袋。

這還不夠神奇，半個月後的某一天，光天化日之下的鬧市區，平將門的首級一聲怒吼，一飛沖天，朝著他的老家阪東下總國飛去，嚇得滿街的人抱頭鼠竄。

故事到這裡，很多人會覺得熟悉——《三國演義》中的關羽也是被砍下首級，而直接殺死他的呂蒙被關羽怨魂纏索，七竅流血而亡。

平將門的頭一路東行，到了武藏國的鳥越，終於落下來。當局此時才意識到問題的嚴重性，雖然暫時落下，但不知道什麼時候又會亂飛。平將門不是普通人，他是稟賦神性出生的。為了平息平將門的怨氣，告慰英靈，朝廷開始為平將門修建神社，配享香火。

首先是在東京都千代田區建起將門首塚。當然，既然有首塚，就會有胴塚，當年平將門散落在各地的部下也為平將門建起了各種神社。後來到醍醐天皇的時候，神田明神社發生怪事，忽然隆起的土堆上遭雷霆一擊，出現了一個裂縫，內部是一個巨大的墳塚，無棺無槨，也沒有屍體與遺物。有很多人看到伴隨墳塚出現了巨大的武者的影像。人們都說，平將門的怨靈又來作祟了。這事持續了多年，到德川幕府時代重建了神田明神社。據說是因為德川家康在占卜中發現平將門作祟的可能，故借此告慰其怨靈。

神田明神社建立之後，平將門被德川家光從千代田遷到了神田明神社，成為神田明神之一，是僅次於大國主神、惠比壽神的第三順位祭祀神明。這位新鮮的神明，受到了江戶百姓的熱烈歡迎，香火不斷。因為在逆轉天下局勢的關原之戰前，德川家曾在神田明神社祭祀，結果被認為是靈驗的，因此平將門也得到了武力起家的德川家的世代尊崇。

至此，平將門已不再是昔日的反賊形象，他一路洗白，走上神壇，到了寬文三年，連天皇都不得不赦免平將門的謀反罪。這個曾經的叛逆平將門讓天皇都不得不低頭參拜，明治天皇在神田明神社的祭祀活動使他得到了皇室的認可。

不過在變革時代，並不是天皇認可就夠了。新的內閣受到時代洗禮，並沒有太在意這些傳統的神鬼傳說，他們在將門首塚所在的三上藩建了大藏省官廳，將門首塚被擠得只剩彈丸之地。結果不久就發生了關東大地震，這場地震來得突然，讓人猝不及防，將門首塚也在這次地震中裂開了。當局並沒有注意到問題，反而覆蓋了將門首塚，在此之上修建大藏省的新官廳。可怕的是，官員搬進去後，相繼生病死亡，還有很多人在官廳中看到不乾淨的東西，繼而落荒而逃。一時間謠言四起，平將門再次作祟，人心惟危。當局的若槻禮一郎下臺多少受此影響。新上臺的田中義一很重視這件事，拜託神田明神社對平將門進行慰靈祭。然而並沒有什麼用，田中也下了台，不久後鬱鬱而終。誠然這與當時的全球經濟、日本政局和東北亞戰事分不開，不過百姓並不懂這些，都認為田中首相受到平將門怨靈的牽連，謠言瀰漫，整個東京都籠罩在怨靈作祟的陰影中。

二戰後，美國接管日本，鬼使神差地看中了這塊多事之丘，在將門首塚的原址上修建了停車場。此後又是一系列的靈異事件，停車場的工程人員暴斃，設計師墜樓，美軍軍官車禍，東京再次謠言湧動，平將門的怨靈又回來了。美軍雖然生猛，畢竟對鬼神也有敬畏之心，最終停止了在將門首塚上的工程，將土地轉售給東京人。將門首塚重修，並進行了慰靈祭，還得到了官方保護修復的補助。

將門首塚每次遷徙，必然要掀起一番風浪，而平將門的出生與菅原道真的去世，正好時間重疊，因此也有人認為，平將門就是菅原道真轉世，最終這二人都成為京城名義上的守護神。在日本學界，很多人認為平將門事件是日本古代與中世紀的分界。平將門對於天皇和皇室的挑戰，被視為以下克上，是東國下層對中央貴族階層的抗爭。作為落魄豪族中的反骨份子，平將門眼見東國的民不聊生與京城貴族的紙醉金迷，順應了民意，揭竿而起，一呼百應，所向披靡。平將門自稱「新皇」，自下而上進行階層洗牌的精神，鼓舞了很多中下層武士，為後來戰國時代「天下布武」的思想埋下了一顆火種。

為了征討平將門，皇室曾下令殺平將門者，無論出身如何均可獲得晉升，躋身貴族行列，這就將森嚴的階層體系撕裂了一個開口，為下層武士通過軍功向上層流動打開了通道。

時至今日，在東京大手町一丁目一番熱鬧的商業街區中，依舊留存著一處靜謐而神玄的所在，以作祟而受到祭拜的平將門，其首塚被民間供奉著，來往者絡繹不絕。在平將門的故鄉，被當成「國王大神」崇拜的平將門，享受著東國國王級別的待遇。祭祀時，連小學生都要學會打神拍子，紀念這位為了東國民生逆天而行的不朽英靈。

早良親王

「我恨天皇無絕期」，是日本電影《陰陽師》中，蘆屋道滿喚醒早良親王的咒語。日本有八百萬神，早良親王作為日本四大怨靈之一，在日本神靈史上，也是極度令人敬畏的。他的傳說，與三座都城密不可分——平城京、長岡京和平安京。早良親王的怨靈，曾籠罩在長岡京與平安京上方，令整個京城烏雲密布，天地失色，並開了平安時代鬼怪傳說的先河。

早良親王是光仁天皇的兒子。光仁天皇有兩個兒子，大兒子山部親王，二兒子早良親王，光仁天皇按照傳統，讓大兒子山部親王做了天皇，小兒子早良親王做了太子，看起來不偏不倚，然而，這種兄終弟及的設定過於理想化，導致了非常悲慘的結局。

早良親王早期在寺院裡生活，雖清苦卻也平安，但他的安穩人生還是被打破了，由於捲入政治漩渦，最終落得身敗名裂，慘死流放之地。他的兄長桓武天皇的命運也頗為離奇——曾因為父親光仁天皇與皇后打賭而與皇后有染。桓武天皇的兒子安殿親王又與自己的丈母娘有著曖昧之情。與這兩位相比，早良親王是非常乾淨的，也得到了很多貴族的支持。

最初，桓武天皇和早良親王各自壯大自身的政治勢力。桓武天皇自不必說，作為太子的早良親王，早晚要登基，不能不早點進行政治實習，所以周圍也有屬於自己的政客與僚屬。以藤原種

繼為代表的「保皇派」，是桓武天皇的忠實支持者；以大伴家持為首的「太子派」，則維護早良親王。大伴家持不僅出身名門，且才高八斗，一向不大看得慣桓武天皇，曾吟詩道「霍公鳥，いとねたけくは，橘の，花散るときに，來鳴き響むる」，意思是「這隻可惡的杜鵑鳥，花都凋謝了，卻來叫個不停」，以此傾訴良禽擇木而棲的心情。他所擇的「木」就是早良親王。

桓武天皇也看大伴家持不順眼，覺得他經常在朝堂吵吵鬧鬧，十分討人嫌，找了個理由將大伴家持流放到了蝦夷。大伴家持心情鬱悶，再加上生存環境惡劣，於是不久人就死在了異鄉。這對早良親王的打擊很大，但禍不單行，早良親王與桓武天皇最大的分歧在遷都一事上。其時首都為平城京。早年日本的京城並不固定，平城京是第一個較為穩定的京城，持續了七十多年。由於建都倉促，選址有問題，很多公共設施都很欠缺，因此桓武天皇希望遷都長岡京。而早良親王反對這個決議，並且指出了長岡京的很多缺點。

桓武天皇原本就對早良親王十分忌諱，而此次對弟弟的異議也十分不爽，他覺得早良親王之所以反對遷都是有私心的，因為當時平城京的貴族很多是站在這個未來太子的一方。桓武天皇不顧早良親王的反對，讓藤原種繼著手營造長岡京。然而，藤原種繼卻死在了長岡京——就在大伴家持死後不久，一支利箭射中了藤原種繼的心臟。

雖然並沒有明確的證據證明藤原種繼是早良親王派人刺殺的，但此前早良親王曾因藤原種繼在朝內勢力強大，勸諫兄長早日除掉這個禍端，與藤原種繼結怨。此外，大伴家持之死以及對遷都長岡京事宜的反對，更增添了早良親王為幕後主使者的嫌疑。雖然凶手供認自己是大伴家持的追隨者，但桓武天皇此時需要的事實是：早良親王指使人殺死藤原種繼，企圖阻止遷都長岡京。

事已至此，真相已經不重要了。早良親王很快就被囚禁在長岡京的乙訓寺，原本站在太子一方的貴族，不是被剪除，就是倒戈另一陣營。早良親王哭著喊冤，卻根本得不到申訴的機會，他悲傷至極，為了表明自己的清白，絕食十日。桓武天皇並不在乎，依舊將早良親王流放淡路島。早良親王原本就十分虛弱，再加上傷心、恐懼、焦慮，還沒到淡路島，就死在了澱川高瀨橋畔。

早良親王之死，並沒有得到哥哥的憐憫，桓武天皇心如鐵石，硬是將早良親王的屍體繼續流放到了淡路島，按照罪臣的待遇下葬。

之所以將早良親王打擊到如此地步，桓武天皇考慮的不只是遷都分歧，本質上還是皇位之爭。桓武天皇有兒子，而早良親王的存在就成了一塊極大的絆腳石。早良親王死去不久，桓武天皇的兒子安殿親王就成為太子，占據了原本屬於早良親王的位置。

除去了大伴家持、早良親王，遷都長岡京，讓兒子登上儲君位的桓武天皇，一切夙願達成，功德圓滿，誰能想到樂極生悲，早良親王的悲劇已經結束，而桓武天皇的悲劇才剛剛開始。

桓武天皇與藤原家過從甚密，他娶了藤原家的很多女人，安殿親王也有藤原家的血脈。立太子不久，出身藤原家的桓武天皇的丈母娘，以及桓武天皇的寵妃、皇后、妃子，宮內幾個姓藤原的有地位的女人，先後病倒，很快就去世，此後，宮中不斷有人死去，全都是猝死，並且毫無徵兆，找不到原因。

身邊人的死去，讓桓武天皇無法接受，他心膽俱寒，下一個會不會輪到自己？在那個蒙昧的時代，這種詭異事件通常都會被歸咎於怨靈作祟。當時最大的怨念來自於被冤枉流放慘死淡路島的早良親王。此後不久，新太子安殿親王也病倒了，並且勢頭凶猛，無藥可醫，奄奄一息。

桓武天皇再也無法坐視，這一定是早良親王的報復，而這種報復，比報應在自己身上還要恐怖。為了平息早良親王的怨念與憤怒，拯救自己的兒子，桓武天皇親自帶領一眾臣子，遠赴淡路島為弟弟早良親王掃墓。這次掃墓雖然表明了桓武天皇的愧疚，但早良親王並沒有得到實惠，他依舊是罪臣，墳塋還在流放之島，桓武天皇這種象徵性、儀式化的憑弔，只是做個形式，沒有任何意義，早良親王的怨靈越發憤怒，隨之而來的就是持續不斷的禍事：瘟疫、火災、大旱連續來襲。皇帝動用了陰陽寮進行占卜，最終確定是早良親王作祟。桓武天皇不敢怠慢，立刻重修早良親王墓地，禁止在周邊殺生，以減少怨氣的聚集。但災禍仍在持續，一場大水，將長岡京淹沒，水退之後，昔日繁華的新都城一片狼藉。早良親王似乎在借天意來印證當初自己阻止兄長遷都長岡京的先見之明。

桓武天皇一籌莫展。他的後宮籠罩著死亡的陰影，最疼愛的兒子安殿親王也病入膏肓，躊躇滿志建成的新都被瘟疫、火災、大水弄得一塌糊塗，一副蕭條破敗之態。

桓武天皇終於下定決心，做了兩個今天看來是正確的決定。

第一，遷都平安京。平安京寓意「平安樂土」，象徵著平安、吉利、安寧與和平。平安京由朱雀、玄武、蒼龍、白虎四聖獸守護，能鎮所有冤魂怨靈，封印邪祟之氣。即使如此，早良親王強大的怨氣依舊追魂索命，桓武天皇的寵妃與皇太妃又相繼猝死，平安京附近的富士山也覺醒了，噴了一個多月的火山灰，新京城的上空籠罩著濃重的霧霾。

於是，桓武天皇又做了第二個決定，為早良親王平反昭雪，不僅向弟弟認錯，洗脫他的罪過，赦免當年太子派的罪臣，還追封早良親王為崇道天皇，為他大建陵寢，將他移葬在大和國，修建了靈安寺。早良親王在澱川去世的日子，也被訂為國忌日。

如此這般措施之下，早良親王的怨靈才漸漸得到平息。

崇德天皇

在日本有三大妖怪之說，即酒吞童子、玉藻前、大天狗。酒吞和玉藻前原本都是妖神，大天狗則是由人變的。此人就是日本歷史上著名的保元之亂的主角——崇德天皇。在日本，大天狗的形象是身材高大的武士，穿著盔甲，披著蓑衣，手裡拿著團扇，踏著高腳木屐，配著武士刀，他的背後生出雙翼，有著高高的紅鼻子和鳥喙，行動詭祕，神情高傲，讓人很難將他與看起來斯文的天皇聯繫起來。但崇德天皇的怨靈，確實被日本人視為大天狗的前身。

人死為靈，這靈要是死時懷著怨念，就會變成怨靈，如果怨氣是對著某個人也就罷了，但怨氣大了，直接危害社會，就成為「祟」。成為「祟」的怨靈，如果形成一定規模，就會帶來水災、火災、瘟疫，干擾民生，而國家就會出面鎮慰怨靈，平息其怒火，為其加封官爵，按照神明的待遇進行供奉，從而使「怨靈」變成有益於民的「御靈」，也由此，日本產生了將怨靈當成神明崇拜的御靈信仰。

平安時代晚期的崇德天皇，遭遇與早良親王類似，都是政治鬥爭失敗後含恨而終，從而成為日本四大怨靈三大妖怪之一。

崇德天皇所處的時代是日本皇室關係較為混亂的時代，據傳，他是白河天皇與自己的孫子鳥羽天皇的妻子待賢門院所生，因為日本兄終弟及的天皇繼承制度，有皇位繼承權的先後有鳥羽天皇的兒子體仁親王（近衛天皇），崇德天皇的兒子重仁親王，美福門院的兒子守仁親王，最後由守仁親王的父親雅仁親王登基，做了後白河天皇。

由於崇德天皇與鳥羽天皇之間的利害關係，他被架空，最終沒有資格組成自己的院政，也就失去了掌握實權的機會。在鳥羽天皇去世後，崇德天皇與當政的後白河天皇關係惡化，一時謠言四起，認為崇德天皇勾結左大臣藤原賴長企圖謀反。最終在保元之亂中被後白河天皇鎮壓，藤原賴長死去，崇德天皇遭到流放，被軟禁在讚岐國，人稱讚岐院。從此被囚居八年，年僅四十六歲就死去了。

那麼崇德天皇又是如何變成怨靈，繼而成神的呢？

被流放到讚岐國的崇德天皇每天都在反省自己，當年一改朝綱，爭取權位的野心已經在長期的軟禁中消磨殆盡，此時的他思念京都，想回到自己的故鄉，更想得到自由。僅僅是能夠洗脫罪名回到京城過平淡的日子，他就心滿意足了。

崇德天皇每日禮佛，抄寫經文，並用自己的血抄寫了五部大乘經《法華經》、《華嚴經》、

《涅槃經》、《大集經》、《大品般若經》，歷時三年，來表示自己的悔過和為天皇祈福之心。後白河天皇根本不信，還被這麼多血書嚇了一跳，認為崇德天皇一定有所圖謀，怕是在經文中詛咒自己，將崇德天皇嘔心瀝血寫的經書全都退還。

原本一片誠心寫經文的崇德天皇被當頭潑了一盆涼水。這樣看來，他重回京城的夢想永遠破滅了，餘生將在流放地受軟禁到死。一腔憤懣的崇德天皇絕望了，至此，他對天皇恨之入骨，卻又無力報復。淒風苦雨中，他將親手寫的五部大乘經拋入大海，咬牙切齒地向天發願：「願為日本之大魔緣，擾亂天下，以五部大乘經，迴向惡道。取民為皇，取皇為民。」他原本是天潢貴胄，卻一朝淪為罪人，原本想藉寫經書來消業贖罪，卻沒有得到寬恕與原諒，此生永無出頭之日，便一念成魔，甘願墮入黑暗，變為邪惡怨靈，詛咒當局。

在流放了八年後，崇德天皇終於崩潰了，他開始絕食，不眠不休，幾近精神失常。他披頭散髮，不洗澡，不剪指甲，最終咬舌自盡，死時形容恐怖，看到的人都覺得像夜叉一樣。他的怨靈變成了天狗。崇德天皇死後，後白河天皇並未理睬他的詛咒，沒有按照天皇儀制安葬崇德天皇，也沒有舉行國喪。於是，崇德天皇的怨靈開始作祟。在崇德天皇死去的若干年後，後白河天皇身邊的建春門院、高松院、六條院、九條院忽然在同一年離奇死去。第二年，日本開始發生各種天災人禍，防不勝防。經過分析和占卜，當局一致認為，這是含恨而死的崇德天皇的怨靈在作祟。

朝廷開始進行慰靈，將讚岐院追諡為崇德天皇。萬永元年，朝廷還將崇德天皇的靈位與大物主神合祀。壽永三年，在春日河原設立了崇德院廟，這是當年崇德天皇的戰敗之地，也就是後來的栗田宮。明治天皇時期，還將崇德的靈位供奉在京都的白峰神宮中。

這些祭祀與御靈供奉並沒有平息崇德天皇的怨靈，他依舊是日本數一數二的怨靈，是日本國的大魔緣以及人們心中的第一禍祟神。他的民間形象是大天狗，為一隻金色的大鳶，背有雙翼，手執鋼杵，並且有一群天狗跟隨，每逢戰亂年代他就會出現在民間。大天狗出現預示著天下將亂，權力更迭。

上田秋成的怪誕小說《古今怪談雨月物語》[6]中，崇德天皇曾經出現在民間，他告訴人們，如今的亂世是我造成的。我活著的時候，墮入魔道，死後要繼續為禍人間。天下不久將大亂，並且永無寧日。崇德天皇並不是毫無緣由地唯恐天下不亂，他也道出了自己作祟的緣由。他認為，天皇之位是集權之位，如果天皇違背人道，那麼臣民就應予以討伐。而父皇（鳥羽天皇）卻讓後宮干政，而不是選賢與能。父皇在世，為了孝道我做不了什麼，父皇去世後，我就要順應天理民心，征討不明之君，如武王伐紂般創建千古基業。我原本就應該是一國之君，應該結束女人干政的朝綱。

而事實上由於保元之亂，源氏與平氏這兩個武士集團進入了統治階層。從此，天皇式微，而平氏、源氏、足利、豐臣、德川等武家輪流坐莊，崇德天皇的咒怨應驗了，日本皇室始終處在被利用與操縱的地位，在亂世中風雨飄搖。直到明治天皇時期，崇德天皇被供奉在白峰神宮，詛咒

6 見《雨月物語》（上）（下），上田秋成著，王新禧譯，光現出版。

才告一段落，日本進入了短暫的和平時期。

日本民間另有一說，八大天狗之一的白峰相模坊，就是由崇德天皇的怨靈變化的。白峰相模坊是相模大天狗，永世鎮守白峰，是四國天狗的領袖。也就是說，崇德天皇在死後的將近千年裡，成了名副其實的民間神明，具有強大的靈力和亂世象徵意義。

也有人認為八大天狗都歸崇德天皇統率，除了白峰相模坊大天狗，其他的七大天狗，愛宕山太郎坊大天狗、比良山次郎坊大天狗、飯綱山飯綱三郎大天狗、鞍馬山僧正坊大天狗、相模大山伯耆坊大天狗、彥山豐前坊大天狗、大峰山前鬼大天狗都是崇德天皇大天狗的屬下，它們各司其職，八大天狗每一支下又有各種天狗、鴉天狗等。所以，崇德天皇幾乎統領著一支天狗軍團，也算日本神明界的實權人物，據說是連安倍晴明都無法收服的妖神。

崇德天皇
在政治鬥爭中失敗的崇德天皇，被軟禁了八年，他得不到赦免，孤寂哀怨地客死他鄉，咒願死後化為大魔緣，因此成為日本神明級別的怨靈。

即使是帶有詭異色彩的怨靈神，崇德天皇也有他的追隨者，尤其是後世的忠君尊皇派。三島由紀夫的《弓月奇談》中，主人公為朝在妻離子散，被迫背井離鄉之時，夢中去參拜崇德院陵墓，並想在此處自我了斷，以陪伴崇德怨靈，卻被崇德阻止。崇德天皇的怨靈命他再度舉兵，為朝於是東山再起，此後在海濱再次遙拜崇德天皇。

第6章

外來神

日本佛教中的神明

1. 目連救母

日本人敬鬼的程度是其他民族所無法理解的，比如，在房間裡放家人的靈位和骨灰罈，時不時地敲響銅缽盂，念念有詞地拜祭一下。如果在中國的普通人家裡放這麼一個罈子，想必不僅客人來訪會覺得不寒而慄，自己也會覺得彆扭，畢竟陰陽永隔，生死殊途。這就是不同民族對待生死的態度不同，導致的民俗差異。日本人向來事死如生，在對待各路亡靈的態度上，不僅敬畏，有時甚至達到親昵的地步。

盂蘭盆節是日本的重大節日，這本是中國的傳統節日，稱為中元節。不過中國對這種帶著不吉色彩的節日有些忌諱，歷年來味道越來越淡，僅止於在街角房後燒幾張冥紙，聊表心意。而在日本，盂蘭盆節是不亞於新年的大型節日，不僅要歡歡喜喜地將祖先的靈魂接回來，還要盛大慶祝，最後再戀戀不捨地送走。

雖然中日過節的形式和規模不同，但盂蘭盆節的傳說是同源的，是從印度經中國傳到日本。不過日本盂蘭盆節的故事略有不同。在日本的說唱本《目連尊者巡行地獄》中，有目連搭救身陷地獄的母親的故事。

傳說目連尊者在釋迦牟尼身邊修業，向釋迦牟尼詢問自己過世的父母現在何方。釋迦牟尼告訴他，他的父親淨飯王生前行善，賑濟災民，雖然英年早逝，卻去了西方極樂世界，榮享富貴。而目連的母親青提夫人，慳吝且善妒，不信佛道普渡眾生，燒掉淨飯王修建的佛塔，打破渡海的船隻讓他人遭殃，毀壞河流上的橋樑讓人無法通行，還偷了僧人漂亮的袈裟給兒子穿。青提夫人不斷作惡，終於惡貫滿盈，死後落入三十六層地獄飽受煎熬。目連聽得淚流滿面，母親固然有諸般不好，畢竟是自己的親生母親。他向釋迦牟尼求情，允許自己下地獄去搭救母親。

目連來到奈何橋邊，奈何橋旁有一條大蛇守護，不讓任何人通過。目連掏出《法華經》砸向大蛇。大蛇立刻變成了一條小船，載著目連過了奈何橋。目連歷盡凶險，跨越死出之山，遇到了奈何婆。聽說目連是為了救母親而勇闖地獄，奈何婆十分感動，引導目連到達了地獄。

目連在地獄中尋找八萬地獄，卻無論如何都找不到。他向神明祈求幫助，地藏王菩薩現身，帶著目連到了八萬地獄。目連拜見了八萬地獄的主宰者閻魔王。聽到目連的遭遇，閻魔王也十分感動，讓家臣八面大王帶目連去找他的母親。

到了八萬地獄，目連卻幾乎認不出母親。青提夫人在地獄之火的炙烤下，早已化作焦炭，面目全非。看到母親飢餓異常，目連拿出飯糰給母親，母親口中卻噴出火焰，飯糰瞬間變成焦炭，無法食用。目連心痛欲碎，哀求閻魔王讓母親恢復人身。即使如此，依舊無法帶母親脫離地獄的苦海，他只能回到人間，再次向釋迦牟尼求助。釋迦牟尼告訴他，他母親生前作惡，死後想贖罪，就要施捨餓鬼。目連趕忙去施捨餓鬼，然後回到地獄，看到母親已經坐到了蓮花座上，卻依舊十分吝嗇刻薄。她知道目連施捨了餓鬼，就埋怨他，說雖然目連為了她施捨餓鬼，但是餓鬼中也有惡人。釋迦牟尼再次點化目連，說因為目連的母親嫉妒心極重，目連再怎麼去贖罪也是徒勞的，始終無法救出母親。

目連十分難過，最後他下定決心，要代替母親去地獄中受苦。這樣母親做再多的惡，最後也只是自己受苦，母親不會再痛苦了。

釋迦牟尼見目連如此誠心，終於出手相救，將目連的母親帶入了日本國的大和壺阪寺，放在如意輪觀音中，從此以後普渡眾生。

目連救母
目連的母親因生時慳吝，死後淪落餓鬼道。目連來到地獄搭救母親，卻見母親身處地獄之火中。他給母親餵飯，母親口中噴出火焰，將食物燒成焦炭，無法入口，依舊挨餓。

2. 摩利支天與不動明王

日本人向來對能夠自己發光的神明崇敬有加。

在日本，摩利支天很有聲望，這是一位遠渡重洋來到日本的神明。摩利支天最初是印度佛教中的神明，是隱身和消災的保護神，其名之意為光、陽焰，在唐朝時輾轉傳到日本後，她的「光」屬性得到日本各階層的廣泛認可。摩利支天在日本的造像與印度佛經中並沒有太大區別，都是一位天女，手中拿著吉祥物，頭頂著寶塔，駕著一輛車，由九頭豬拉動。據說摩利支天經常跟在太陽神的身後，是位護法神。雖然她曾經走在太陽神日天面前，但日天根本看不到她，因為她會隱身之法。

摩利支天的咒語中，含有能夠隱身免受各種苦難的力量，於是很多日本武將供奉她，使她成為武士的守護神。在井上靖的《風林火山》中，山本勘助就隨身佩戴著一枚摩利支天的小像，這是他的戰鬥信仰，也是處在戰國亂世中很多武士的精神支柱。

在日本武士心中，摩利支天是陽焰之女神，能給武士帶來武運，讓他們每戰必勝。

摩利支天
摩利支天是位有個性的神明，人家騎馬，她騎豬。她是太陽神的護法，作為陽焰女神，是武士心目中的戰神，又因為能隱身，也是忍者信仰的神明。

除了武士，還有一支神祕力量，也將摩利支天奉為行業神，那就是忍者。「忍術」本為「隱術」，也就是隱藏身形，在暗處伺機而動，隱身術是日本忍者的基本功。摩利支天恰好是能夠隱身的神明，與忍者的需求不謀而合，便成了忍者的守護神。

傳說，忍者進行密宗修煉，在修習中使用摩利支天咒和手印，便能隱藏自身，進行各種神乎其神的活動，這也是摩利支天祕法中所謂的「道路中隱身，王難時隱身，水火盜賊一些諸難皆能隱身」。不論遇到什麼危機，決不硬碰硬，先藏起來，再尋找機會脫身或下手，是忍者的一貫作風。摩利支天賦予了忍者強烈的機會主義屬性，也使他們成為日本史中神祕而有趣的力量。

對摩利支天的信仰為忍者的「忍術」增加了神祕的色彩，使人們在心理上接受了忍者「遁術」是神明賦予的能力這種奇異思路。

然而比起摩利支天，不動明王在日本作為神明的信仰更為廣泛。

佛教有五大明王，這五位都是佛教的護法明王，也是靠武力守護佛法的神明。不動明王居於五大明王的中央，是大日如來的化身，可以降服諸魔。「不動」是指無論經過多少蕩魔除邪的事，慈悲心始終堅固不動。「明」指的是智慧光明，「王」指的是主宰世間諸事。

在日本，關於不動明王有一個傳說。

平安時期，日本的三井寺高僧知矙病危彌留。他的弟子很敬愛老師，都十分焦急，向當時的大陰陽師安倍晴明求助。安倍晴明告訴他們，換取人生命的代價是最高的，要想救師父，就必須犧牲他們其中一人。其他弟子都在猶豫，只有證空毅然決定代替老師受苦。不久，證空果然病了。證空一直虔心侍奉不動明王，他的犧牲讓不動明王十分感動，甚至流下了眼淚，願意代替證空做患病的替身。很快，證空和他的師父知矙都痊癒了——不動明王救了他們。

這則傳說體現了不動明王慈悲的一面。不過，從日本的不動明王雕像來看，這尊神明長得一點都不好惹：他怒髮上揚，瞪一目眇一目，一臉憤怒，右手持寶劍，左手挽著羂索，背後背著熊熊火焰，斬除煩惱，焚盡邪魔，儼然一副殺氣騰騰的戰神模樣。

日本的很多寺廟都供奉著不動明王，他在諸天神佛中戰鬥力是一流的。日本的高野山是不動明王的道場。日本人相信不動明王能夠除厄除障，他是日本民間一位頗有人緣的佛教神明。

3. 地藏、觀音、藥師佛

地藏菩薩在目連救母的故事中，曾幫助目連尋找他的母親，這是一位在日本有著廣大群眾基礎的外來神明。佛教中，地藏菩薩處於釋迦牟尼之後和未來佛彌勒出現之前的真空階段，這是一個無佛的世界。地藏出現，是為了代替死去的人承受各種磨難。

現在到日本旅遊，不經意就會在村頭和道旁看到石雕的地藏小像，這些地藏菩薩左手拿著寶珠，右手拄著錫杖，慈眉善目。日本人認為，小孩子死後，地藏可以保護他們，因此，很多有喪子之痛的日本人會在地藏雕像前放一些小石頭和孩子生前的玩具。從平安時代到現代，地藏菩薩一直被當成兒童守護神，在京都和大阪的地藏盂蘭盆節中也會進行兒童祭典。

日本至今仍舊流傳著小花地藏的傳說。小花原本是個活潑可愛的孩子，與年邁的奶奶阿春婆婆相依為命。有一年冬天，村裡的孩子都患上了百日咳，小花也

地藏
日本人相信地藏菩薩能夠守護早夭孩子的靈魂，這些死在父母之前的孩子，會讓父母哀傷欲絕，他們都是不孝的，無法渡過三途河轉世重生。地藏菩薩保護著可憐孩子的亡靈，讓他們躲在自己寬大的僧袍裡，不受邪魔侵害，並念經超度他們，使他們安然去往彼岸。

在這場疾病中死去。阿春婆婆擔心她在黃泉迷路，無法找到父母，就用石頭雕刻了一尊地藏菩薩立在村子裡的山崗上，為小花引路，這尊地藏與小花的樣貌一模一樣，便被人們稱為小花地藏。後世有小孩患上百日咳的，只要在小花地藏菩薩像前供上小花生前最愛吃的「炒米」，小孩就一定能康復。在日本很多村邊地頭，人們不經意就能看到如同小孩子一樣的光頭雕像，便是護佑小孩的小花地藏。

觀音菩薩在東亞地區深得民眾尊崇，在日本也不例外。在《扶桑略記》中，曾記載推古天皇三年，「用漂至島的香木雕一觀音像」。日本有將漂流物稱作「惠比壽」的習俗，而海漂的香木，也被認為具有神祕力量，用此物雕刻觀音大有深意。海上所來的不明之物，非海禍即海神，不敢隨便丟棄損毀，雕刻觀音像，或為借力，或為鎮邪。

在日本，觀音有三十三種變身，日本有「西國三十三所巡禮」的說法，據說是由平安時代的花山法皇提出的。

觀音三十三處巡禮在很多歌舞伎劇的臺詞中都有體現，比如近松門左衛門的《曾根崎情死》中，就有「三十三處伽藍寺院，俱是觀世音的靈地靈山。三十三山巡禮遍，便一切罪障全除」之句。這是妓女阿初去三十三處觀音寺巡香時看到的情形，可見日本人對觀音菩薩的信仰非常廣泛。

不過觀音的信仰從中土到日本也經歷過很多波折。傳說在後梁時期，日本高僧慧鍔曾經來中國學法，到了五臺山法華寺，看到一尊精美的玉雕觀音像，寶相莊嚴，慈眉善目，光華奪目。慧鍔不禁呆住，瞻仰許久仍不忍離去，便叩見了法華寺方丈，希望能將此觀音請到遠隔重洋的日本去供奉，光大佛法，普渡眾生。方丈猶豫不決，但慧鍔屢次誠懇哀求，方丈最終答應此事。

法華寺方丈在迎請儀式後，將觀音交予慧鍔，並告訴他，這觀音像是文殊菩薩造的，具有非同尋常的法力，此去日本山高路遠，濤急浪險，如果中途遇到危難，可向觀音大士求助。慧鍔捧著觀音像，拜謝了方丈，啟程出發，經長江入東海，到了舟山群島。他歸心似箭，想讓國人早日供奉這尊觀音菩薩，便匆匆踏上海途。

當天夜裡，狂風大作，巨浪滔天，慧鍔的船危在旦夕。慧鍔想起了方丈的囑託，便向觀音大士求助。風浪未息，船卻平穩下來，安全駛入普陀的一個山海之灣裡，躲避風浪。第二日，風浪終於平息，慧鍔想起航，卻有一團煙霧擋在船前，無法行駛。第三日，雲開霧散，豔陽高照，是個好天氣。然而，慧鍔的船剛起航，海上頓時彤雲密布，浪濤不止，無論船夫如何努力，船也無法前進，更讓人驚訝的是，海上忽然綻放出無數的鐵蓮花，將慧鍔的船圍住。

慧鍔心中驚疑不定，他猜想，難道是觀音菩薩不想去日本嗎？他再次跪在觀音像面前，向觀音禱告：如果菩薩不希望去日本，那就指點一個地方，我會為您建造寺院，將您供奉在那裡。

他話音剛落，海上就出現了一頭大鐵牛，開始吃鐵蓮花，最後吃出了一條通道。慧鍔明白，這就是觀音大士指點的航路，便跟著吃鐵蓮花的鐵牛，將船駛過去，終於到了普陀山，鐵牛也沉入海中。

慧鍔便在普陀山建了一處觀音寺院，名為「不肯去觀音院」。

藥師佛也是從印度經中國傳入日本的，所以日本的藥師佛形象和中國的差不多，都是手中捧著藥壺，身邊立著日光、月光菩薩，身後跟隨著十二神將。

作為東方淨琉璃世界的教主，藥師佛除病救人，普渡眾生。從奈良時代起，日本人就認為，在重病之人身邊念藥師佛法號，可以保住其性命。他們為藥師佛建立佛寺，以祈求病患康復。連聖德太子也在法隆寺修建了金堂藥師像，為當時生病的用明天皇祈禱。

藥師佛在日本的各個階層中都有大量信眾，民眾對藥師佛的祈願主要是治病、除罪和延命。每年的一月八日、四月八日、十二月八日，民間都有藥師佛的講經法會，以籌措資金，廣建供奉藥師佛的寺廟。

平安時代的藥師如來
在日本，藥師佛又稱作藥師琉璃光佛。和「三十三所觀音巡禮」相似，藥師佛也有「西國四十九藥師巡禮」，傳播甚廣。

道教神明與陰陽師安倍晴明

佛教到了日本還叫佛教，道教到了日本卻大變樣。奈良時期，中國道教傳入日本，很多神明也跟著越過重洋，成為日本列島上的新鮮神明。唐朝時期，中國朝野上下皆崇尚道教，很多日本遣唐使和留學生，將道教的方術和神仙思想引入日本，經過重新加工，與其他學派和本土信仰整合，日本就出現了一個新職業——陰陽師。

陰陽術究竟是道教方術還是中國陰陽家的學說，沒法說清，不過，它雜糅道教思想與陰陽五行理論，當然也結合了日本「萬物有靈」的自然信仰，是一種將外來宗教和本土特色相結合的術法。因此，陰陽家也會將道教中的神仙拿過來加以利用，比如太乙神、泰山府君、鍾馗，甚至關帝。日本著名的陽明學鼻祖中江藤樹供奉道教太乙神，並進行修行，傳授弟子，傳播道教思想。在今天的橫濱中華街，仍然有天后宮和關帝廟，香火頗盛，在日本人眼中，天后與關帝是漁民、城鎮和商人的守護神。

另一方面，這些外來的神明又與日本的本土神明互相印證結合。比如太乙神，在《先代舊事本紀大成經》〈先天本紀〉中記載：「大歲在乙巳日，天照大神再復天政位，在九天正宮，更為無天橫災，而修乙巳德，執大乙德，成太乙神，主領上天，與一切祥，行太巳功，成太巳神。」這裡就將道教的太乙神與高天原派系的天照大神聯繫起來。這是因為，外來宗教即使再好，想要傳播，也需要依靠已經廣為人知的神道教神明。

除此之外，道家的法術也傳入日本，被神道教整合，變成了陰陽道。陰陽師作為陰陽道的法師，會幻術和咒語，能夠驅使式神與亡靈，可以抓鬼除妖、相面算卦。更重要的是，陰陽師還能為朝廷確定戰事吉凶，觀星以測國運，甚至進行遷都的風水勘定。他們集術士、觀星師、風水先生等諸多職業於一體，是日本歷史上非常神祕的一群人。

陰陽師的宇宙觀和理論基礎來自《易經》，方法論上卻觸類旁通——五行學說、奇門遁甲、大六壬、太乙神數等，中國的玄學知識雜陳其間。「式神」這種神奇的術法也非日本特產，而是源於中國的「兵馬」。《西遊記》中，孫悟空得到菩提祖師真傳，頸後三根金毛，能變化成神猴，與神鬼戰鬥，這就是式神的一種。《水滸傳》中，喬道清召喚神兵天將，也是一種式神。

日本陰陽師雖師承海外，但經過多年的發展與豐富，也自成一家，其中有十分出色的人物，比如役小角和安倍晴明。

役小角生於舒明天皇時期，約在中國的唐初，是日本「修驗道」的創始人，又稱「役行者」或「小角仙人」。他原本是賀茂人，原名賀茂役君小角。相傳役小角的道術是自學成才，他從少年時代就開始做神仙夢，幻想白日飛升，一直住在洞窟裡，學著古人穿葛絲的衣服，不吃米麵蛋菜，也不吃肉，只吃松針嫩葉，每天在清泉中洗澡，保持飲食身心的潔淨，使自己更接近仙人的生活。

後來，役小角得到了一本《孔雀經》，其上記載著咒術與其他法術。役小角苦心修煉多年，終於能夠騰雲駕霧並役使鬼怪。役小角所處之地，溪谷縱橫，山險崖多，雖然他可以借助法術飛騰來去，但這樣一來消耗法力，二來別的神仙來拜訪他也十分困難。於是役小角想在葛城山與金峰山之間造一座石橋，便要妖鬼們開工建造。然而過了很久，工程卻沒有進展，役小角十分生氣，以為妖鬼偷懶，便把它們訓斥了一頓。但妖鬼也有苦衷——原來葛城山中有一位山神叫一言主神，因為長得奇醜，白天不出現，晚上才出來蹓躂，而妖鬼們夜晚才能出來工作，一言主神正好妨礙他們動工。

役小角讓妖鬼們轉告一言主神，既然他耽誤了造橋的進度，就應該由他來幫助妖鬼們修建石橋。一言主神不理這個凡人，說他在自家地盤上不可能幫妖鬼們造橋。役小角得知後，帶著眾妖鬼到了一言主神的住處，用法術將躲在裡面的一言主神揪出來，綁在大樹上。

一言主神氣壞了，卻又打不過役小角。他只好真神出竅，靈魂附在了天皇的一個大臣身上，向天皇進言，說葛城山有個役小角，大動干戈鋪橋修路，準備積草屯糧，招兵買馬，殺到京城，謀權造反。天皇向來對這個大臣言聽計從，很快就派大軍去圍剿役小角。

役小角法術高明，使用咒術、利用妖鬼，多次挫敗了天皇的大軍，成千上萬人馬也拿役小角沒有辦法。天皇只好採取間接策略，抓了役小角的母親，逼役小角投降。

役小角雖修仙，有通天神術，卻十分孝順，他不忍母親受到牽連，遭受痛苦，便立刻投降。天皇沒有殺他，只將他流放到了伊豆。役小角並不在意，白天服刑，夜晚修煉，道術反而越來越高，甚至一夜之間可以從伊豆到富士山跑個來回。不到三年，他就被赦免釋放了。此後，役小角隱入深山，再也沒有人看到他的蹤跡。有人說，他坐著草蓆漂流於大海，又將老母親安置在一個巨大的缽盂裡，一起去了大唐。

此後經過了漫長的歲月，役小角的後人賀茂忠行在日本土地上繼續他的修煉之路，並收了一個了不得的徒弟，這就是後世著名的陰陽師安倍晴明。關於安倍晴明的傳說很多，最著名的就是他的身世。

傳說安倍晴明有狐狸血統，他的父親是人類，母親是狐仙。

這事還要從平安時代的村上天皇時期說起。在攝州的阿倍野鄉，安倍家有位公子叫安倍保名，他是阿倍仲麻呂的第八代孫，祖先也是名聲顯赫，可到了這一代卻家道中落，家中只有很多陰陽道的書籍。保名發奮讀書，想借此光耀門楣。他時常去泉州信太森的神社參拜神明，有一次他帶了幾名隨從，在信太森的神社前架起幔帳，飲酒消閒。這時忽然有兩隻白狐衝進幔帳，又倏忽而出。隨後，一隻嬌小的白狐倉皇跑進帳內，呆呆地看著保名。保名這才明白，剛剛那兩隻狐狸是小狐狸的父母，牠們一定是在躲避什麼，無法保護小狐狸，才衝進幔帳來求救的。

保名將小狐狸藏在自己寬大的狩服袖中，剛剛遮掩好，幾隻獵犬就衝進來，朝著保名的衣袖吠叫。隨從趕忙上前，持刀將保名護住。這時一群武士闖進了幔帳中，他們要保名將小狐狸交出來，保名不肯。帶頭的武士自稱恆平，他見保名拒絕交出狐狸，便讓其他的武士對保名揮刀，保名的隨從與他們搏鬥，但他們都不是武士的對手，紛紛倒下。武士將保名捉住，卻不見了狐狸，十分氣憤，將他綁了起來毒打一頓藉以洩憤。

在武士們就要殺死保名的時候，一個老和尚忽然出現攔住了行凶的武士。這位老和尚是河內

安倍晴明

平安時代，京都怨靈之氣頗盛，日本第一陰陽師安倍晴明擁有操控鬼神和精靈的能力，雖然是御用陰陽師，卻在民間享有盛譽，因此，江戶民謠有云：「不知源義經，但識晴明公。」

國藤井寺的住持，名為賴範。他年輕時與恆平同族，是恆平的長輩。他勸恆平釋放保名，恆平在和尚苦勸下最終應允。

眾武士走後，賴範幫保名解開繩索，保名感謝不已。和尚忽然朝他嘻嘻一笑：「老衲就是你救的小狐狸啊！」然後，他忽然滾到地上，變成了那隻雪白的小狐狸，輕盈地跑進了森林。

保名安葬了死去的隨從後就想返家，走到一條小河邊喝水時，忽然看到一個年輕的女子正在打水，一不小心掉到河裡。保名連忙跳入河中救起那女子。

上岸後，女子看到保名身上的傷口，就邀請保名去自己家幫他包紮傷口。保名住在這女子家中養傷，一段時間後，兩人產生了感情，便結為夫妻，男耕女織，還生了一個孩子。

一年菊花盛放之秋，保名的妻子在房中織布，聞到淡淡的香氣，漸漸有點精神恍惚。忽然，她聽到身後傳來一聲驚叫。回頭一看是自己的兒子晴明。這孩子正一臉驚訝地看著母親。母親還是平日的裝束，但是，頭上忽然長出了毛茸茸的耳朵，身後有九條蓬鬆柔軟的白色大尾巴。

保名的妻子恍然大悟，原來這醉人的菊花香讓自己現出了原形，這都是天意。她再也無法留在這裡，只留下了一首和歌就匆匆出門。保名回來後，哭泣的兒子交給他一張紙，上面寫著一首和歌：「想我的時候，就到和泉信太森找葛葉。」

保名不解，也不相信妻子就此拋棄了他們。他背著幼小的兒子到了信太森，見到了妻子。妻子也十分難過，她告訴保名，自己本是信太森的狐仙，為了報答保名的救命之恩，才與保名成為夫妻，如今原形已露，無法再與他們生活在一起了。

九尾仙狐愛憐地看著兒子，將一枚晶瑩璀璨的寶玉放到孩子手中，此玉名為智慧玉。保名將孩子帶回家，讓孩子拜賀茂忠行為師，最終成為著名的陰陽師安倍晴明。

天草魔王

在日本，基督教也屬於「外來的和尚」，但這個「洋和尚」自從在戰國年間進入日本後，就迅速得到了各階層的信仰。比較著名的信徒有豐臣秀吉的侄子、殺生關白豐臣秀次，以及「大阪七將星」中的明石全登。

德川家康討厭基督教，一方面他擔心這種外來宗教以燎原之勢發展成一向宗那樣強大的勢力，組織僧兵與政權對抗；另一方面，天主教也會侵吞土地與財富，這是德川家康不能容忍的。德川家康性格謹慎，在派使臣出訪西方歸來後，覺得西方各國不好打交道，索性關起門來過自己的日子。他本身信奉佛教，而在九州，大友宗麟卻信奉基督教，讓和尚去建基督教堂，兩者之間產生了衝突。

天草四郎的故事就是從當時日本基督教的大本營九州開始的。

天草四郎原名天草時貞，是小西行長的家臣益田好次的兒子，本名益田時貞，後來被過繼給了天草家，所以稱為天草時貞。關原合戰讓天草時貞成為浪人，輾轉到了長崎，開始信奉基督教，向西洋人學習醫道。

這時候的天草時貞還只是一個十六歲的少年，相貌清秀俊美，舉止高雅。曾經有個相士預言，這個少年容貌尊貴，若生在亂世，定會掌控天下。而早在天草四郎出生前十年，一位遭德川家迫害的神父，在離開日本之前就曾經預言，二十五年後天草家將出現一名神童，他是上帝轉世，精通基督教教義。他法力無邊，一定會拯救被迫害的教眾。

德川家對島原基督教徒的壓榨與殘酷鎮壓，直接導致了島原之亂。島原與天草的三名基督教徒與當地的官軍周旋，天草四郎被信徒推舉為領袖，他們認為這位英俊的少年是天使，具有上天賦予的神奇法力，上帝派他來，不僅是為了傳教授道，也是為了拯救他們。

天草四郎不負眾望，他不僅具有很強的領導力與號召力，還能用神奇的醫術救治病痛傷者。他能讓失明的少女復明，也能呼風喚雨、翱翔天空，或在海面上行走。更厲害的是，當朝廷派大軍來圍剿時，他以出色的軍事才幹，率領著從未打過仗的農民以少勝多，幾次打敗了板倉重昌的進攻。

德川軍抓住了天草時貞的母親和姊姊，但天草四郎並沒有屈服。天草四郎率領民眾死守城池，最終寡不敵眾。官軍攻入城池後，天草四郎在大屠殺中殞命。

天草四郎有點像日本版的洪秀全，只是他的勢力範圍太小，也不進行主動的運動戰，只死守城池，沒能有效地擴大根據地，最終被德川軍像水煮烏龜一樣消滅了。

島原之亂是江戶時期規模最大的內戰，也被稱為幕末維新以前最後的內戰。「天草一揆」（天草的農民起義）讓德川家傷亡慘重。這位率領實際戰力不足一萬的農夫軍隊，打敗德川十二萬正規軍的少年，也成了傳奇。

據說臨死之前，他有一句名言：「此刻死守此城者，來世永為朋友。」天草四郎也從此被奉為神。耶穌有受難三天後死而復生的神蹟，因此，殘留於世的天草基督教信徒認為，作為天草起義的統帥，天草四郎也具有耶穌一樣的能力，必將死而復生，捲土重來，帶領他們繼續與德川家抗爭。

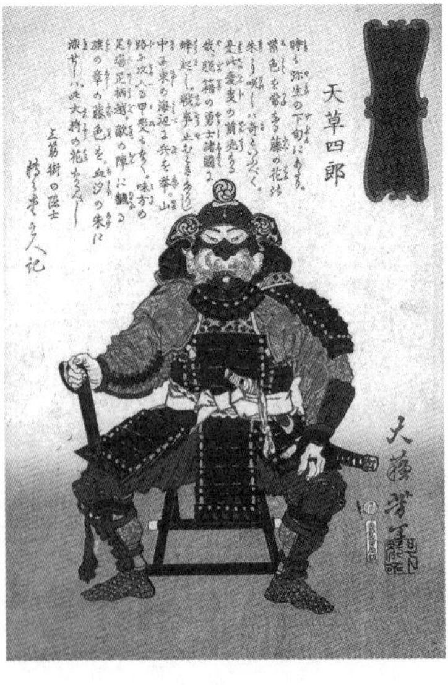

天草四郎
這位十六歲的少年，率領基督教信眾，反抗苛政，掀起島原天草大起義，以鄉民勇士，抵擋著德川十二萬大軍和荷蘭人的聯合進攻。

二十世紀中葉的日本著名小說家山田風太郎著有《魔界轉生》一書，就是以天草四郎臨死時那句轉生名言為依據，幻想在島原之亂十年後，天草四郎復活，並復活了宮本武藏等七大劍豪，帶著妖異魔法，向德川家復仇。這本流行小說，也反映了天草四郎在日本人心中是亦妖亦神的英雄。

時至今日，天草四郎更是成為日本民眾心目中具有神魔之力的悲劇英雄，活躍在各種流行小說、動漫以及遊戲中。雖然是外來宗教中的神話人物，人氣卻絲毫不遜於本土神道教中的神明，天草四郎的塑像也被放置在天草碼頭，與長崎隔海相望。

第7章

草子物語

（上）

輝夜姬

奔月的仙子，中國有嫦娥，日本有輝夜姬，這兩個女子都美貌聰慧，卻又結局悲慘。不同的是，一個是偷了神藥，棄夫升仙；一個是不得已被族人帶走，卻對凡間戀戀不捨。

有個伐竹翁名為竹取，他在竹子中發現了一個只有三寸長的美麗女孩。伐竹翁並沒有將這個奇特的女孩作為寶物拿去賣錢，而是與妻子將她當成親生女兒用心撫養。老人的善良得到了福報，他每次伐竹的時候，都會在竹子裡發現黃金，最終變成了富翁。

女孩一天天長大，出落得異常美麗，光彩奪目，能綻放出驅散黑暗的光芒，她的一顰一笑能讓人所有的憂愁煙消雲散。

老翁十分珍視這個女兒，在他借助女孩帶來的好運成為富豪之後，特地請來名士齋部秋田，為女孩取名「嫩竹之輝夜姬」。為了慶祝，老人還大擺宴席，宴請四鄰八鄉。輝夜姬的美名不脛而走，但麻煩也接踵而至。

那個年代是娛樂活動極少的時代，輝夜姬這種有趣之事，吸引了很多好事與好色之徒，他們在輝夜姬的家門外徘徊輾轉，流連忘返，更有甚者還想在牆上砸出洞來一睹芳容。

有五個貴族也來到了輝夜姬的家裡，他們的目標更高，想把這位絕世美人據為己有，當然，伐竹翁的富足家產也令人垂涎。

石作皇子、車持皇子、右大臣阿倍御主人、大納言大伴御行、中納言石上麻呂，這五名貴族不斷向輝夜姬示好，日夜糾纏，卻沒能見到輝夜姬一面。最終沒有辦法，只好托伐竹翁說情。

伐竹翁雖然知道輝夜姬可能不是凡人，但作為一個世俗之人，還是擔心女兒最終嫁不出去，所以苦口婆心地勸輝夜姬，為了將來打算，至少在這五人中選一個嫁了，也好找到歸宿，繁衍後代。

輝夜姬冷眼旁觀五個人的所作所為，覺得他們不是性格狡詐，就是愚蠢異常，因此十分鄙視他們，但又不想讓養育自己長大的老爹煩惱，只能另闢蹊徑，想辦法讓幾個求婚者知難而退。她口中說請五個貴族分別幫她辦五件小事，然而這五件小事，哪個都比登天還難，比蹈火還險。伐竹翁並不知道輝夜姬的心思，還以為女兒終於開竅了，喜孜孜地通知五個貴族，傳達輝夜姬的要求，讓他們去尋找輝夜姬最喜歡的東西。

五個貴族原本喜不自勝，躍躍欲試，聽了輝夜姬的要求後都受到了打擊。石作皇子得到的差事，是取天竺國的佛之石缽；車持皇子得到的要求，是去東海的蓬萊仙山取來銀根金莖玉果的寶樹枝；右大臣要取唐土的火鼠裘；大伴大納言應取龍首五色輝玉；石上中納言則需要取燕之安產貝。

雖然這些「小事」難度很高，五名貴族卻色心難耐，最終還是各找出路，想辦法去解決難題。

石作皇子一馬當先，跟輝夜姬告別，一走就是三年。他並沒有去海外天竺，而是就近到大和國十市郡的寺廟裡，拿到了十八羅漢前面供奉用的石缽。被煙火熏得灰溜溜的石缽看起來挺有滄桑感。石作皇子以假亂真，還在外面罩上錦袋，裝飾了一枝人造花，送給輝夜姬。

輝夜姬覺得奇怪，天竺遠在南洋，從日本去天竺，走海路是遠渡重洋，九死一生；走陸路，從長安出發的唐僧都走了十多年，更何況是還要渡海的日本。

石作皇子還在石缽裡附著和歌，大意說，我翻山越嶺跋山涉水去取石缽，能回來送給你，真讓人喜極而泣。

輝夜姬一看就知道石缽是個假貨，於是回了石作皇子一首和歌，大意是：真正的佛缽有著奪目光輝，你這個一點光都沒有，不是從十市郡的小倉山買來騙我的吧？

輝夜姬將假的佛缽還給石作皇子，石作皇子卻厚顏無恥地狡辯：這石缽的光輝原本像神山一樣耀眼，但是遇到你這麼漂亮的女孩就黯然失色了。我現在就把這個千辛萬苦尋來的石缽丟了，卻永遠不會捨棄你。

輝夜姬不再搭理他。石作皇子只好離開，卻對輝夜姬的美色念念不忘。

車持皇子也不甘落後，他答應輝夜姬為她取到筑紫國的玉枝，即刻就動身。筑紫國在九州，而車持皇子卻只在海上航行三天就祕密折返。他招來能工巧匠，大費周章，終於製作出了巧奪天工的玉枝，然後偷偷返回海上，裝作遠航歸來的樣子給所有人看。

輝夜姬的父親將車持皇子帶來的玉枝給輝夜姬看。輝夜姬很煩惱，她的父親伐竹翁卻異常開心，終於能把女兒嫁出去了。車持皇子還編了一套故事，說明他是如何不畏千難萬險，到達仙山蓬萊，遇到了很多仙女，最終得到了玉枝。正當輝夜姬為此事一籌莫展的時候，門外卻一陣騷動。

輝夜姬家的庭院裡來了幾名工匠。這些工匠正是為車持皇子製造玉枝的人——原來車持皇子卸磨殺驢，只顧追求美女，卻拖欠他們的工資。

輝夜姬開心了，原來這玉枝是假的，她將玉枝退還給車持皇子，還賞了很多錢給工匠，感謝他們為自己擋住了虛偽的車持皇子。

車持皇子難堪得無地自容，最終遁入深山，再也不敢在人前露面。

右大臣阿倍御主人倒是個實在的人，他按輝夜姬的要求，不惜重金，派家臣四處去找火鼠裘。他的家臣小野房守終於從大唐帶回了火鼠裘，雖然花費了很多錢，阿倍御主人卻一點也不心疼，反而喜不自勝，樂樂陶陶地跑去獻寶。

輝夜姬拿到火鼠裘，丟到火裡，原本應該不怕火的火鼠裘，遇到火被燒得毛都不剩。輝夜姬寫了首和歌回給阿倍御主人：贗品火鼠裘一瞬間就變成了灰，早知道是這麼件破東西，何苦要多費心思？因為這件事看熱鬧的人們，都嘲笑阿倍御主人這個大傻瓜，還給他取了個外號，叫「阿倍無成」。

大伴御行大納言的難題，是取龍頭上的五色輝玉，他要求家臣去取，家臣們答應得慷慨激昂，聲稱要為主人赴湯蹈火，拚盡性命也要取回龍首玉，大納言感動得很。然而，他們拿了大納言給他們「打怪尋寶」的經費，就分了錢各回各家了，還稱大納言是個糊塗蛋。

大納言每天做美夢，等著家僕取回龍首玉，好去迎娶輝夜姬，他將家中重新裝修，還將大老婆、小老婆都趕走，一心一意地準備著。然而左等右等不回來，大納言去海邊調查一番，才知道他的手下根本就沒人去取龍首玉。大納言十分惱火，只能自己踏上旅途，準備親自去尋找寶物。然而他在海上遇到了極大的風浪與暴雨。船夫認為是因為大納言想屠龍，惹怒了龍神，才遭此災禍，大納言也被嚇得魂不附體，連連禱告天地，承認錯誤。最終雖然平安歸來，卻大病一場。他的家僕紛紛回來向他告罪。大納言寬恕了他們，認為確實不該觸怒龍神，還大罵輝夜姬不是好東西，打算利用龍神謀害他們，從此不再提輝夜姬，但世人依舊將他當成了笑話。

中納言石上麻呂的任務是取燕之安產貝。安產貝是燕子在產蛋的時候才會生產的，而燕子看到人接近就會飛走，通常很難得到。石上麻呂派家僕試了很多次都沒有成功，最後還是有經驗的大炊寮倉津麿向石上麻呂獻了一計。

石上麻呂依計行事，命人坐在大竹籃中，把籃子用繩索拴在屋梁上，燕子飛來產蛋時，將竹籃拉升，等燕子翹尾七次，就去取安產貝。然而石上麻呂過於急躁，僕人時機把握不當，沒能取到安產貝。石上麻呂只好爬上竹籃，親自動手，結果還真從燕子窩裡找到一塊硬硬的扁平物體。

石上麻呂大喜過望，卻樂極生悲，從梁上跌下，落到廚房的一只大鼎上，摔得人仰馬翻，差點昏厥過去，腰都沒辦法動彈。這時，他還是很關心安產貝，讓人找來蠟燭，仔細觀看，卻是塊乾硬了的燕子糞。做了這種蠢事，石上麻呂十分不甘，也十分羞愧，一病不起。

反倒是輝夜姬，聽說石上麻呂為自己取貝而遭殃，十分同情，還去信安慰。然而石上麻呂因為沒能得到安產貝，最終在痛苦絕望交織中死去了。

五個追求者都鎩羽而歸，輝夜姬卻並未得到安寧。她的這些傳說，最終驚動了日本當時最有權力的男人——天皇。天皇對輝夜姬十分好奇，派人去探看輝夜姬究竟如何美貌，居然讓人神魂顛倒。

派去的使者卻碰了硬釘子，輝夜姬根本就不見他。天皇有點惱火，招來了伐竹翁，威逼利誘，許諾給他五品官職，要他獻出女兒輝夜姬。伐竹翁雖覺不妥，卻禁不住誘惑，同時也覺得以天皇的身分，並沒有辱沒輝夜姬。

輝夜姬還是不買帳，一副你要是把我送進宮，我就自我了斷的架勢。伐竹翁雖然懼怕天皇，卻更心疼女兒，只好如實回稟天皇。

天皇卻被輝夜姬勾起了興致，越是困難，他越想見。終於在伐竹翁的幫助下，見到了輝夜姬。輝夜姬的出塵美貌讓天皇也心動不已，他顧不得皇家儀度，拉住輝夜姬，想帶她回宮，輝夜姬卻憑空消失，嚇了天皇一跳，不敢再用強。

回宮後的天皇依舊對輝夜姬念念不忘，每每寄和歌以表相思，輝夜姬也一一作答，兩人一來二去，感情竟漸入佳境。

但輝夜姬並不是凡人，還是迎來了她與愛人最終的離別時刻：八月十五月圓之夜，輝夜姬忽然失聲痛哭，伐竹翁夫婦嚇壞了，不知道她為什麼哭得如此傷心。輝夜姬這才告訴他們，她原本是月宮的仙子，來到人間再續前緣，現在卻是她應該返回天庭的日子，只能與父母分別了。

兩位老人捨不得她，哭得肝腸寸斷，死去活來。輝夜姬也覺得難以割捨與他們的親情，但她原本在月宮就有自己的父母，現在回去也是身不由己，只能和凡間的父母抱頭痛哭。

天皇得到這個消息十分震驚。他不僅同情兩位老人，對輝夜姬也十分不捨，於是派大軍駐守在輝夜姬家，裡裡外外守得固若金湯，飛鳥都無法進入。

但是在月圓之時，輝夜姬的家中忽然光芒萬丈，所有駐此守護的人全都喪失了戰鬥力。天空中出現很多仙人，斥責伐竹翁不知好歹，命令輝夜姬立刻返回月宮。伐竹翁雖然據理力爭，卻難以對抗。仙人給了輝夜姬一壺不死靈藥和一件天女羽衣，要她喝藥穿衣，飛升月宮。

輝夜姬只吃了一點靈藥，將剩下的靈藥都贈給了天皇，還寫了書信給天皇，感謝他的守護，表明自己的心意。她穿上了羽衣，忘卻了所有人間之事，飛升天宇。伐竹翁因輝夜姬的離去而哀痛欲絕，一病不起。

天皇得到輝夜姬的臨別饋贈，又感激又悲傷，他對輝夜姬的思念與日俱增，命人將不死靈藥在駿河國的最高山點燃，於是這座山成了不死之山，又名富士山，因著不死靈藥，終年煙火繚繞。

酒吞童子

酒吞童子是日本三大惡妖之一，與白面金毛九尾狐和崇德天皇怨靈變化的大天狗齊名。他生活在西元九九〇年的平安時代，是當時京都附近丹波國大江山上惡鬼的首領，有自己的宮殿，也有著特立獨行的作惡風格。

酒吞童子在民間的形象經過了很多變化。傳說中的酒吞童子有的說是英俊少年，有的說是大妖怪，身長三丈，虎背熊腰，頭髮火紅，頭生五角，長著十五隻眼睛。《御伽草子》中的酒吞童子，出場時非常威武，身材高大，穿大格子織物，下圍紅袴，膚色赤紅，頭髮稀少雜亂，手持鐵杖，令人望而生畏，這就是一個山大王的形象。他喝醉時會原形畢露，身長兩丈多，赤髮倒豎，頭上長角，滿面是鬚，手掌如熊掌一樣肥厚，活脫脫的一隻野獸形象。

據說酒吞童子好色、殘暴、狡詐，具有神通。酒吞童子的好色別具一格，他喜歡未出閣的年輕女孩。日本古代女子出嫁得非常早，通常十二、三歲就已為人婦，未出嫁的都還只是些小女孩，可見酒吞童子還是個蘿莉控。他不僅搶走很多少女，還殘忍地殺害她們，將她們吃掉，因此尤其遭人痛恨。當然，愛好喝酒是酒吞童子的另一個特點，所有妖怪都喜歡酒，酒吞童子更甚，他嗜酒如命，恨不得泡在酒缸裡。而嗜酒者往往伴隨著衝動、暴躁，酒吞童子靠酗酒聚集了一群惡鬼，最終也死在了酗酒上。

酒吞童子的來歷在傳說中記載得五花八門，主流說法有三種，一種說他長相十分英俊，在越後寺當小和尚，因為過於俊俏而遭人嫉妒，心生怨念，終成惡鬼。另一種說法傾向於血統論，說酒吞童子原本就是伊吹山神明的後代，卻落入凡間，被和尚收留，然而他心思不純，終於被掃地出門，他利用神通，糾集惡鬼，成為鬼王，為害民間。而在《御伽草子》中，酒吞童子原本是一個無名小妖，從小喜歡吃人肉，還吃上了癮，變成小孩，去寺院打雜，因為糾紛將寺院裡的和尚殺光，後來到了比叡山，又被高僧趕走，終於落草為寇。

不管是哪一種緣起，最終酒吞童子成了山大王，不再受朝廷力量控制。他率領惡鬼盤踞大江山，大江山正是各地去京都的必經之路，酒吞童子的所作所為令人恐懼，震撼了整個京都。由此，人、妖衝突到了不可收拾的地步。

歷史上酒吞童子總計被朝廷「收拾」了大小三次。第一次，他被官軍靠人海戰術捉住，砍頭後，頭顱被懸掛在羅生門上，然而到了夜間，羅生門上鬼影幢幢，門內還傳來陰森恐怖的鬼號之聲。酒吞童子變作厲鬼，繼續為害京城。第二次，酒吞童子被弘法大師封印，弘法大師也就是歷史上著名的高僧空海。弘法大師降服酒吞童子，卻沒有殺他，只是讓他若干年內無法為禍人間。弘法大師去世後，封印鬆動，酒吞童子再次蹦出來，變本加厲地製造禍端。

酒吞童子的手下有一員大將茨木童子，原本是羅生門紅色木柱精與京中風雅公子的兒子，他被父親拋棄後流落民間，化為惡鬼，投靠酒吞童子，每夜在羅生門作怪。渡邊綱是當時大將軍源賴光手下的四大天王之首，他到羅生門與茨木童子大戰，茨木童子的兵器被渡邊綱的名刀髭切斬斷，轉身遁入羅生門。

此後，茨木童子幻化成妖豔女子，勾引渡邊綱，卻被渡邊綱識破，砍掉茨木童子一隻手臂。陰陽師安倍晴明告誡渡邊綱，在七天之內要小心惡鬼上門。茨木童子又變化成渡邊綱的養母來探望渡邊綱，在騙渡邊綱觀看茨木童子手臂時，現出原形，奪走了手臂。

酒吞童子的另一員大將名叫鬼童丸。鬼童丸的父親是一個富商，但是妻子在生產的時候，腹中有死胎，於是招致惡鬼，要吃掉鬼胎增長力量。鬼童丸的母親拚命逃跑，將鬼胎藏在羅生門下後死去。他父親找到妻子的屍體，還發現了孩子。雖然他知道這個孩子是鬼胎，還是將他帶回家撫養，取名鬼童。當地一個官員覬覦富商財產，誣陷他們豢養鬼子，意圖不軌，將鬼童丸的父親殺掉，親戚問罪，並侵奪了鬼童的家產，占了他們家的房子。鬼童在父親保護下躲過官兵追殺，此後偷偷潛回家中，吃掉牲畜的內臟，給官員搗亂。官員請來陰陽師追殺鬼童，鬼童逃到山中，被父親的好友——一名鐵匠所救。

這鐵匠原本武藝高強，只是斷了手臂無法習武，他將一身武藝傳授給鬼童，幫助鬼童找到提升力量的辦法。鬼童瞬間成長，鐵匠為他打造了一把寶刀，名為「丸」。從此之後，鬼童又稱鬼童丸。鬼童丸回到家中，殺了官員一家，但他的怨恨無法消除，又來到京城中，見人就殺，血流成河。陰陽師安倍晴明前來降服鬼童丸，利用羅生門上懸掛的琉璃鏡，引出了鬼童丸母親的靈魂，鬼童丸見到母親後，放下屠刀，與安倍晴明約定不再侵害人類，永遠在此守護母親的魂魄。但這琉璃鏡原本是鬼王酒吞童子的寶物，因此，鬼童丸此後又歸順了酒吞童子，成為鬼王手下愛將。

酒吞童子在茨木童子和鬼童丸的輔助下，勢力逐漸恢復，開始將魔爪伸向京城。他先後抓走了堀河中將、花園少將、池田中納言、吉田參議等朝廷高官的女兒——全是貴族家未出嫁的女孩，當然，還有其他人家的女孩。這不僅令朝廷憤怒，連神明都坐不住了。

陰陽師安倍晴明告訴天皇，這些女孩在酒吞童子處凶多吉少，天皇即刻派源賴光去剿滅這夥惡鬼。這便是朝廷對酒呑童子的第三次剿滅。源賴光出行前，先帶著部下去參拜了八幡、住吉、熊野三大神社，希望神明能保佑他們救出被困少女，剿滅酒呑童子。

酒呑童子雖然凶殘，卻也狡詐，他的宮殿用鐵鑄成，為的就是抵禦朝廷的圍剿。因此，即使是派大軍前去，一時半會兒也難以剿滅，無法及時救出被擄走的那些少女。源賴光只能以身犯險，帶著他手下的四天王渡邊綱、坂田金時、卜部季武、碓井貞光和勇士藤原保昌，幾個人扮作修行者，極其低調地潛入當地，採取從內部擊敗敵人的戰略。

他們剛到當地就遇到了三個老人，源賴光的掩飾並沒有用，老人識破了他們的身分，幸好這三個老人是三大神社的神明，也想收服酒呑童子，可酒呑童子的鬼城有結界，神明無法進入，便前來幫助源賴光。

神明給了他們四大法寶，第一法寶是天金蟲，用來克制木精之子茨木童子，第二法寶是塑鏡，用來克制酒呑童子的另一員大將鬼童丸。最後，三位神明又拿出了兩樣法寶，一個是鬼毒酒，這酒是用惡鬼眼淚煉製的，凡人喝了神清氣爽，實力倍增；鬼怪喝了會失去力量，無法反抗。另一件是七星兜甲，可以用星辰之力困住酒呑童子的頭顱，使他無法復活。源賴光感謝了神明，正式進入酒呑童子的勢力範圍。

源賴光

大將軍源賴光奉命剿滅酒呑童子，救出被困的少女。他帶著手下四大天王——渡邊綱、坂田金時、卜部季武、碓井貞光。幾人扮成行者，潛入了酒呑童子的勢力範圍。

在大江山下，源賴光一行遭遇了鬼童丸。碓井貞光拿出了曌鏡，要鬼童丸讓路。鬼童丸一見曌鏡，誤認為是羅生門上的琉璃鏡，他怕貞光傷害母親，猶豫不決。貞光將曌鏡裝入盒中，綁在一匹馬上，讓馬奔馳，鬼童丸為了救自己的母親，不再抵抗，追馬而去。到了山中，他們又遇到了茨木童子，卜部季武放出了天金蟲，織出金網，困住了茨木童子。

他們還沒進入鐵鑄的城堡，就發現了花園少將的女兒，在河邊哭著洗血衣，原來就在剛剛，堀河中將的女兒已經慘遭毒手。刻不容緩，源賴光帶著幾人迅速來到了城堡下，因為知道酒吞童子除了好色，還貪財，就假扮成迷路的古董商人，騙過了守衛，進入了酒吞童子的老巢。

酒吞童子雖然對他們有所懷疑，但自恃強大，並且在自家地盤，根本就不在乎這幾個人什麼來頭。源賴光幾人雖然憎恨酒吞童子，表面上卻虛與委蛇，傳杯換盞，把酒言歡。酒吞童子用人血人肉試探幾人，幾人卻都笑納了，終於讓酒吞童子視其為同類，放下了戒心。

食人肉的酒吞童子

酒吞童子的人身是個俊美的青年，他愛酒、貪財、好色，又生性殘暴，他將搶來的美麗少女切碎，吃肉下酒。見到源賴光一行後，他還請幾人一同吃人肉，源賴光並沒有猶豫，大口吃下，騙過了酒吞童子。

到了這個階段，源賴光終於開始了下一步行動，他拿出了三神明給他的毒酒，自己先飲一

杯，以顯誠意。酒吞童子見幾人喝都沒問題，在美酒的誘惑下，終於落入源賴光的陷阱。藥效發作後，幾人趁酒吞童子醉酒未醒，將他綁住，源賴光翻臉動刀。酒吞童子大怒，想殺掉幾人，卻發現力量消失了。源賴光砍下了酒吞童子的腦袋，並將他的身體切碎，酒吞童子的頭卻飛了起來。這時，源賴光拿出了七星兜甲，困住了酒吞童子的頭，酒吞童子的部下要麼被源賴光的人殺死，要麼四散奔逃。源賴光救出了被囚禁的姑娘，將還活著的少女平安帶回京都，還給她們的爹娘。然後，源賴光請高僧將酒吞童子的頭顱封印起來，並在此處建了一座寺廟，永鎮鬼王。

剿滅酒吞童子一眾，為京都帶來了和平安寧，經此一役，源賴光名聲大振，成為當時的天下第一武士，他的部下也威名震天下，成為著名的京城守護者。

浦島太郎

狹義相對論中有一個名詞叫「浦島效應」，在一九七〇年代初，物理學家哈菲爾（Joseph Hafele）和基廷（Richard Keating），為了驗證高速運動會造成時間過得比靜止時間慢的問題，進行了一場世界著名的實驗。他們預備了兩個高度精確的銫原子鐘，將一個帶上飛機，開始了環球飛行，飛回來之後，把它與留在原地的另一個原子鐘進行比較，結果發現，帶上飛機的鐘，竟然比地上的時鐘慢了五十九奈秒（一秒＝一〇九奈秒），這個時間差正好吻合愛因斯坦相對論預測的數字。

不過，經常坐飛機的人，似乎並不覺得下了飛機時間就過得更慢，畢竟，人體沒有原子鐘那麼精密，相對論也只是宇宙漫長維度中，在一定時空限度內有效的物理學說，而神話，則世代傳頌。

日本的浦島太郎傳說類似於中國的「黃粱一夢」與《柳毅傳》的結合體，只不過唐傳奇中的《柳毅傳》與日本傳說中《御伽草子》裡的梵天國更相似。

與前篇的輝夜姬和酒吞童子不同的是，浦島太郎本是凡人，一點神仙血統也沒有，然而這並不妨礙他有成仙的際遇。浦島太郎的故事最早出現於八世紀的日本，日本先民將自然的時空哲學體現在神話中，以此來教化後人。

很久以前，有一個英俊善良的年輕人名叫浦島太郎，他的家住在海邊，世世代代以打魚為生。浦島太郎與母親相依為命，雖然窮苦，卻十分勤勞。有一天他在海邊散步，發現了一隻被孩子們欺負的烏龜。對於小動物來說，「猴囡仔」是最危險的生物，浦島太郎非常可憐這隻烏龜，他急忙趕走了小孩，將烏龜放歸大海。

過了幾天，浦島太郎正在海邊釣魚，一隻烏龜從海裡游出來，到了浦島太郎面前，恭敬地朝浦島太郎鞠了個躬說：「浦島太郎先生，我就是您上次救的那隻烏龜，為了感謝您，住在海中的龍女公主希望邀請您去龍宮一遊，以感謝您的救命之恩。」

浦島太郎是個年輕人，他雖然害怕被大海吞噬，但是同時又非常好奇，於是，他沒有放過這個機會，坐上烏龜的背殼進入了大海。

他在烏龜背上絲毫感覺不到海水的壓力，似乎他從小就生活在水下一樣自由。海底的世界異常美麗，龍宮金碧輝煌，晶瑩剔透，浦島太郎看得目不暇接，最讓他吃驚的，是美麗的龍女乙姬公主。

乙姬公主不僅溫柔漂亮，還對浦島太郎一見鍾情，因為他容貌英俊，他的善良也打動了公主。乙姬公主請求浦島太郎做她的夫君，浦島太郎被乙姬公主打動，留在了龍宮，兩人過著非常快樂的日子。

時間就這樣過了三年，忽然有一天，浦島太郎想起了自己年邁慈愛的母親，思念之情難以自抑，於是，他打算與乙姬公主小別回去看看母親。

乙姬公主聽了浦島太郎的請求，又是震驚，又是哀傷。她哭著懇求浦島太郎，希望他不要回去。浦島太郎思鄉心切，一定要回家看望母親。他覺得，就回去幾天而已，應該沒什麼問題。乙姬公主卻憂心忡忡，但最終還是答應了浦島太郎。臨別時，乙姬公主對浦島太郎依依不捨，交給他一個金光閃閃的盒子，並再三叮囑他，不要打開這個盒子，如果回去遇到什麼不測，在海邊等著烏龜去接他就可以了。

浦島太郎帶著盒子滿心歡喜地回到了家鄉。到了家門口，他卻發現有點不對勁，敲門後，開門的是一個不認識的人。他詢問那個人，原來住在這裡的老人哪去了，那人卻茫然無知。

浦島太郎慌了，他不知所措，沒有任何人能告訴他究竟發生了什麼。他看看手裡的盒子，這是他與公主之間唯一的聯繫。浦島太郎當然記得公主的叮囑，但他實在太孤獨、太焦慮了。最終他還是打開了盒子。

盒子分為三層，第一層是一片潔白的仙鶴羽毛，浦島太郎擺弄了一下，發現它除了十分美麗，並沒有什麼用。當他打開第二層時，碰的一聲，盒子中冒出了一陣駭人的白煙。浦島太郎看了看盒子，裡面空空如也。原來，被他看作是希望的盒子，竟然是一場空。

這還不是最痛苦的，更讓浦島太郎絕望的是，他打開了第三層，裡面放著一面精緻的鏡子。浦島太郎看著鏡中自己的臉，他烏黑的頭髮已然變白，曾經英俊的臉上布滿皺紋，明亮的眼睛變得渾濁，身體變得佝僂，他已經變成了一個老態龍鍾的白髮翁。

他的青春在他打開盒子的一瞬間，化作輕煙飛散了。

浦島太郎回到人間尋親
浦島太郎在龍宮待了三年，終於回家，卻發現滄海桑田，物是人非，母親早已故去，家鄉變成了陌生的地方，他已無家可歸。

浦島太郎的心中空落落的，忽然，他手上白色的仙鶴羽毛飄然而起，在他身周盤旋，似乎要引導他去什麼地方。浦島太郎好奇地跟著羽毛，走了很久，來到了一片墓地。

仙鶴羽毛落在一個破舊的墓碑前。浦島太郎看到墓碑上的名字，忽然放聲大哭。原來他苦苦尋找的母親早已過世，就在他離開家去龍宮的那一年。看到其他嶄新的墓碑，他才發覺，從當初離開到現在歸來，其間已經過了三百年。

頓時，浦島太郎覺得自己被世界拋棄了，他不再有親人，也不再有朋友。他十分後悔，當年拋棄母親去龍宮尋歡作樂，使母親在失去兒子的痛苦中，悲傷而孤獨地離開人世。

孤單的浦島太郎依舊期望乙姬公主接他回龍宮。然而，他背棄了諾言，失去了年輕英俊的容貌，變成了老翁，乙姬公主不會再派烏龜來接他。白髮蒼蒼的浦島太郎只能日復一日地坐在海邊等待，直到生命的盡頭。

這個故事在《日本書紀》、《丹後國風土記》中都有所記載，而《萬葉集》的詩歌中，也有「水之江的浦島之子」。《日本書紀》中的浦島太郎神話並不存在龍女，而是他所救的烏龜變成了美女，帶他到了蓬萊山。在《丹後國風土記》中，主人公的名字卻是筒川嶼子，而他所救的，是仙女龜比賣化身的五色龜。

到了平安時代，又出現了《浦島子傳》、《續浦島子傳記》、《水鏡》等關於浦島太郎故事的記述。鎌倉時代（西元一一九二－一三三三年）、室町時代（西元一三三六－一五七三年）乃至江戶時代，浦島太郎的故事也繼續不斷演繹，更加豐富，最著名的當屬《御伽草子》中的〈浦島太郎〉。在日本，很少有人不知道浦島太郎傳說。而浦島太郎手中的盒子，也正如西方神話中潘朵拉的魔盒，代表著人類對禁忌的窺視，以及對自然神權威的挑戰。同時，也是人類對生命長度及時空維度更廣闊的想像與探索。很多自然科學的大膽設想與跨越式進展，正是來自於寄託了人類夙願和想像力的神話故事。

無耳芳一

鬼神好雅樂，他們與人的壽祿不同，在漫長的黑暗中，度過極其無聊的歲月，因此，優美的樂聲很容易招致鬼神。無耳芳一精妙的琵琶聲，就招來了平家的鬼魂。

芳一是個盲樂師，他的身世來歷眾說紛紜，有說是從小拜名師學習琵琶，有說他曾經是平家的武士，後叛主投敵，被敵人弄瞎了眼睛，只好四處流浪賣唱為生，也有說，芳一只是個普通的盲人而已，雖通琴技，卻潦倒無依。

有一天芳一到了壇之浦，寄宿在阿彌陀寺中。冥冥中似乎自有天意在如此安排——壇之浦之戰是源平合戰中最著名的戰役，也是最慘烈的一戰。經此一役，稱霸日本的平氏一族被新崛起的源氏打敗，幼帝安德天皇被祖母抱著投海自殺，平氏從此一蹶不振。芳一最擅長彈奏的琵琶曲目，就是《平家物語》。

作為一個流浪的盲人樂師，芳一比較幸運，阿彌陀寺的住持是個風雅之人，非常喜歡聽芳一彈琵琶，兩人成了知音，住持收留芳一住在寺中，芳一也十分感激住持。

夏日的一天夜晚，芳一正在寺廟的長廊中彈奏琵琶，偏趕上住持外出訪友，良久未歸，芳一便獨自彈奏起了他所擅長的《平家物語》，在琵琶聲中，金戈鐵馬，戰雲密布，天地變色，如泣如訴，令聞者彷彿置身於當年源平大戰的最終戰場。

芳一自己也深深地投入到演奏中，渾然未覺入夜已深。忽然，有人大喝一聲：「芳一！」芳一的琴聲戛然而止。在那個時代，直呼其名是上位者才有的口吻。來者是一個武士，他要求芳一立刻跟他走一趟，他的主人是一個大人物，正在遊歷中，途經此地，要聽芳一的演奏。

芳一不敢反抗，那個時候普通人無法反抗武士的命令，更何況他只是一個流浪的盲人。而且，武士身上甲冑的聲音更讓芳一斷定對方來頭很大，說不定是割據一方的某位大名。於是，在武士的帶領下，芳一離開了阿彌陀寺。

不知走了多久，芳一隨著武士走進一座有著高高臺階的府邸。府邸非常大，芳一無法用眼睛判斷，卻可以用腳丈量距離。最終大概是到了正廳，芳一雙耳靈通，從裡面說話的人聲可以判斷，這房間極大，高聳而空曠。

武士的主人說話了，是一個年邁女人的聲音，她要求芳一為她演奏《平家物語》。

芳一十分為難，《平家物語》通篇極長，全部演奏一遍，需要不眠不休地演奏幾天。芳一離開寺院，還沒有跟住持或寺中的任何人打過招呼，他怕住持擔心他。因此，芳一向主人稟明，並詢問主人需要演奏哪一段。

主人沉吟了一下，要他演奏壇之浦之戰這一段。

這正是平家覆滅的一段，芳一轉軸撥弦，輾轉彈奏，娓娓唱來：

「那時戰火燒紅了半邊天，鮮血浸染海浪。二位尼懷抱著幼帝，淚水漣漣向源氏求饒，哭聲淒然又絕望，孤兒寡婦驚慌顫抖。源氏凶殘如狼，刀兵相逼，要麼投海自裁，要麼死在刀下。二位尼沉默良久，抱起幼帝，轉身面向大海。安德天皇問奶奶，你要帶我去哪裡？二位尼心如刀絞，淚如雨下：咱們大家一起走，去那沒有煩惱的地方。幼帝母親建禮門院，手捧著神器草薙劍，淒然斥責凶狠的源氏：這把傳國神劍，寧可永沉海底，也不能落入逆賊之手！她攜劍跳入茫茫大海。從此後，平氏一族消亡了。」

芳一琴聲入心，歌聲哀婉，聽得在座的人紛紛慟哭。芳一莫名其妙，被嚇得不敢再彈。

那些人哭了一陣，漸漸止住哭聲，最初請他彈奏的年邁女人對芳一讚賞有加，邀請他明日再來這裡彈奏。

芳一雖然覺得不妥，但礙於對方的威壓，不敢不從，只能應允了。

回去的時候，帶他來的武士告誡他，這事不能告訴任何人，因為他家主人是微服出訪，不希望別人知道。芳一當然明白這種大人物肯定有其苦衷，便答應了。

芳一深夜歸來，急壞了阿彌陀寺裡的人，畢竟他是個盲人，住持很擔憂他出事。芳一記得武士的叮囑，只說自己睡不著，出去散心了。

阿彌陀寺的住持自然不信——出去散步，沒必要背著琵

芳一為貴人演奏的壇之浦合戰

芳一彈著琵琶，演奏著悲壯的壇之浦之曲。壇之浦海浪中，源氏將平氏逼入絕境，二位尼帶著幼帝投海，平氏最終覆滅。

琶。他第二天晚上派人悄悄跟著芳一。然而，跟蹤的人卻被嚇壞了。他看到的是：深夜裡，芳一獨自一人跑到阿彌陀寺後的墓地，在一座墓碑前，跪著彈奏了半天琵琶。

住持終於明白了，他找來芳一告訴他，那些半夜要求他彈琴的人，是墓地裡平氏的亡靈。芳一也被嚇得不輕，十分害怕，但他更害怕的是，接下來那些人還會找他去彈琴。

住持卻有對策，任它是何方鬼怪，終究還是敬畏佛法的。住持在芳一身上寫滿了般若波羅蜜多心經，只是稍有疏忽，耳朵上忘記寫經文了。

當天夜裡，他告誡芳一，無論聽到什麼都不要說話，也不要動。芳一雖然心中恐懼，卻只能相信住持。

當夜，芳一等在寺中，之前那個武士又來喚他，芳一卻閉口不言，動也不動。武士找來找去，找不到人，只看到了芳一的琵琶，以及浮在空中的一雙耳朵。

武士十分氣惱，揪住芳一的耳朵：「找不到人，我就只好拿你的耳朵交差了。」他一用力，扯下了芳一的耳朵。頓時，芳一疼得死去活來，卻一聲也不敢出，只能忍耐。

武士帶著芳一的耳朵揚長而去，再也沒有回來，芳一總算保住了性命。

從此以後，芳一失去耳朵的事也從阿彌陀寺中傳揚出去。很多達官貴族出於好奇，請芳一去府上彈奏，卻被他高超的琵琶技藝打動。芳一因禍得福，聲名遠播，人們都稱他為「無耳芳一」。

第8章

草子物語（下）

瓜姬物語

無論是桃太郎還是竹取物語，都有一個共同特點，就是主人公的來路十分傳奇，要麼是桃子裡切出來的，要麼是竹子裡劈出來的。這不是日本文化的獨創，中國古代也有「天命玄鳥，降而生商」，商代的先母簡狄，吞了一個黑色的鳥蛋，生下了商的先祖契。那時候還是母系社會末期，人只知其母，所以杜撰出神祕的玄鳥，體現天命歸商，使王權更加正統化。民間也有類似的傳說，比如人們熟知的《西遊記》中的孫猴子，就是從石頭裡生出來的，其身世更加撲朔迷離。

這個故事的主人公瓜姬也絕非凡品，她來自一個瓜，有著天賦的神性。

日本古時，石上鄉有一對老夫婦，很多年也沒生出孩子。他們求神拜佛，卻沒什麼效果，他們只是責備自己福德不厚，依舊虔誠拜神，希望神能賜給他們一個孩子。

老夫婦以種瓜為生，有一天，他們在瓜田裡看到一個成熟的小甜瓜，覺得這瓜無論從紋路、形狀還是色澤來看都異常漂亮。老奶奶說這要是一個孩子就好了，肯定是個漂亮的女兒。老爺爺說，既然喜歡就把它帶回家吧。老夫婦將瓜摘下泡在涼水裡，準備等白天天熱的時候再吃。

這天晚上老奶奶做了一個夢，夢見神出現在她的面前，贈給她一個繡球，讓她將這個繡球送給自己的女兒。老奶奶驚喜交加，醒來後，跟老爺爺分享這個美夢。老爺爺告訴她，他也做了一個夢，夢見自己送了個書箱給一個很好看的小女孩。兩人同時嘆了口氣，認為是因為太想要孩子了，才會做這樣的夢。

白天非常炎熱，老夫婦在田間勞作，十分口渴，他們想起了泡在水桶裡的甜瓜，一起回去觀看，卻發現甜瓜已經裂開，裡面坐著一個非常漂亮小巧的女孩。

兩人異常歡喜，他們終於有了自己的孩子，神靈給予的夢境成真了。他們感謝了神明，對小女孩悉心照料，給她取名瓜姬。兩口子畢竟年紀大了，女兒還小，於是，他們不僅耐心教導瓜姬，還日夜向神靈祝禱，希望神明保佑這孩子平安長大，幸福到老。

瓜姬平安地成長著，讓老夫婦驚喜的是，她出落得太美了。長髮如黑色瀑布，眉如遠山，面色如櫻花，明眸皓齒，看過的人都為之動容。她的美名傳出了鄰里，當地的守護代都慕名而來，希望瓜姬的父母將女兒嫁給自己。

瓜姬的父母卻不為所動，他們是真心疼愛這個女兒，於是藉口瓜姬年紀太小，沒有應允。守護代非常執著，一直不停地求婚。最終，瓜姬的父母被他的誠心打動，終於答應將瓜姬嫁給他為妻。

守護代非常高興，開始著手準備迎娶瓜姬，這個消息被天探女知道了。

天探女名叫天邪鬼，是日本神話中邪惡的妖怪，她原本是上古女神，能探知高天原八百萬諸神和人類的心思。雖然也曾是神祇，然而她天性叛逆，害了天上的神鳥，觸怒了天神。她喜歡惡作劇，善於變化，又面容醜陋蒼老，嫉妒心重。經常給人帶來災難。

瓜姬既美貌，又即將嫁給守護代，開始幸福的生活，這讓天探女妒火中燒，決定不僅要破壞這樁姻緣，更要取而代之，自己嫁給守護代。她來到瓜姬家，扮作守護代的家人，先來給老夫婦送信，說守護代有事相商，讓他們先過去。老夫婦雖覺得蹊蹺，卻不敢不去，只是臨走前叮囑瓜姬，他們沒回來前，不要給任何人開門。

兩人走後，瓜姬獨自在家，不久就聽到了敲門聲。

瓜姬雖然不開門，卻問：「是誰？」

門外傳來一個蒼老的女人聲音：「我是住在你附近的鄉親，得知你要出嫁了，特地送花來恭喜你。」

瓜姬將信將疑，但單純的她認為對方既然是一番好意，總不能讓人家失望，於是將門打開了一條縫朝外看去。門外是一個普通的陌生婦人，手中的花卻鮮豔美麗，飄出陣陣芳香。瓜姬信以為真，正要感謝時，那女人卻丟掉了花，一把推開門，不由分說將瓜姬捉住，帶出去，捆在村外小路旁的柿子樹上。

然後，天探女回到了瓜姬家，穿上了瓜姬的嫁衣，等待守護代的迎娶。

邪惡的天探女
天探女醜陋而邪惡，又愛嫉妒，工於心計，喜歡捉弄別人，她曾經蠱惑天若日子，殺了天照大神派去人間查探的神鳥鳴女。她嫉妒瓜姬能夠嫁給守護代，企圖冒充瓜姬出嫁。

守護代的迎親隊伍浩浩蕩蕩來到瓜姬家裡，卻沒有看到老夫婦。不過他們迎娶的是瓜姬，見新娘子就在房間裡等著他們，也沒多問就送上了轎子。

天探女坐在轎子上，心滿意足。這時，她忽然想起了吊在柿子樹上的瓜姬，便叮囑轎夫，村子裡的小路太顛簸，又很黑，她有點害怕，請轎夫一直走大路。轎夫雖然應允了，卻對當地的路不熟，走著走著還是走到了柿子樹下。吊在柿子樹上的瓜姬早就明白了天探女的陰謀，她看到守護代迎娶了冒牌新娘，走到了自己附近，卻苦於嘴巴被天探女堵上了，根本發不出聲音。

這時候樹林裡傳出鳥兒清脆的歌聲：「美麗的新娘被綁在樹上，醜陋的妖女被迎娶回家。」這隻鳥正是當年被天探女害死的神鳥的靈魂所化。見天探女又在凡間作惡，牠看不下去，跳出來伸張正義。

天探女聽到這歌聲神色大變，她連忙大喊：「快走快走，這怪鳥在胡說八道！」守護代十分聰慧，他覺得事有蹊蹺，便讓屬下去搜了樹林，果然找到被捆在柿子樹上的女孩。美麗的瓜姬哭得梨花帶雨，守護代立刻明白了是怎麼回事，帶人回到轎子，將天探女捉住，脫下了婚裝，才發現是個又老又醜的婦人。

他們將天探女帶回宇陀郡，對她處以極刑。天探女被殺掉，血染紅了楓林。打敗了邪惡的妖怪，從此瓜姬與守護代過上了幸福的生活。

舌切雀

〈舌切雀〉是日本民間的流行神話物語，故事的主人公是一隻神奇的雀鳥，牠不僅能唱歌說話，還能辨善惡，有自己的情感，能報恩與仇。

日本的民間神話故事中有非常多的「老夫婦」，他們或住在深山，或住在海邊，或住在偏僻小村，總之都是掙扎在溫飽邊緣的平凡老人。〈舌切雀〉故事中的老夫婦就住在深山裡，他們整日勞作，勉強度日。老爺爺是個善良人，老婆婆卻性情古怪，脾氣暴躁。

有一隻受傷的小麻雀在路邊奄奄一息，牠很幸運地遇到了老爺爺。老爺爺將牠帶回家，不僅為牠包紮傷口，還餵食餵水，悉心照料。老婆婆卻非常不滿，撿了隻受傷的麻雀有什麼用？把牠煮來吃都沒多少肉，還浪費糧食。老爺爺卻不以為然，一隻小鳥才能吃多少糧食？真是太小氣了。他依舊對小麻雀很好，每天回家都陪著小麻雀。

在老爺爺的照顧下，小麻雀一天天好起來，牠感激老爺爺，每天老爺爺在外做完活回來後，小麻雀都會唱起歡快的歌討老爺爺歡心。

老婆婆討厭這隻麻雀，覺得牠不僅浪費糧食，還製造噪音。雖然老爺爺開心，她卻很不高興，念叨著早晚要收拾這隻小麻雀。

一天老爺爺要出去工作，出門前叮囑老婆婆，要她幫忙餵一下小麻雀。老婆婆卻去河邊洗衣服，完全忘記了餵小麻雀的事，小麻雀餓壞了，看到桌上有半碗米糊，就吃了一小口，卻發現米糊異常美味，於是又吃了第二口，忍不住又吃了第三口，直到把整碗米糊都吃光了。

老婆婆洗完衣服回來，準備將早上剩下的半碗米糊吃掉，卻只看到了空空的碗。暴躁的老婆婆抓住小麻雀：「你這個偷食物的賊，看我怎麼處理你！」

小麻雀不住地向老婆婆道歉，卻無法消除老婆婆的怒火。最後，老婆婆拿起剪刀剪掉了小麻雀的舌頭。小麻雀痛苦萬分，奪門而出。

老爺爺回來後發現小麻雀不見了，就詢問老婆婆牠去哪裡了。老婆婆並不說自己忘記餵食的事，只說小麻雀偷吃了米糊，所以自己一怒之下將牠的舌頭剪掉，這小鳥畏罪潛逃了。

老爺爺一聽急壞了，立刻出門去找小麻雀，可天地茫茫，哪裡能再見到小麻雀呢？老爺爺尋到一座橋邊，看到一隻蝙蝠倒掛在樹上，就問蝙蝠有沒有看到一隻舌頭斷了的小麻雀。蝙蝠告訴他，過了這座橋，再翻過前面那座山去找找。老爺爺道了謝，翻過險峻的高山，卻依舊沒看到小麻雀。他向一隻田鼠詢問小麻雀的下落。田鼠告訴他，穿過前面的樹林找找看或許能找到。老爺爺穿過茂密的樹林，看到一條小河。河邊有個馬夫正在給馬洗澡。老爺爺跑過去詢問馬夫，馬夫看了他一眼，說：「看到了，牠的舌頭斷掉了，真是好可憐，是你幹的壞事？」

老爺爺不知道該怎麼回答，他誠懇地對馬夫說：「請你幫幫忙，我一定要找到牠，向牠道歉。」

馬夫嘆了口氣，說：「這樣吧，你把那桶水喝了我就告訴你。」馬夫的桶裡裝的是他洗馬後的髒水，又黑又臭，蒼蠅圍著嗡嗡叫。老爺爺毫不猶豫就喝光了桶裡的洗馬水。

馬夫看到了老爺爺的真誠，告訴了他：「前面有片草地，有個牛倌在放牛，他知道小麻雀現在在哪裡。」

老爺爺繼續踏上尋找小麻雀的旅途。他來到草地，看到牛倌正在放牛，就上前詢問：「您有沒有看到一隻斷了舌頭的小麻雀？」

牛倌非常鄙視地看著他：「小麻雀沒了舌頭，太可憐了，是你剪的吧？」

老爺爺沒法辯解，只是真誠地說：「請你幫幫忙，我一定要找到牠，向牠道歉。」

牛倌冷冷地說：「我現在不想告訴你，你幫我把這些牛餵了再說。」老爺爺二話沒說，蹲下開始拔草，他已經很累了，卻依舊將所有的牛都餵飽了。

牛倌終於不再生氣，他告訴老爺爺，小麻雀就住在前面那片竹林裡，那裡是牠的家。

舌切雀一家熱情地招待老爺爺
被切了舌頭的小麻雀沒有責怪老爺爺，牠的父母盛情款待了老爺爺，在臨行前還送給他禮物。

老爺爺謝過了牛倌，直奔向竹林，來到了小麻雀的家門口。他敲了敲門，開門的是小麻雀的爸爸媽媽。牠們告訴老爺爺，小麻雀現在已經不能說話了。

老爺爺難過地說：「對不起啊小麻雀，是我沒照顧好你，讓你變成這樣，我是專門來道歉的，請你原諒我們吧。」小麻雀雖然說不出話，卻一個勁兒地搖頭，想告訴老爺爺牠並沒有生老爺爺的氣，也並不怪他。

麻雀一家盛情款待了老爺爺，天色漸晚，老爺爺該回家了。他向小麻雀一家道別，並告訴小麻雀，有空就會來看牠。

小麻雀將老爺爺送到門口，遞給他兩個竹籃，麻雀爸爸說：「這兩個竹籃，請您選一個帶回去吧，是我們送給您的禮物。」

老爺爺選擇了小竹籃。他說：「我年紀大了，就拿個小的吧，謝謝你們的饋贈。」

就這樣，老爺爺告辭了麻雀一家，沿著來時的路回到了家中。

他將途中的所見所聞告訴了老婆婆，老婆婆拿過小竹籃，打開一看，驚喜萬分，原來，小竹籃裡面裝了金光燦燦的金幣和很多名貴的絲綢。

老爺爺告訴老婆婆，臨別時，小麻雀給了他一大一小兩個竹籃，他選了小的。

老婆婆一聽立刻罵他是蠢貨，還慫恿老爺爺回去把那個大竹籃拿回來。老爺爺對老婆婆的不知足非常惱火，不再搭理她，逕自出門幹活去了。

老婆婆心有不甘，自己踏上了去小麻雀家的路。沿著老爺爺走過的路，老婆婆很快到了小麻雀家。為了得到大竹籃，她假裝向小麻雀道歉。

小麻雀沒有戳穿她，招待她吃了飯，在她臨走時，也拿出了一大一小兩個竹籃。老婆婆拿起大竹籃，連句再見都沒說就走了。

大竹籃滿滿當當，非常沉重，老婆婆費盡力氣終於扛到了家門口。她按捺不住好奇心，打開了大竹籃：裡面沒有金幣和絲綢，卻爬出一群群的蠍子蜈蚣，還有各種各樣的妖怪！老婆婆受了驚嚇，不久就過世了。

一寸法師

一寸法師出身貧寒，是攝津國難波一對普通夫婦的孩子，這對夫婦多年不孕，四十多歲時到住吉神社祈禱，才得到第一個孩子。沒想到，這孩子卻只有一寸高，吃多少東西都長不大。一寸法師的父母對這個孩子非常疼愛，儘管他到了十二、三歲，身高依然只有一寸長。

與一寸法師同齡的孩子都覺得他是個怪物，每天嘲笑他，他的父母都很難過。一寸法師看出了父母的憂慮，對父母說：「我整天在家也很無聊，不如讓我去京都闖世界，也許能夠學到很多有用的東西，做出一番大事業。」他不顧父母的阻止，踏上了旅程，去尋找自己的未來。

帶著父母用繡花針和稻稈做的寶劍和劍鞘，頭上扣著一個小木碗做成的帽子，拄著筷子做的手杖，一寸法師離開住吉津，直奔京都。

因為他個子小，找不到方向，路上遇到螞蟻，就向螞蟻打聽去京都的路。一路遇到河流，一寸法師就摘下他的小木碗，用筷子手杖做槳划船渡河。河流雖然並不湍急，可有時會有樹葉和魚漂過來，讓小木碗打轉，機智的一寸法師就用筷子槳撥開，穩住木碗。經歷了種種艱險，一寸法師始終無畏前行，終於抵達了夢想中的京都。

京都的繁華讓一寸法師十分興奮，他小心躲避著行人的腳步、馬蹄及車輪，到達了四條、五條城。街市的熱鬧與商品的琳琅滿目，讓一寸法師目不暇接，不過他可不是來玩的，始終沒有忘記自己的初衷。

一寸法師看到一個門面闊氣威武的大宅，那正是三條大臣的府邸，他決定去碰碰運氣。

「打擾了！」一寸法師敲響了大宅的門。門開了，看門人向四周一望，根本沒人，剛要把門關上，下面傳來了響亮的聲音：「打擾了，我想求見三條大人。」

看門人還是看不到他，一寸法師於是跳到了他的腳上，再次大喊：「我在這裡呢。」看門人終於看到了一寸法師，他覺得這個小個子很有趣，於是帶著一寸法師去見三條大臣。

在三條大臣寬闊的客廳裡，一寸法師坦然地走向三條大臣。三條大臣朝他攤開手，一寸法師就走到大臣的手掌心，施施然朝他行禮。

「你來拜訪我，有什麼需要我幫忙的嗎？」三條大臣微笑著說。

「不，我是來保護您的。」一寸法師自信地說。

「哦？」三條大臣覺得越發有趣，「你這麼小巧，要如何保護我呢？」

「我可以在您的懷裡保護您！」一寸法師說著，拿出自己用繡花針做的劍給三條大臣看。

三條大臣並沒有把他的話當真，此時，一隻馬蜂飛了進來，繞著三條大臣轉。一寸法師看準時機一躍而起，一劍刺中了馬蜂。三條大臣覺得一寸法師還是有點用處的，便將他安排在自己的女兒春姬身邊。

一寸法師於是陪伴在春姬身邊。春姬讀書的時候，他跟著學習；春姬繡花的時候，他就在旁邊練習劍道。就這樣過了很久平淡而快樂的日子，春姬習慣了一寸法師的陪伴，一寸法師也愛上了美麗善良的春姬，並暗暗發誓一定要娶春姬為妻。

這一天，天氣晴朗，春姬要去清水寺祈福。當時的京都人與鬼怪共存，非常混亂，危機四伏。三條大臣為了保護春姬，將身邊最孔武有力的家臣都派去跟隨春姬出行。

一寸法師也要去，於是，春姬就將他藏在自己寬大的腰帶扣裡。

參拜了清水寺，眾武士保護著春姬準備回府，就在這時出事了：一陣邪風吹來，飛沙走石，天昏地暗，風聲夾著妖物的吼聲，所有人都膽戰心驚。一片晦暗中出現了赤青雙鬼：赤鬼拿著金剛杵——它代表著貪欲；青鬼拿著狼牙棒——它代表著憤怒。兩隻惡鬼的出現嚇壞了負責保護春姬的武士，一大半自覺不敵，轉身就跑，全忘了自己的職責和平日三條大臣的厚待，還有兩、三個雖然忠心耿耿，奈何實力不濟，很快就被赤青二鬼打敗了。

赤青二鬼正想擄走春姬，沒想到，春姬的腰帶裡跳出了一個小人，舉著繡花針朝赤鬼衝過來，一下子就跳到赤鬼的嘴裡，赤鬼沒留神，一口就把他吞到了肚子裡。突然，剛剛還得意揚揚的赤鬼大叫一聲，滿地打滾，原來一寸法師在他肚子裡用繡花針猛戳赤鬼的腸子。

赤鬼沒辦法，只好吐出了一寸法師。在一旁的青鬼揮起狼牙棒對著一寸法師亂砸一通。一寸法師不僅輾轉騰挪躲開了青鬼，還找機會刺瞎了青鬼的眼睛，讓他一跤跌落懸崖。

赤鬼看到青鬼死了，轉身就逃，連自己的兵器和寶物都丟下不要了。

一寸法師請春姬撿起赤鬼丟下的槌，告訴她這叫萬寶槌，能實現人的任何願望，他希望春姬幫他實現自己的願望。春姬拿起萬寶槌，揮動起來，說出了一寸法師的願望——希望身體能變高變大。

「砰」的一聲，一陣白霧過後，一寸法師從白霧裡走出來，已經有了和正常人一般的身材。

在一寸法師的護送下，春姬平安回到了府中，將自己遭遇大難、一寸法師智勇雙全、捨命相護的事告訴了父親，並且說她想嫁給一寸法師，終生陪伴在他身邊。

三條大臣看到身材高大又相貌堂堂的一寸法師，既驚又喜，為了答謝他對女兒的救命之恩，同意了他們的婚事。

三條大臣的女兒和一寸高的小人兒結婚了！這消息在京城不脛而走。天皇聽說後，也十分好奇，他召見了一寸法師，見這個小夥子勇武英俊，十分喜愛，當即封他為少納言。

一寸法師帶著美麗的妻子衣錦還鄉，他年邁的父母簡直不敢相信這個驚喜——僅僅是一寸法師變成正常人一樣大，就已經讓他們喜極而泣了。

從此，一寸法師和春姬在一起過著幸福快樂的生活，最終官拜大納言，子孫成群。

第9章

民間神話

桃太郎

桃太郎是日本民間神話傳說之一，是關於正義與邪惡的故事，同時也是歷經千難萬險，依靠勇氣與智慧，獲得財富與幸福生活的故事。

很久以前，有一對孤苦的老夫婦生活在海島上，他們每日辛勤地勞作，卻只能勉強度日。有一天，老婆婆在河邊洗衣服，忽然看到水面上漂來了一個像小木桶一樣大的桃子。老婆婆撈起桃子，用洗衣盆裝起來抱回家。家中的老爺爺看到大桃子也樂得合不攏嘴，這麼大的桃子，大概只有神界才會有。

老婆婆將桃子一分為二，桃子的核也裂開了，從中跳出了一個小男孩。老夫婦欣喜萬分，決定收養這個孩子，因為他是桃子中出生的，就給他取名為桃太郎。

桃太郎拿起一半桃子自己吃，又將另一半桃子送給老夫婦。他吃完了桃子，很快就變高變大，成了一個英俊少年，老夫婦吃了桃子立刻變得年輕很多。

就這樣，三個人開始生活在一起。

桃太郎看到家中貧困，父母每天都非常辛苦，心中十分不忍。一天，他和村裡人聊天，聽說在海的那一邊有座鬼島，上面住著很多厲害的妖怪，還有一個領頭的大魔王。他們經常搶劫附近的村莊和路過的商船，金銀財寶堆成小山，官兵都拿他們沒辦法。

桃太郎不由得心動：如果能殺了大魔王平定鬼島，不僅能為百姓除害，還能得到妖怪的財富，讓老爺爺和老奶奶不再貧苦。

桃太郎便回家與老夫婦商量，要去鬼島消滅大魔王。老夫婦很擔心，但桃太郎的決心已定，老夫婦只得同意。老婆婆心疼桃太郎，臨行前做了很多糯米糰子。這些糰子添加了特殊的材料，吃了之後能讓人力大無窮。

桃太郎帶著糯米糰子告別了老夫婦，踏上了討伐大魔王的征程。

在路上，他用糯米糰子收服了一隻小白狗、一隻小獼猴和一隻綠雉雞，作為自己的隨從。到了海邊港口，一個勇敢的船夫十分欽佩桃太郎，將他送往鬼島。鬼島負責站崗的妖怪看到一個健壯的少年，帶著奇怪的動物軍團氣勢洶洶地跑過來，嚇得連忙關上大門。但是關上門也無濟於事，綠雉雞拍打著翅膀飛入城內，專啄守門妖怪的眼睛，妖怪嚇得抱頭鼠竄，獼猴攀上城牆，順著城牆進入城內，打開城門，將桃太郎放了進來。

妖怪將桃太郎和他的三個隨從團團圍住。桃太郎吃了一個糯米糰子，立刻變得力大無窮。他揮起拳頭，將妖怪打得七零八落。這時，大魔王出現了。他比其他的妖怪都高大剽悍，他怒火中燒，朝桃太郎撲過來。

說時遲那時快，白狗撲上去咬住了大魔王的腳，使他不能前進。獼猴在大魔王身上亂竄亂撓，讓大魔王心煩意亂。綠雉雞狠狠地啄大魔王的眼睛，把大魔王啄得睜不開眼。這時，桃太郎將剩下的糯米糰子全部吃掉，迸發出驚人的神力，將大魔王打翻在地。大魔王連連告饒，答應交出所有的金銀財寶。桃太郎讓他發誓不再禍害百姓，離開鬼島，永遠不再回來。

就這樣，桃太郎帶著滿船的金銀財寶得勝而歸。他將這些財寶分了一部分給鄉親們，剩下的帶回家孝敬父母——老夫婦從此過上了富裕的生活。

桃太郎為民除害，得到了村長和縣官的嘉獎，後來還娶了縣官的女兒，從此與父母和妻子過著幸福的生活。

雪女

日本的雪是冬季不敗的美景，其獨特的海洋性氣候，令冬日和國披上了潔白的嫁衣。下雪時，整個世界粉妝玉砌，異常美麗。然而白雪雖美，凜冽的寒冷卻讓人無法忍受。「愛恨交加」是日本人對待「雪」中誕生的神明的態度。

相傳有一對樵夫父子曾在雪夜翻越深山。雪越下越大，父子兩人躲進山中一間荒廢的小木屋中。老樵夫很快就睡著了。年輕樵夫躺在雜草上翻來覆去睡不著。忽然，門開了，一陣風雪湧入，隨之進來的是一個白色的影子。借著雪光，年輕的樵夫看清了，那是一個女子，她肌膚勝雪，身段婀娜，穿著白色的和服，美麗的容顏恰似冬日灰白的蒼穹，長髮如雪，恍惚間不知是霧靄還是流蘇。

年輕樵夫嚇得不敢出聲，這女子走到老樵夫身邊，俯下身，對著老樵夫吹出一股白色的寒氣，老樵夫的身體瞬間僵硬，雪片覆蓋在身體上，不久就結了一層冰。

年輕樵夫明白了，這女人正是雪山中的妖神雪女，這間木屋是她的住所。父子兩個誤打誤撞，闖進了凡人不該侵犯的領地。雪女凍結了老樵夫，又來到年輕樵夫面前，與年輕樵夫對視良久。她沒有凍死年輕的樵夫，只是讓他發誓，今夜在這裡看到的一切，到了外面都要守口如瓶，不准洩露一個字。

年輕樵夫戰戰兢兢地答應了，他出了小木屋，再也不敢停留，一路奔跑著離開了雪山，回到家裡，只說父親因暴雪跌入懸崖，屍骨無存，沒敢將雪女的事告訴任何人。

過了幾年，一個美麗的女子來到了他的門前，向他討口飯吃。世道混亂，流離失所的人很多，年輕樵夫收留了這個女子。不久，這女子就成了他的妻子，還為他生了個兒子。

雪女

雪女是山神的屬下，冰雪世界中最權威的力量。雪是輕柔、純潔又冷漠的，雪女也是善惡莫測的鬼神。傳說中，她被違背誓言的情人拋棄，死在大雪後的深山中，化作山中妖神。雪女會出現在雪天，欺騙山中的行人，報復那些違背誓言的男人。

樵夫努力勞作，一家三口日子越過越好，夫妻兩個恩愛和睦，無話不談。但是，有一件事始終縈繞在他的心間不吐不快，那就是當年在山中遇到雪女的事。這事成了他的噩夢，那個恐怖而冰冷的女人經常光顧他的夢鄉。在一個大雪之夜，樵夫將雪女之事全告訴了妻子。誰知妻子聽到後忽然淚流滿面。她打開門，風雪之中，她的頭髮變得雪白，衣服也變成了白色和服——正是當年樵夫在雪山上遇到的雪女的模樣。

經過這麼多年，樵夫還是違背了誓言，雪女既生氣又傷心。她將孩子交給丈夫，就這樣消失在風雪之中，留下悔恨萬分的樵夫獨自抱著孩子傷心。

招財貓

在日本的很多店鋪裡，朝著門口的位置都放著一隻笑咪咪的胖貓。這貓是瓷質的，一臉福相，人們供奉它是為了招徠客人以聚財，因此，這貓也稱為招財貓。

中國的唐代也有類似的貓傳說，俗語云：「貓洗面過耳則客至。」貓寧靜而神祕，柔軟又富有靈性，愛撒嬌討人喜歡，放在門前確實能吸引人。不過在日本，招財貓也被奉為神明，是八百萬神之一。

貓成神還要從德川家光時代的第一忠臣井伊直孝說起。井伊直孝是彥根藩的藩主，此人酷愛打獵，有一次出門獵鷹，途經一座破舊的寺廟，忽然下起雨來，直孝便在門前躲雨。這時，一隻白貓在寺廟的庭院內向他招手。

直孝看著有趣，就隨著白貓進寺。他剛到院內，忽然一道霹雷閃過，正中寺廟大門，直孝一身冷汗，幸虧被小貓引入院中！此後井伊直孝重修了寺廟，捐贈了大量的財物。這座小廟成了井伊家的菩提寺，也就是後來著名的豪德寺。那隻救了井伊直孝，也為豪德寺帶來好運的小白貓，得到了寺廟住持的悉心餵養，死後被隆重地葬在寺中，並獲得供奉。

從此，這隻小白貓便成了豪德寺的福神，稱為「招福貓」，豪德寺還專門建了招貓殿，殿內供奉著招貓觀音，豪德寺也從此被稱為「貓寺」，聚集了成千上萬的「招財貓」像。漸漸地，招財貓的信仰傳播開來，民間也開始供奉招財貓。隨後，關於招財貓的另一個傳說也逐漸流行開來，這是一個關於財運與努力的勵志故事。

傳說在江戶時代，商業發達，著名的染布業商家越後屋生意十分興隆，可越後屋的少主人是個敗家子。父親去世後，他並不努力做生意，而是每天出去賭錢，在家時就和他的小白貓「小玉」玩耍。

家裡的僕人十分著急，長此下去，越後屋有再多的積蓄也會被他敗光。少主人卻不以為意，照樣賭錢、玩貓，逍遙快活。終於有一天，他將所有的錢都花光了，僕人都沒錢買米做飯了。越後屋少主卻不著急。他抱起小玉，笑嘻嘻地對貓兒說：「我養了你這麼多年，現在到你報恩的時候了，去為我找些金幣回來吧。」看到這個不可靠的少主人，僕人連連搖頭。貓兒小玉聽了，默默離開，直到第二天早上才回家，嘴裡銜著一枚閃閃發光的金幣。

僕人覺得十分離奇，少主人卻很驚喜，他誇獎了小玉，拿著金幣就跑出門去。天黑了，他回來時兩手空空——那錢已經輸光了。

招財貓

招財貓能給人帶來福氣和財氣，據說，招財貓舉起左爪，能帶來福運，招財貓舉起右爪，能帶來財運。所以，很多店鋪都會供奉一對招財貓，分別舉著左爪和右爪，意味著福財兼至。

少主人再次對小玉說：「請再給我找回點金幣吧，我這次要拿它來做生意，重振家業。」小白貓一聲不吭，轉身出了門。第二天早上，小玉又銜回了一枚金幣。少主人沒有發現小玉變小了很多，整隻貓變得沒精打采。他騙了小貓又跑去賭場，結果又輸光了。

他失魂落魄地回到家，發現小玉懶洋洋地臥在榻上，似乎生病了，看到少主人回來，牠只是抬了抬眼皮，沒有像平時那樣每天跑到門口去迎接他。少主人這才著急起來，拿來水和食物餵小玉，又輕柔地撫摸牠。小玉的精神變好了些，少主人又央求牠去弄些金幣回來，並且發誓這次再也不去賭博了。

小玉強撐著站起來，搖搖晃晃走出門。少主人非常好奇，想知道小玉到底從哪裡弄到這些金幣。他跟著小玉到了山中的一處寺廟。只見小玉在神明面前舉起了爪子，向神明祈求：「神明大人啊，請拿走我的爪子，拿走我的骨血，拿走我的皮毛，賜給我一些金幣吧。」

少主人聽到這話，終於明白小玉的金幣是犧牲自己換來的。他難過地抱起越來越弱小的小玉，讓牠別再祈求了。小玉無力地看了他一眼，繼續祈求。

「神明大人啊，請拿走我的爪子，拿走我的骨血，拿走我的皮毛，賜給我一些金幣吧。」說完這話，小玉忽然消失了，少主人抱在懷裡的只剩下三枚金幣。

少主人後悔不已，失聲痛哭。從這天起，他開始努力工作賺錢，不再賭博。他將白貓小玉的塑像供奉在店中，日日激勵自己，要振興家業，不再讓小玉失望。

天狗

在日本有很多關於天狗的故事。身披蓑衣，手執團扇，能飛翔的天狗，有著神祕的力量，在日本的眾妖怪中，也處於尊崇的地位，是一種半妖半神的存在。在《百物語》的故事裡，就有凡人化為天狗的傳說。

信州松本藩有一個武士名叫萱野五郎。這個人能文能武，也很有修養。他是當地的弓箭隊隊長，每月俸祿有二百石。一年正月裡的一天，他讓他的僕人茂助準備了六尺的大飯桶和十張新蓆子，還讓女僕買了三袋糯米，要他們後天中午做糯米紅豆飯。僕人都覺得很離奇，卻不敢多問，只是猜測主人大概要招待特殊的客人。

兩天後，僕人在裡屋鋪了十張蓆子，在六尺寬的大桶裡盛滿了糯米紅豆飯。一切準備就緒，萱野五郎在傍晚時分沐浴更衣，讓所有家人退下，不要來打擾他，他自己獨自在裡屋等待著什麼。家人都覺得他很奇怪，但見他舉止如常，更沒有拿刀，也就隨他去了。到了半夜，裡屋似乎來了很多客人，有三、四十人，十分嘈雜，也聽不清說什麼。天亮以後，家人打開裡屋的紙門，卻發現空無一人，大木桶中也空空如也，一粒米未剩。家人四處去尋找萱野五郎，卻無影無蹤，音信全無。

到了第二年的正月，在當初夜宴賓客的裡屋地面上，平白出現了一封信。信是萱野五郎的筆跡，上面寫著：「我修煉於愛宕山，現改名為穴戶西森，勿念。」家人收到此信後，從此沒有收到過他的消息。萱野五郎的兒子叫兵太夫，這件事發生在他的幼年，他只記著父親所改的名字發音是西森，卻不知道是哪兩個字。紅豆糯米飯是專門用來供奉天狗的，而父親所去的愛宕山正是天狗所居之地，因此，父親大概是化作了天狗，在山中修行。

傳說天狗的扇子可以將鼻子變大變小。曾經有一個以乞討為生的老人，有天用討來的錢買了一個有很大漏眼的笊籬。他在一棵大樹下休息的時候，將笊籬罩在自己的頭上，然後對樹梢說：「樹上的天狗啊，你即使躲藏起來我也能看見你。我蓋在臉上的是名為『千里眼』的法器，我甚至可以用它看到天國。」

這棵樹的樹梢上正好蹲著一隻天狗，他相信了老爺爺的話，將自己的寶貝扇子拿出來與老爺爺交換「千里眼」。老爺爺得了天狗的寶扇，到了城裡，用這扇子幫助那些鼻子塌下去的人。只要輕輕搧一搧，那些人的鼻子就變得挺拔而高聳，靠著這項絕技，他賺了很多錢。然而有一天，老爺爺在休息的時候，不經意地搧起了寶扇，他的鼻子變得很長，人也被自己的鼻子頂起來，飛到高處。鼻子撐不住老爺爺身體的重量，忽然斷了，老爺爺便落下來摔死了。

關於天狗的蓑衣，也有一個有趣的故事。據說曾經有一個賭棍，利用賭術騙取了天狗的蓑衣。這蓑衣能夠隱身，這個賭棍就穿著蓑衣，偷偷跑去酒店大吃大喝。不過，這蓑衣破破爛爛的，賭棍的家人認為非常晦氣，就將蓑衣燒了。賭棍很懊惱，他將蓑衣灰塗抹全身，又跑去偷吃。結果喝酒的時候，嘴上的灰被酒沖掉了，人們就看到一張懸空的嘴。在桌邊吃吃喝喝，這才發現了賭棍的存在，於是一起上去將偷吃的賭棍暴打了一頓。

天狗在日本是以妖怪形象出現的，不過，由於是受到人們信仰的神明，也有善良正義的一面。在日本民間戲劇《天狗的憤怒》中，有一個惡棍橫行鄉里，讓百姓無法安心過日子，被天狗盯上了。在某一年的正月初一，惡棍看到樹上有隻不知名的長尾巴鳥，就想捉來吃肉，便朝那鳥兒打了幾槍。鳥兒被擊中，落在地上，忽然變成了天狗。天狗抓住了惡棍，用柴火點燃了他的衣服，燒得惡棍慘叫連連。聞聲趕來的村民看到了被燒得體無完膚的惡棍，都覺得十分解氣。惡棍告訴大家，這是天狗對他的懲罰，在懺悔之後就嚥了氣。人們為了感謝正義的天狗神，對它供奉膜拜。

在日本傳統戲劇《摘掉了瘤子的老爺爺》中，天狗變得更加親民，還能為人治病消災：有兩個長了瘤子的老爺爺，碰巧都在一個神社裡留宿，這個神社裡住著一隻天狗。天狗喜好熱鬧，晚間出來時，看到兩個老爺爺，就讓老爺爺為他跳舞。其中一個老爺爺十分勇敢，他歡樂地載歌載舞，讓天狗十分開心。另一個老爺爺擔憂自己的瘤子會在跳舞的時候受傷，又懼怕天狗，無論如何都無法跳起舞來。最後，天狗將跳舞老爺爺的瘤子摘掉，而那個懦弱的老爺爺又長了一個瘤子。

天狗這種妖怪，純粹是由人們想像出來的，日本的天狗，有傳說是土生土長的妖神，也有的說是從中國流傳過去的。在《山海經》中，天狗是像狐狸一樣的動物，「其狀如狸而白首，其音如榴榴，可以禦凶」。在中國的民間傳說裡有兩種天狗，一種是二郎神的哮天犬，這狗因為歸屬天族而得道，有著識別妖物的慧眼，並能夠參與二郎神降妖除魔的戰鬥。另一種是食日天狗，古時候人們對日食、月食並不瞭解，認為是不祥之兆，日食時候的太陽，確實像被狗咬了一口，於是人們就想像是有天狗在吃太陽。

天狗是山妖，無論在中國還是日本都不是善類。蘇軾有詩云：「西北望，射天狼。」所謂的天狼，就是天狗星，是彗星與流星，從古代天象學的角度看，它意味著戰爭。在日本，天狗的出現也是亂世將至的表現，最著名的就是由崇德天皇所變化的大天狗，懷著對世間的仇恨與詛咒，攜帶著災難與戰爭的種子。

中國的盂蘭盆節自飛鳥時代（西元五九二—七一〇年）傳入日本，在日本十分受歡迎，並且演繹出了和前文所講不同的「目連救母」的故事。

目連是個向佛之人，他的母親卻並不仁慈，極其喜歡作惡。為了諷刺佛家，她殺了狗做成狗肉饅頭，偽裝成素饅頭到寺廟裡去布施。目連勸說過母親，但因為他是孝子無法阻止，只能偷偷跑到寺廟裡去報信。住持並沒有拒絕目連的母親，而是讓眾僧人在袖子裡藏著素饅頭，接受布施的時候，把狗肉饅頭藏在袖子裡，吃素饅頭。目連的母親並不知曉，她看到僧人們毫無顧忌地吃饅頭，便指責他們吃葷違反戒律。僧人們將袖子裡的狗

天狗
天狗通常是潛伏在深山裡的，它們有著人類的身形，紅臉膛，高鼻子，背後生著雙翼，手中拿著團扇，能夠翱翔於天宇，又神通廣大，具有神力和超能力，能手撕活人，非常恐怖。它們在深林中逡巡，遇到迷路之人，就會拐走，尤其喜歡小孩子，被拐走的人或孩子，通常稱為「神隱」，因此，天狗在後世又與很多山神的信仰重疊。

肉饅頭取出，都埋在寺廟的院中。

天帝知道此事後非常憤怒，將目連的母親打入地獄。目連雖然知道母親做得不對，但孝心使他無法不管母親。他日夜修煉，成為地藏菩薩，到地獄中打開鬼門，結果他的母親和一眾惡鬼都逃了出來。目連的母親化作天狗，去找天帝算帳。她到了天上，就將太陽、月亮吃了，使天地一片黑暗。目連知道自己闖了禍，受天帝所託，去阻止母親……

日本的天狗與宗教有著難分難捨的聯繫。日本有一類佛教信徒，為了體驗生活，散髮粗服在山間行走，藉由苦行來修煉自身。人們稱這種極端的修行者為「山伏」。「山伏」不修邊幅，常常將路過山林的普通人嚇一跳。傳說山伏死後無法飛升，但因為修行的緣故，也無法落入其他苦道，只能淪入六道輪迴之外的天狗道。著名的大天狗崇德天皇，就因為臨死時披頭散髮，又篤信佛教，而落入天狗道，成了諸天狗的統帥。

日本的天狗也被認為與源初的神祇有點關係。在《古事記》中，天孫降臨時，接引神猿田彥命出場，他相貌古怪，臉色紅紅的，因為接引天孫的功勞，被封為道祖神，因為與天狗的形象相似，所以也有人認為猿田彥命就是天狗。

室町幕府時代（西元一三三六－一五七三年），天狗的形象終於開始穩定，集歷朝歷代各種天狗特色於一身。那時的天狗身材高大，紅臉高鼻，背生雙翼，手拿團扇，身著修士服，腰佩武士刀（或鋼杵），足登高木屐。現今位於日本京都市左京區鞍馬本町鞍馬寺中所供奉的天狗神，就是日本大天狗在這一時期的經典形象。

玉藻前與稻荷神

凡君王失道之時，女人免不了背黑鍋。亂世之時，必須有各種各樣的狐狸精出現在君王身邊，她們美貌、靈慧，有著各種神祕的力量，能讓君王為之傾倒，能讓朝綱為之混亂，能讓天下為之傾覆，在中國有妹喜、褒姒、蘇妲己，在日本有玉藻前。

秦漢前，中國的狐狸精是善類，被視為祥瑞，如大禹治水時輔助他的塗山氏女嬌，到了漢代就變成了淫獸。唐代，狐狸精更加成為「不正經」的代名詞。日本深受唐文化影響，日本的九尾狐妖玉藻前，便成了日本三大反派妖神之一。

九尾狐玉藻前的身世頗為複雜。在印度的早期神話中，玉藻前是一隻男狐。這隻玉面金毛九尾狐，誕生於西元前四世紀的孔雀王朝[7]時期。耆那的佛陀筏馱摩那死後，留下三顆佛祖舍利。這舍利蘊含極大的佛法之力，得之能安天下，能死而復生，能成神佛。九尾狐想得到佛祖舍利，扮作美貌少女進入王宮，成為賓頭沙羅王的寵妃華陽天。然而，還沒等九尾狐得手，聰慧的王子阿育王就識破了她的身分，將九尾狐趕出了王宮。

在中國同樣有一隻魅惑了君王、引起天下大亂的狐狸精，就是《封神演義》中的九尾狐妲己，她奉女媧之命，去加速商朝滅亡。最終武王誅殺了妲己，真身九尾狐沒能被封神，藏匿起

7 孔雀王朝：孔雀王朝（約西元前三二四年—西元前一八八年）是古印度摩揭陀國著名的奴隸制王朝。

來。

到了唐代，吉備真備返回日本，攜帶了一枚佛祖舍利，九尾狐藏在吉備真備的船中到了日本，為了得到佛祖舍利，她潛入日本皇宮。傳說，這一次她假借一個下層武士女兒藻女的身分進入宮廷。她美麗聰慧，深得鳥羽天皇寵愛，被賜名為玉藻前，其原型就是日本歷史上著名的妖妃藤原得子，她迷惑君王，使君王身患重病，讓天下大亂。

宮廷陰陽師安倍泰親暗中占卜，發現這位君王寵妃的前身竟然是來自中國的金毛玉面九尾狐。九尾狐被識破，逃竄到了那須野，糾集了很多地狐小妖，盤踞地方，為害百姓。那須野的領主須藤貞信將此事上報朝廷，鳥羽天皇派出討伐大軍，上總介廣常與三浦介義明兩位將軍在軍師安倍泰親的幫助下，帶著士兵和陰陽師、法師組成的八萬大軍到了那須野，與九尾狐展開了大戰。

玉藻前此時已經具有強大的妖神之力，她主動出擊，運用九條尾巴的神力，派遣手下妖狐，大敗士兵與陰陽師混雜的官軍。

三浦介與上總介發現九尾狐可以翱翔在天上進行攻擊，並且攻擊十分迅速。兩位將軍研究戰術後，動用了騎射兵，以打擊玉藻前。

被擊敗的玉藻前使用幻化之術，變成領主須藤貞信母親的樣子，進入須藤貞信的夢鄉，求其在作戰中放過她。貞信識破了玉藻前的詭計，反而加強攻擊，使用鑑真大師從大唐引進的投石機和巨型弩機，終於殺死了神通廣大的九尾狐。

安倍泰親將九尾狐的屍身封印起來，其屍骨化成了殺生石。殺生石有劇毒，其周邊草木不生，走獸鳥雀觸及必死。到了室町時代，玄翁和尚將殺生石打破，碎片崩飛，散落到日本各地。時至今日，日本民間依舊有傳言，狐妖玉藻前不甘失敗，依舊在尋找機會準備復仇。

關於玉藻前另有一個傳說：在鳥羽天皇時期，一個官員的女兒名叫杏子，年輕美貌，被父母獻給了天皇，賜名玉藻前。玉藻前受到皇帝的寵愛，但她擔心自己容顏衰老會失寵，便千方百計尋找駐顏之術。她聽說山中廟宇中供奉的狐仙有獨特的不老法術，便前去拜訪。這個狐仙就是玉面金毛九尾狐，她傳授玉藻前兩個方法，其一是通過修道以求長生不老，但這種辦法非常緩慢，玉藻前放棄了，她採用了第二種方法。這種方法十分殘忍，需要用年輕未嫁女子的新鮮血液來養顏。玉藻前開始還只是以鮮血擦拭臉部，發現異常有效後，她開始使用年輕女子的血來洗澡。可這種辦法只能保持容顏三、五天，玉藻前開始瘋狂地派人四處搜捕年輕女子，偷偷送進宮中取血。那些被取血的女子，皆因失血過多而死。

大量年輕女子失蹤引起了朝廷的注意，鳥羽天皇派陰陽師占卜，發現妖氣原來在後宮。東窗

玉藻前
九尾狐妖化作的美貌女子，法力強大，具有極高的魅惑力，能夠讓君王為她們顛倒魂迷，從而攪亂朝綱，引發天下大亂。

事發，玉藻前開始逃命，天皇的軍隊一路追捕。可此時玉藻前已經妖化，變成了一隻九尾狐妖。此後就如前面的傳說一樣，玉藻前被鎮壓，封印在殺生石中。

九尾狐妖之外，日本還有一種對於狐狸的信仰。在日本的很多神社，甚至是路邊不起眼的小神龕中，都能看到狐狸石像，這就是著名的稻荷神。這是日本對於狐狸神明最原始的信仰，它無關欲望與野心，展現的是日本人最淳樸的願望：天下太平，五穀豐登。

稻荷神的傳說來自平清盛。據說平清盛就是被一隻靈狐救了性命，最終才得到天下的，因此他供奉辰狐王菩薩荼吉尼天。傳說中的荼吉尼天原本是一隻惡狐，以人心為食，後經佛祖點化，成為天部神之一，能夠預知他人的生死。後來百姓也跟著供奉狐狸神明，這就是稻荷神。

古代日本以農業立國，稻米具有神聖的地位。因此，作為農業神的稻荷神得到了百姓的普遍尊崇，在日本有四萬多座稻荷神社，神社中的狐神圍著紅衣，叼著稻穗，端正蹲坐。

稻荷神社中不僅供奉狐神，還有主神宇迦之御魂神，這位神明因為名字的讀音與狐狸諧音，因此被稱為三狐狸神。傳說，狐狸喜歡吃油炸豆腐皮，吃了之後就飄飄欲仙，日本人由此創造出了一種美食，名為稻荷壽司，就是用油豆腐皮裹著各種菜蛋香菇，和著米飯，其形象像極了豐收後的穀倉，不但吃起來美味，而且熱量較高，營養豐富，搭配健康，非常適合進行體力勞作的人食用。日本人用這種方式，讓稻荷神進一步融入了生活中。

第10章

百鬼夜行

（上）

付喪神：成精的鍋碗瓢盆

日本人認為，鬼是神的分支，因此，人死後會變鬼，動物死後會變妖，鍋碗瓢盆死後會變成付喪神。日本有八百萬神，高天原地方再大，能住得下的神明數不過上千個，剩下的神明基本都在地上。

地上神明的來源，有人、鬼、妖精三種，其中妖精最多。妖精中最多的並不是松梅竹菊、飛禽走獸，而是多得數不清的老舊器物，它們被用了很多年，已經失去了功能性，就要被掃地出門。然而，即使對這些「零落成泥碾作塵」的棄物，古代日本的老人家也十分珍惜，認為器物用久了，沾了人的靈氣就會成精，於是就有了付喪神。

付喪神在日本又稱九十九神，日本作家三島由紀夫曾經記述了一個關於付喪神的故事，這是平安時代《伊勢物語》中的傳說，也是一個看起來有趣，細思卻極恐怖的故事。

平安時期的日本有個風俗，每年立春之前都要進行大掃除，除舊迎新，掃除穢氣。那些破損的鍋碗瓢盆，失去了功能性，會被掃地出門。因為這些器物用了一百年，就會變成妖怪，所以要在九十九年之前，將它們丟出門外，以絕後患。

當時的器物都是手工製造的，很多東西都服役了相當多的年頭，沾了俗世之氣，有了靈性，便有了想法。這些被丟棄在路旁的破桌子爛掃帚，斷了嘴的茶壺，沒了腳的香爐，聚在一起嘀嘀咕咕，哭哭啼啼，為自己的苦命怨聲載道。它們為人們辛勤地工作了一生，最終卻被拋棄，來日將成為滿地碎片，沒人再記得它們，所有人都將它們當成垃圾，這心情真是極度絕望。

其間有一個念珠精靈名為一連入道，他平日裡聽了很多佛法，心性平和沉穩，看到這些妖怪怨念滔天，將生禍端，就勸慰它們，平日盡心工作，那是本分，如今失去了棲身之所，也是宿命如此，不要抱怨。

有一個器物名為荒太郎，是一根粗壯的大棒，他原本就暴躁性急，十分不忿一連入道的軟弱，怒氣上湧，將一連入道一頓狠打。一連入道見它們不可理喻，知道多說無益，便默默離開去山中修道了。

舊器物們向造物大神哭訴，如此兢兢業業地工作，卻被恩將仇報，無情拋棄，該何去何從？這時有一位非常博學的古文先生出了一個主意，得到了眾舊物的認可：它們在春分時節一同向造物大神膜拜祈禱，要求成妖成怪報復社會。

於是春分這天，所有器物都聚集在一個清淨之所自我了斷。它們的魂靈終於變成了精怪，也就是付喪神。

付喪神們解放了，黑夜成了它們的天下。它們走上京都的街頭，利用妖精的各種能力打家劫舍，調皮搗蛋，上躥下跳，一時間京城烏煙瘴氣，那些付喪神卻自由自在，逍遙快樂。它們變成妖精，有了神通，即使士兵也拿它們毫無辦法。

它們感謝造化大神的再造之恩，建神壇塑金身，抬著一個大轎子，讓造化之神的塑像坐在裡面，然後簇擁著，在京都夜晚的一條大路上遊行，招搖過市，吹拉彈唱，熱鬧非凡。

正在此時，迎面遇到了關白的車隊。關白相當於中國的宰相或攝政王，雖然夜間出行，排場沒有太大，卻也帶著一些隨從。然而在付喪神的大遊行面前，關白車隊卻被撞得七零八落，人仰馬翻。關白非常有定力，他雖然覺得十分詭異，卻冷靜地坐在轎輦中掀開簾子觀察，看到飛沙走石妖魔亂舞，而有幾個妖怪正要接近他的轎子，他連忙拿起隨身攜帶的護身符。幾個付喪神剛一觸及轎子，一團奇異的火光從轎內噴出，有很多付喪神是木製品，沒來得及逃就被火燒到，慘叫連連。見到妖怪們暫時退卻，關白連忙讓車夫掉轉車頭，帶著隨從原路返回。

就這樣，關白僥倖逃脫了付喪神的攻擊。他原本是去覲見天皇商談政務的，卻沒見成。天皇雖然早聽說有這麼一夥妖怪在夜間飛揚跋扈，但一直沒太重視，而今才意識到嚴重性，這妖怪已經鬧到自己家門口了。天皇請來了京都的高僧，在清涼殿作法，高僧派法師去圍剿付喪神的大本營，將這些鍋碗瓢盆打得落花流水，連連求饒，再也不敢騷擾京城。

這些付喪神不敢再進京城，也不敢待在郊外，無家可歸，此時才想到當初一連入道的勸告，聽說他如今已在山中修煉成佛，頗有成就，於是便集體去投奔這位當初被他們打跑的賢者。一連入道不計前嫌收留了它們，還向它們傳授佛法。付喪神拜一連入道為師，一心修煉，不再惹事，終於也都成佛，完成了從棄物到妖，再到神佛的進化過程。

這些盆盆罐罐、舊窗簾破雨傘的付喪神傳說，原本只是街頭巷尾的故事，也有一些是「惜物」的老人家為了教育後代勤儉節約而杜撰的小品，但是因為有趣而流傳甚廣。當然，付喪神也體現了日本人的「物哀」之情，生命須臾，歲月無常，即使是能夠用到九十九歲的器物，也終將被拋棄。物猶如此，人何以堪？人生不滿百，常懷千歲憂，這也是很多人所擔心的事，自己有朝一日失去了被利用的價值，也就失去了存在的意義啊。

所以，付喪神將悲劇演化成一齣滑稽戲，也是日本人慣有的自嘲風格。江戶時代，著名畫師鳥山石燕專門為這些草根階層的妖怪畫了《百器徒然袋》等作品，使得這些器物妖怪栩栩如生，成為讓人既恐懼又好奇的存在。

逢魔時分青行燈

下午五點到七點，和黎明三點到五點，在日本的陰陽道中稱作逢魔時，這兩個時刻是陰陽的臨界點，也是鬼神可以和人類同時出現的時刻，當然也是鬼門大開，百鬼準備歡快出行的時刻。

江戶時代，日本流行一種恐怖的降靈遊戲，就選在晝與夜交替的逢魔時開始，名為「百鬼燈」。這遊戲要求一群人圍坐在一起，講九十九個故事，吹滅九十九盞燈，如果講了一百個故事，第一百盞燈滅了，所有講故事的人就會被鬼帶到地獄，或不可知的恐怖地方。

百鬼燈是一個陰謀，它是百鬼中最狡猾的鬼神「青行燈」的鬼蜮伎倆。青行燈是百鬼中比較稀少的種類，它原本不屬於人類社會，非人非物，是來自黃泉地獄的小鬼。青行燈飄忽在地獄門前，時時準備將人拖入地獄。在逢魔時這樣一個妖怪大行其道的時刻，青行燈更是主動出擊，它有強大的變化能力，可以變成人類的朋友、親人、鄰居，總之他想方設法取得人們的信任，然後誘使他們去玩名為「百鬼燈」的恐怖遊戲。

百鬼燈的玩法有點複雜，時間要選在新月之夜，這時月光黯淡，世界黑黝黝一片，氣氛更濃，地點倒是隨意，可以是自己家中，也可以是其他比較寧靜的所在，不過，需要三間連在一起的房間，其中一間放上燈與鏡子，中間一間空著，不能點燈，另外就是講故事的人所在的房間。聚集七、八個親友，穿著青衣，圍坐一起，身上和房間裡都不能有刀或剪子等尖銳器物。在放燈的房間裡，點燃一百盞油燈，油燈外罩上青色的紙，桌子上放小鏡子，將三個房間的所有門窗關死。一切準備就緒，就可以開始遊戲了。

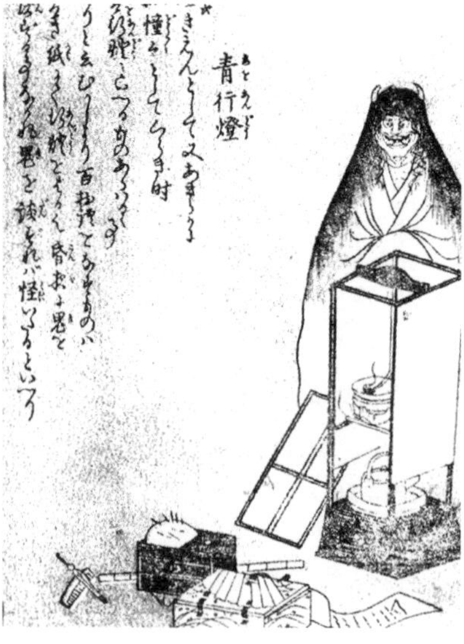

青行燈
青行燈會變成熟人的模樣，引誘人們玩驚險刺激的「百鬼燈」遊戲，如果講了一百個故事，吹滅了一百盞燈，玩遊戲的人就會被青行燈帶走，拖入詭異的妖鬼世界。

黃昏的逢魔時刻，人們在漆黑的房間裡開始講鬼怪故事，每講完一個故事，講故事的人就要離開這個房間，摸索著穿越中間沒有人的漆黑房間，來到點著青燈的房間，吹滅一盞燈，然後用鏡子照照自己的臉，再起身穿越中間的房間，回到講故事者的房間中。這期間，其他人不會因有人離開就停止講故事。大約每人講十來個故事，循環往復，講到九十九個故事就停下來，留下第一百盞燈，以求平安。然後，所有人聚集在講故事的房間，一直等到天明日出。

傳說，講故事的時候，附近的鬼怪也在聽著，會不自覺地聚攏過來，但因為忌憚燈光，不敢害人，如果吹滅了所有的燈，名為「青行燈」的鬼神和其他一些潛藏的妖怪就會進入房間，將人們拖入黃泉地獄。

江戶時代流傳著關於青行燈的很多傳說，據說，青行燈是百鬼夜行的首領滑瓢在夜行之時手提的燈籠。它原本只是燈籠鋪中的小燈籠。一個在燈籠鋪屋簷下避雨的貨郎，為了答謝燈籠鋪老闆，送給老闆一些美味的甜品糕點，燈籠鋪老闆將這個燃著青色火焰的小燈籠送給貨郎作為回禮。

青色小燈籠此後一直伴隨著貨郎，每天清晨和黃昏時分穿街走巷賣甜品。貨郎十分勤勞，終於靠手藝開了自己的甜品店。他將小燈籠掛在店頭，從此生意興隆，後來成家立業，子孫滿堂。貨郎去世後，這盞小燈籠一直掛在店頭。直到有一天，小燈籠用到了九十九年，按照日本的習俗，它被送到佛寺，準備祭奠銷毀。

為人工作了那麼多年，卻落得這樣的下場，怨念使小燈籠瘋狂，它衝破結界，到了夜間的大路上，正好遇到滑瓢的百鬼夜行。從此，它成了為百鬼夜行照亮夜路的青行燈。

很多話在特定場合是禁忌，百鬼燈是犯忌諱的遊戲，在晚上談論鬼神本身就是禁忌，還要煞有介事地吹燈照鏡子，摸黑講故事。

但是，很多鬼怪原本就是盤踞人心中的「魅影」，漫漫長夜無心睡眠，講出來大家一起發抖，尤其是在盛夏，可以達到清涼解暑的功效。日本人對於百鬼是敬畏的，但這種從小就積累起來的想像力，是根深蒂固的心結，緣於他們骨子裡對這種神怪之事的喜愛，哪怕觸犯禁忌，被拉入鬼門！世界各國的恐怖片中，日本恐怖片出類拔萃，大概也源於他們成百上千年積攢的這種詭異愛好吧。

從古至今的「百鬼燈」故事，被有心人記錄下來，累積到今天，日本已經有了六百多種鬼怪，成就了「百鬼夜行」。

百鬼夜行並不是日本首創，印度有百鬼，中國也有百鬼。但日本的百鬼更加複雜與奇異，有來自佛教、道教、神道教、陰陽道的各種鬼怪，也有付喪神，還有很多民間傳說中無厘頭的精靈。各種各樣的鬼怪匯聚在一起，形成了龐大的百鬼夜行大軍，天上地下，無所不包。

由百鬼夜行也生出很多應景的習俗，比如在節分進行撒豆驅鬼，一群人歡樂地撿豆子，沒來由地相信，吃了和自己年齡一樣多的豆子，就能夠讓自己在這一年中諸事順利，祛病消災。更好玩的是，家中還要有人戴上鬼面具扮鬼，其他人向這個「鬼」撒豆驅邪，場面十分熱鬧，將原本帶點恐怖色彩的儀式變得歡聲笑語，這也是這個崇拜鬼神的國度所特有的儀式。

百鬼夜行
下圖在新月之夜，百鬼糾集大隊人馬，浩浩蕩蕩地走在平安時代的朱雀大路上，各種各樣的妖鬼，群魔亂舞，將夜晚變成他們的鬼魅世界。

百鬼夜行中的鬼神，有善有惡，有的背景強大，有的出身草根，在傳說裡，一把火，一攤水，一種聲音，一陣香氣，均可成妖，可謂大千世界，萬物有靈。

河童

日本傳說中的河童是種水生物，愛潔淨是其天性，其腦袋上有毛，手腳上有蹼，蹼上有尖爪，身高一公尺左右，體重約十五到二十五公斤，頭頂有橢圓形凹陷。河童大部分時間是綠色的，但皮膚可隨著環境變成灰色或紅色，有厚厚的皮下脂肪，還長著像袋鼠一樣的腹袋，能裝雜七雜八的東西。

也有一說，河童是日本進口的妖怪，原產地中國，又稱「水虎」、「河伯」，是傳說中連牛都能拖到水裡的生物，力氣極大。

河童喜歡和小孩子玩，比起百鬼夜行中的其他妖怪，河童更接近人的形象。在日本神話傳說中，河童是水神的使者，與戰國名將加藤清正還有一段孽緣。加藤清正作為日本歷史上著名的驍勇善戰的武將，曾經跟隨過豐臣秀吉、德川家康，是戰功赫赫的「賤岳七本槍」之一。據說，加藤清正當時是熊本城的城主，在其治下的球磨川，出了一個名為「九千坊」的河童，率領河童一族橫行鄉里。當地百姓苦不堪言，只好向熊本城主求助。城主加藤清正摸清了河童的弱點，率兵將九千坊引到了地獄谷。

地獄谷能夠噴出硫黃，加藤清正將燒燙了的石頭丟入地獄谷的水池中，並且在河川裡放毒，聚集山猿，圍攻九千坊率領的河童。

在硫黃熱氣的薰蒸之下，九千坊頭上碟子中的水蒸發了，他的法力消失，只能坐以待斃，最終被加藤清正捉獲。九千坊哀求加藤清正饒恕他和他的族人，保證從此改邪歸正，回歸水中，不再上岸為害百姓。河童一族獲釋後，老老實實地住在熊本的築後川裡，與人類互不侵犯。

在加藤清正的故事裡，河童更像是一夥山賊水寇。但在更古老的日本傳說中，河童原本是水神，只是因為失去民眾的信仰，最終墮落成妖。日本人對於河童的善惡也有兩種看法，一種認為河童雖然喜歡愚弄人類，卻也常常幫助人，做些好事，是善良的精靈；也有人認為河童力大無窮，會拖牲畜和小孩下水，吃光內臟，是非常凶殘的妖怪。因此，河童成了一種善惡難辨的生物，它的出現也有諸多說法：有說它是平安時代陰陽師安倍晴明的式神，被封印在橋下河邊，安倍晴明去世後，式神的子孫變化為河童一族。也有說它來自於日本戰國時代前後傳教士的形象，一是因為傳教士是從海上來的，為海客，走水路；二是因為，傳教士頭上戴的小圓帽像扣著的盤子，與河童是同款。

日本人想像力極其豐富，其相似物聯想的能力是世界一流的，比如黃瓜，因其表皮是綠色，光溜溜，水汪汪，並且頭是圓的，因此被稱為「kappa」，即河童。很難想像日本人大嚼黃瓜的時候，是否會不時聯想到那個頭上頂著個盤子、滑頭滑腦的妖怪。當然，黃瓜和河童的相似，更會讓人理解為河童愛吃黃瓜。

在日本還流傳著關於河童的淒美愛情故事。

傳說在關西富山縣，一條河中住著一個小河童，名叫九郎，他每天從河中看向人類世界，覺得新奇又有趣。小河附近住著一戶貧困人家，家中有一個小女孩名叫良子，體弱多病，別的小孩不願與她玩，良子就常來河邊玩，遇到了小河童九郎，從此以後，兩個孩子成了好朋友。

良子一天天長大，長成了美麗的少女，但依舊體弱多病。忽然有一天，良子不再來河邊找九郎，九郎很擔心，聽人們說良子生了重病，而且是不治之症。九郎焦急萬分，他知道，在附近的深潭中住著一條龍，牠的龍珠能夠治癒百病。九郎想帶良子去找龍借龍珠，給良子治病，於是深夜裡偷偷到良子家中。

正當九郎想帶良子離開時，村民卻帶著武器將他圍住。他們不顧良子的哭喊阻止，向九郎潑火油，燒死了九郎，人們認為良子被河童的妖法迷惑，想去請高僧為良子驅邪。但村裡的一位老婆婆卻阻止了他們，道出了真相，原來她一直在觀察這對朋友，知道九郎並不是害人的妖怪。村裡人非常後悔，也只能將九郎厚葬在河中。良子悲痛過度，沒幾天就去世了，村民依照良子生前的請求，也將她葬在河中，與九郎相聚。

在日本的很多影視動漫作品中，河童都是正面形象。《河童之夏》中的河童酷像一個小男孩，與人類成為朋友，信任並愛護人類。這是一個非常重感情，同時又善解人意的河童，不僅形象可愛還很樂觀，是童話般的精靈，與河童在日本神話傳說中的妖怪形象大相徑庭。

《荒川爆笑團》中的河童則是荒川河床的村長，雖然是人類，卻始終以河童自居，不僅打扮如同河童，連行為舉止、生活習慣也與河童一模一樣，他是河床原住民，守護著荒川與此處的居民，雖然平日滑稽可笑，卻在為自己所守護的人們默默地解決著各種煩惱和問題，受到人們的喜愛。

在《妖怪少爺》中，河童是追隨著妖怪總大將奴良家的護衛，雖然腳上也有蹼，頭上的盤子卻變成了蛋殼，當然還保留著吃黃瓜的喜好，有點內向，卻十分忠誠，常年蹲在水池裡吐泡泡，遇到緊急情況卻能十分鎮定地輔助戰鬥，是河童形象中非常近似人類的一個角色。

有賴於這些文藝作品的傳播，在今天的日本，河童這個日本人最熟悉的妖怪，也漸漸變得親切起來。

百鬼夜行之「火」

火是世界上所有民族的原始信仰之一，印度有火神阿耆尼，中國也有火神祝融，日本的火神是迦具土命——就是那位燒傷母神伊邪那美，被父神伊邪那岐砍死的倒楣神。火神一出生就死於十拳劍下，故此，日本後來的火神是火產靈神，其職能相當於中國的灶王爺。當然，各個地區和小部落也有不同類型的火神，有從河裡出來的，也有從海裡出來的。所有的火神都是荒神，是福禍相倚的神明。而在日本民間，則有很多與「火」有關的神鬼妖魔。

百鬼夜行中有很多「火」。這些妖怪，有些是從火中生出來的，有些能產生火，有些是僅僅名字中有火，有些是行動中帶火，不一而足，而這些與火沾染上關係的妖怪，有良善可愛的，也有凶惡討嫌的，有滑稽有趣的，也有莫名其妙的。

1.各地之火

夜間總會出現各種各樣奇異的火光，或在海面，或在深山，或在荒原，或在田間，這些跳動的「鬼火」原本是自然界的奇異現象，或為磷火，或為燈光，但落在蒙昧時代的先民眼中，便成為各種鬼神之火。

「不知火」產生於海邊，是九州地區的一種妖怪，有點像中國的海市蜃樓。不知火出現的時候，海面上會火光沖天。水火本不相容，人們不知道為什麼大海會著火，就想像這是海上神明的怒火，也有人認為這是海中龍神的燈火。更神奇的是，沒有人能夠接近不知火，船走近它，它就會去到更遠的地方，如同躲避著人的妖怪。日本海邊大多是靠海吃飯的漁民，海上風雲莫測，不知火像是神明的警告，不祥的徵兆，因此，它出現的時候，漁村的人都會奔相走告，不再出海捕魚，以迴避風險。《日本書紀》記載了景行天皇討伐熊襲之時，八代海出現過不知火，便將此地命名為火國。其實，不知火僅僅是一種天氣現象，是在特殊的氣候地理條件之下，大氣折射出附近漁船的燈火。

「古戰場火」會出現在曾經的古戰場，日本人對戰死者有著獨特的崇拜。在大戰結束後，勝負雙方都會在戰場燃燒磷火，祭奠戰役中死去的將士，這些將士的怨靈尚未走遠，便憑依在火焰上，在自己浴血奮戰的古戰場遺跡上徘徊遊蕩千百年。最著名的古戰場火是川中島之戰的幽魂，這場戰爭極其慘烈，五次川中島合戰，讓成千上萬的人戰死，此處也變成了著名的亡魂之地。亡魂化作妖怪，遺留在此，逡巡於此世，無法成佛。古戰場火的形象，通常是一個頭戴兜的骷髏，頭上升騰著火焰。

「墓之火」與中國所謂的鬼火相似，在日本，墓地都是由家族中的專人打理的，只不過經過戰火、瘟疫等災禍，有些家族遷徙或後繼無人，墓地便成了荒墳，滄海桑田之後，原本的墓地變成了田地，墓中的靈魂無處歸依，便在田中搗亂，燒毀莊稼。

「釣瓶火」出現在山林間安靜的夜晚，樹梢上忽然出現火光，圍繞著樹忽上忽下，跳到行人的面前，在這火光中，還若隱若現地出現人臉或獸面。人們傳說這是釣瓶之妖，它會從樹上放下釣瓶，將夜晚在山間行走的人套住，拉到樹上吃掉。這種妖怪其實也是自然現象，是山中的腐植土和菌類在一定的氣候地理條件下產生的螢火現象。在山中行走的人原本就萬分緊張，看到這種詭異的現象，便會認為是山

右鳳凰火
左釣瓶火

中妖精試圖謀害路人。

「姥姥火」是一種倫理妖怪，它有特定顯現的地點。平安時代的大阪附近有一座丟婆山，很多上了年紀行動不便的孤寡老婦人，由於家人無力贍養，就會被丟棄在這座山上。姥姥火就是被丟棄的老婦人的怨靈，她們嗤嗤怪笑，驚聲尖叫，頂著業火飄忽在夜間。青森森的火焰中，現出老婦人悲戚的面龐，成為一種哀怨詭異的火魔神明。

火消婆

2. 妖鬼火中生

鳳凰涅槃，留下一簇火在人間徘徊，後墮入地獄，即為「鳳凰火」。鳳凰火分雌雄，能夠幻化成人形，邪魅瑰麗，又令人生畏。男鳳凰火穿著白衣紫衫，黑髮尖耳，留著黑色指甲；女鳳凰火穿著黑色的衣服，鑲著紅色的緄邊，身周燃燒著紅蓮業火。男鳳凰火代表死亡，屬於冥府；女鳳凰火代表凡人，留在人間，因此，人們對於男鳳凰火更加畏懼，聞之色變。

「火前坊」是山火中產生的妖，傳說在鳥布山，曾經有莫名的大火燃起，大火過後，山上就產生了火前坊。火前坊是一團跳躍的火，在火光中，可以看到一個人的上半身。

「火消婆」是個善良的火妖，她是與不知火對立的。日本古時候基本上都是木質結構的房屋，在深山，山林遮天蔽日，綿延不絕，所以，火災非常可怕，通常一燒一大片，而有時候，雜亂無章的市井中，人跡罕至的山林中，根本不知火災因何而起，人們會將這種火災歸咎為「不知火」作祟，這時候，火消婆就會出現，她會幫助人們控制火勢，減少生命財產的損失。

3. 攜火之妖

「提燈火」又稱狐火，自然與狐狸有關。在江戶時代的夜間，大道上行走的人們會看到半空中飄著一團火焰，這便是狐火。狐妖有化形之術，可以隱身。它們能夠隱藏自己，卻無法隱藏體內的妖火，這些火焰或來自狐狸口中，或來自狐尾，彷彿狐狸提著一盞燈籠。

狐狸喜歡在夜間行走，遇到婚喪嫁娶，就會有成群的狐狸隱了身形走在路上，而狐火就會像點點燈火，在路上招搖而過。看到的人必須噤聲緘口，視若無睹，不然被狐狸發現了就會招致麻煩。狐妖是最促狹的妖怪，被它們捉弄可不是鬧著玩的，被捉弄的人要麼迷失在深山老林，要麼被狐狸偷去重要的東西，要麼被附身，做出種種乖張行徑，讓人不寒而慄。

「逆柱」是一種木頭妖怪，一般樹的生長都是有方向的，而在日本建築中，將木材根朝上、梢朝下地放置，是為了辟邪，這就是逆柱。逆柱由此而有了靈性，如果長期不被理睬，它就會開始胡鬧甚至引發火災。這也是木匠行業中很多工匠要小心應對的一種妖怪。

「青鷺火」是寄身於青鷺身上的一種妖異現象，在一些老到快成精的青鷺身上，會圍繞著一團藍色火焰，隨著青鷺的行動飄蕩，美麗而奇詭。據說這種現象，其實是青鷺所捕捉的魚類帶有的磷和一些細菌產生的反應。

「高女」是一種厲鬼，生前長相醜陋，無人問津，終成剩女，心中怨恨不已，最終變成怨鬼，引發火災。江戶時代有一個關於女人縱火的故事，記述在《好色五女人》中：良家女子阿七因為家中失火，寄宿佛寺，愛上了寺廟中的幫工吉三郎，但因為父母反對，二人無法結成良緣。阿七為了見吉三郎一面，在家中放火，觸犯法律，被處以火刑，變為高女，悲傷的吉三郎也因阿七的死遁入空門。

「陰摩羅鬼」來自中國。據說在宋代，有一個書生在城外寺廟借宿，忽然見到一個鳥妖在面前撲騰，眼睛像燈泡，大喊大叫。書生被嚇個半死，就向寺廟住持討教。住持告訴他，這是新死之鬼，由於不甘心，怨氣變成了陰摩羅鬼。傳入日本的陰摩羅鬼是一個老者形象，目光如燈，口中噴火，是死前含怨之人，或者剛剛死去的人，由於和尚偷懶沒有好好超度，便出來作怪。所以，陰摩羅鬼的火其實是一種怒火。

日和坊與小雨坊

晴天與雨天並沒有善惡之分，只有是否適時，久旱逢甘霖的雨天與梅雨季中的晴天，都讓人歡喜，連續的乾旱與洪澇，讓人無法忍耐，與之對應的鬼神妖怪，本心並無善惡，順應人心的便是神明，讓人遭殃的便是妖鬼。「日和坊」與「小雨坊」是一對妖怪，它們分別代表著晴和雨，因為出現的時機恰到好處，便受到人們喜愛，進而被信仰。

日本人經常會在屋簷下或陽臺上掛一個白色的娃娃，圓圓的頭，笑咪咪的模樣，讓人心情很好。這也是從中國傳到日本的習俗，娃娃原名為「掃晴娘」，是祭祀用品，在日本名為「晴天娃娃」，是用方形的手帕包上棉團，在棉團上畫一個笑臉，掛起來祈求晴天。它還有一個別名叫「日和坊」。傳說日和坊是一種只在晴天出現的妖怪，它原本住在深山裡，遇到的人都會交好運，無論出行多遠，遇到的都是大晴天。日和坊討厭雨天，不會在雨天出現，於是，在連續陰雨的日子，人們就會製作晴天娃娃，召喚日和坊，讓雨天快快過去，晴天快點到來。

晴天娃娃

不過，日本人發現，晴天娃娃有時候也很奇怪，民間有句俗語，「越掛晴天娃娃，天越下雨」。日和坊很可愛，但它也屬於日本古老的巫術，與風鈴一樣，來源於離奇而殘酷的故事。

晴娘原本是一位活潑可愛的姑娘，家住在京城，有一年，京城下起暴雨，晴娘每日向天祈求，希望大雨能夠停歇，晴天早日來到。結果，她聽到從天上傳來的聲音，那聲音告訴她，龍王希望她能嫁入龍宮，做龍太子的妻子，如果她拒絕，龍王會發怒，將整個京城淹入海底。

晴娘沒想到自己的祈求竟然惹來大禍，為了解救家人和京城的百姓，她決定犧牲自己，嫁入龍宮。最終，狂風襲來，晴娘從此不見了，暴雨也停了下來，天氣轉晴，京城得以保全。

日本為島國，人們崇拜海神與龍神，祈求雨停等於向布雨的神明挑釁，因此，要做出犧牲才能達到目的，停雨比祈雨更加艱難。

在日本曾經流傳著另一個關於祈求雨停的說法。在古代日本，有一年夏天暴雨不斷，整個京城都將被淹沒。天皇請來法師祈求老天收了神通。法師祈禱後，雨更大了。天皇大發脾氣，將法師斬首示眾，把他的頭作為祭品，貢獻給雨神，雨竟然停了。從此，民間就流傳著恐怖歌謠：「晴天娃娃，晴天娃娃，希望明天能放晴，如果明天還下雨，就把你的頭砍下。」這種寒氣森森的童謠，有一種逼迫鬼神的味道。

日和坊
日和坊就是晴天娃娃，用一塊手帕包著棉團，紮成娃娃形狀，畫上笑臉，是召喚晴天的巫術。

日和坊不僅能帶來晴天，停止連續不斷的陰雨，在日本，人們也將日和坊當成送子天神來崇拜，很多家庭會掛上日和坊，以祈求天神降子。

日和坊的形象近似和尚，因為它的原型就是進行祈雨祭祀的僧侶。佛教有替身的說法，於是這小人偶又成為為人消災除病的替身。日本室町時代著名的一休和尚，幼年時候就被送到寺廟修行，在他出家前，母親送給他一個晴天娃娃，希望能代替他承受所有災難和病痛，讓他平安無事。在一些有病患的家庭也會掛上日和坊，讓它替病人承受病痛。

「小雨坊」與日和坊正相反，傳說日和坊是個女孩，小雨坊是個男孩，他會選擇在雨天出現，又叫雨天和尚或雨天娃娃。在日本，也做成圓頭的布偶，懸掛在屋簷，祈求下雨。雨天娃娃和晴天娃娃在外形上一模一樣。不過，雨天娃娃是用方形的黑布包裹的棉團，或者也用方形的白布，但嘴巴向下彎，變成哭臉。如果遇到持續乾旱的天氣，人們會選擇懸掛雨天娃娃，請來小雨坊，而如果雨下多了，就會掛起笑臉的晴天娃娃，收起雨天娃娃。

小雨坊

小雨坊是帶來雨天的精靈，人們會掛上雨天娃娃，召喚雨水，期盼它能夠帶來及時雨，促進農業生產和豐收。

在百鬼夜行中，小雨坊並不是個好相處的妖怪，它經常在下著綿綿小雨的晚上，變成和尚到普通百姓家中去化緣。古代的日本，即使再貧苦的人家都不會拒絕僧人。小雨坊專門找那些燈光明亮的人家敲門求齋飯。人們打開門讓他進來躲雨，並供給齋飯，他吃完了，就會要求借宿一晚，通常不會遭到拒絕。但是到了晚上，他會趁著主人熟睡時，將主人全家殺害。所以在百鬼傳說中，小雨坊是帶著邪氣的惡鬼，更像是俗世間打家劫舍、恩將仇報的冷血盜賊。

除了小雨坊，還有一個管降雨的小妖，名為「雨降小僧」，他是個瘦弱的小男孩，穿著梅花和服，頭上頂著很大的破雨傘，渾身濕漉漉的，提著燈籠，經常在雨夜出現。他是雨師的隨從，負責協助雨師，將適應時節的雨降在需要灌溉的農田中，幫助農民獲得豐收，是個善良的妖怪。

同樣與雨有關的妖怪還有「雨女」。雨女是個美麗的女子，在下雨的夜晚，她會撐起一把大傘，邂逅雨中行走的男子，如果對方微笑著向她示意共用雨傘，雨女就會一直跟隨他，這名男子將一直生活在潮濕的環境中，最後因濕氣糾纏而死。傳說雨女本為漁夫的妻子，她在大雨中的海邊礁石上等待出海未歸的丈夫，被海浪捲入海中淹死，怨念成妖，帶著一身濕氣，四處尋找夫君，發現與她共用一把傘之人不是丈夫後，就會將對方置於死地。

牛鬼

中國有個成語叫「牛鬼蛇神」，指的是社會下九流中的閒雜人等，帶著貶義，也有人認為，牛鬼蛇神並非兩種妖怪，而是一種組合妖，長著牛頭蛇身，所以是「牛鬼蛇」神。日本宇和島祭祀的牛鬼，就是牛首蛇軀的造型，像沒有腿的龍。牛鬼對於宇和島的人來說，是個吉祥物，它會進入每家每戶，帶走晦氣，然後到海邊洗澡淨身，洗去汙穢與邪氣。

日本各個地區的牛鬼長相各異，香川縣根香寺的牛鬼，頭上長著牛角，身形如飛鼠，鷹爪牛蹄，牙尖嘴利，還會飛。此地的牛鬼曾經在天正（西元一五七三－一五九三年）年間為害村民，鄉人請來了神箭手山田藏人高清，要他為民除害。高清在村裡山中逛了好多天，卻沒看到牛鬼。

通常村裡人看到牛鬼就去找他，可他一到牛鬼就不見了。高清空有一身本領，卻拿牛鬼無可奈何。於是，他跑到根香寺求助觀音菩薩，苦心修行七天，終於看到了牛鬼，最終射穿了牛鬼的喉嚨。牛鬼帶著箭支逃到了山中，高清帶著鄉人追蹤到山中，發現了死去的牛鬼，他切下牛角，帶回根香寺進行封印。從此，此處再無牛鬼作祟。

日本大部分地區的牛鬼都長著牛頭和蜘蛛的身體。《御伽草子》中，源賴光的手下渡邊綱就曾與牛鬼交手過。

傳說宇多郡的牛鬼是葛城山妖怪首領土蜘蛛的部下，受命去除掉賴光的左膀右臂。他變成一個美女去勾引渡邊綱。渡邊綱卻十分機警，發覺了美女的身分，一人一妖大戰起來。牛鬼不敵渡邊綱，被砍下了手臂。渡邊綱帶著戰利品回到京城家中，老母親忽然一反常態，執意要看看這隻妖怪的手臂。渡邊綱一拿出來，老母親就變成了牛鬼，原來又是偽裝。渡邊綱再次與牛鬼大戰，源賴光過來支援，終於打敗了牛鬼。

據說牛鬼是百鬼夜行中非常有威望的大妖怪，它能統率一個地區的妖鬼精靈，還有兩種讓人畏懼的能力。其一就是用毒。牛鬼能吐出毒液，人與家畜碰到就會身亡，這一點倒是符合蜘蛛的

牛鬼
牛鬼長著牛頭和蜘蛛的身體，能夠吐出毒液，毒死人畜，它的眼睛帶著詛咒，能讓人走火入魔，發瘋而死。

部分特性。日本風俗中，每當村中的水變得渾濁，就會認為是牛鬼出沒，無人再敢飲用此水。

牛鬼的第二個能力是凶眼，它凶狠的目光帶著詛咒，會讓看見的人著魔。走火入魔的人會生出種種恐怖幻覺，最後七竅流血，死於非命。

牛鬼雖然凶狠，但不濫殺無辜，它的毒和凶眼只對一些缺德之人起作用，比如辱罵神明和不孝順長輩的人，不會害普通人。可以說，牛鬼也是一種教化類的善妖。

牛鬼有一個搭檔「濡女」，她長著美麗的臉龐，擁有飄逸的長髮，上半身坐在海邊的岩石上，下半身是蛇身，潛藏在水中，一旦有人被她的美色吸引，接近後就會被她吸乾血液。更厲害的傳聞是，只要看她一眼就會病死。濡女與西方神話中的美杜莎很像，但她並非獨當一面的妖怪，濡女與牛鬼兩個妖怪經常攜手出行，在夜間尋找合適的獵物。濡女先勾引人，牛鬼伺機下手，配合得相當有默契，一旦有人沒有被勾引成功，要逃走的時候，牛鬼就會邁開幾隻腳，攔住去路。這時，濡女與牛鬼就會異口同聲說：「遺憾啊！遺憾啊！」一同吃掉那個絕望的人。

牛鬼在百鬼夜行中，雖然不算長相最奇特的，可也是一種組合型生物。牛本就強壯有力，再加上六隻蜘蛛腳，行動迅速還會飛，實力簡直逆天。也有人說牛鬼的身體是螃蟹，據說日本有一種巨型海蟹，名為高腳蟹，能長到三公尺長，頭胸甲呈葫蘆形，再加上蟹殼上的花紋，非常像牛頭。牛鬼的出沒地基本是沿海地區，而這種巨型海蟹能殺人，讓漁民十分恐懼，因此，高腳蟹被後世的人們妖魔化，最終演化成「牛鬼」也是有可能的。

第11章

百鬼夜行

（中）

鐮鼬

「鐮鼬」是一種風妖，體型不大，大體還是鼬，也就是黃鼠狼。牠雖然小，卻十分凶猛。牠有尖銳的爪子和牙齒，速度極快，如旋風一樣，百鬼夜行中鐮鼬不是凶神，但也不是省油的燈。在夜間，牠用像鐮刀一樣的銳利尖爪襲擊夜行者，被攻擊的人就會被劃開很長的傷口，奇怪的是，這傷口既不出血，也並不疼。

日語裡將鐮鼬寫作「窮奇」，窮奇是中國上古四大凶獸之一，無論從外貌、體型還是攻擊力上，鐮鼬和窮奇都有天壤之別，很難讓人聯想到這兩個妖怪前世今生有什麼聯繫。鐮鼬即使老了也不會長得特別大，只是速度更快，甚至超過風速。

被風妖鐮鼬所致的傷口不會出血疼痛，所以在日本岐阜縣，人們傳說鐮鼬是三兄弟的組合，一隻負責絆倒人，一隻劃傷人，一隻卻給人上藥，最終傷口不痛不癢不流血。這像極了被風所傷的人。岐阜縣氣候特殊，有一種小旋風，能夠劃傷人的皮膚。這種有趣的小旋風，在人們眼裡就變成了鐮鼬。

也有人說鐮鼬其實是一家三口。在埼玉縣，流傳著關於鐮鼬之家的傳說。鐮鼬一家三口也是分工協作，鐮鼬爸爸拿著大棒子，一棒子把人打倒，鐮鼬媽媽持兩把鐮刀，在人身上嗖嗖劃兩刀，鐮鼬寶寶背著藥罐子，給傷口抹藥，傷口很快就好。遇到鐮鼬一家三口的人並不會受重傷，只會覺得暈了一下，疼了兩下，然後就沒事了。

據說埼玉縣有一家豪強經常欺辱鄉鄰，他們家的少爺常常調戲良家婦女，有一次還逼得年輕女孩自盡。鄉人告到官府，官府收受豪強老爺的賄賂，不予追查，這大少爺於是變本加厲地騷擾婦女。鄉人很憤怒，為了出口惡氣，私下裡聚眾，趁人不備，將這位大少爺打了一頓。家僕將只剩一口氣的少爺抬回家。豪強大怒，逼著鄉人去山上抓鐮鼬，用鐮鼬的神藥來挽救他的兒子。

鄉人無奈，只得上山將鐮鼬一家抓起來，強搶了鐮鼬寶寶的藥罐子，拿藥回來救治大少爺。鐮鼬一家遭了殃，十分憤怒。鐮鼬寶寶沒了藥罐子，每天大哭。於是，鐮鼬爸爸和鐮鼬媽媽便開始報復，跑到鄉里，四處傷人。沒有小鐮鼬來用藥，鄉人的傷口始終不癒合，很多人傷重不治，失血過多而死。鄉人只好去寺廟求助。寺廟裡供奉了一位稻荷神，和尚告訴他們，稻荷神曾經對鐮鼬有恩，將稻荷神的神像請回村，再將藥罐還給鐮鼬，也許會得到鐮鼬的原諒。

鄉人將稻荷神像抬回村子，鐮鼬一家看到曾救過他們的稻荷神，就不再傷人。鄉人又將藥罐還給鐮鼬，小鐮鼬破涕為笑，拿出藥幫大家治癒傷口。雖然饒過鄉人，鐮鼬的父母卻餘怒未消，他們衝向豪強家，將大少爺砍傷，揚長而去。大少爺沒有了鐮鼬的神藥幫助，終於流乾血死去。

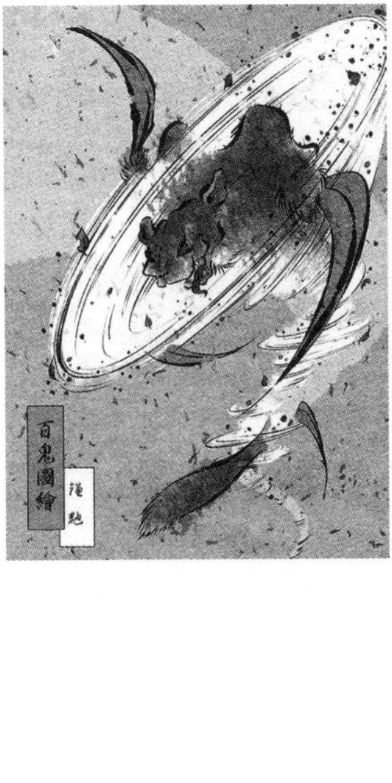

鐮鼬

鐮鼬並沒有厲害的攻擊能力，只是速度極快，鐮鼬三兄弟出行，絆倒人、劃傷人、治癒人，都在一瞬間，讓人感到只是被風刮了一下。

鐮鼬由於御風和神奇的治癒能力，被當地人供奉起來當作神明一般崇拜。

百鬼夜行中還有一隻與風有關的妖獸，名為「風狸」。風狸也是小型的妖怪，和貂的身形大小差不多。風狸是黑色的，在夜間行動，難以捕捉牠的行蹤。風狸的身體韌性超強，很難殺掉，火燒刀砍均不會死，要用錘子砸頭幾千下，風狸才會斃命。然而只要有風，風狸就會立刻復活，溜之大吉。因此，風狸又名「風生獸」，遇風則生。

犬神

犬神是日本的民間神明。這種外表上看起來像狗的鬼神，是日本民間十分忌諱的存在。犬類受到人類的豢養，馴順忠誠，人類卻利用狗的忠誠，使牠變成妖魔，危害他人，本質上來講，這妖魔源自人心。貓與狗都是人類最親近的動物，在日本，貓成為「報恩者」招財貓，狗則成為「復仇者」犬神。

在日本的高知縣有這樣一個傳說：有一個人非常憎恨某人，但是礙於種種原因，他不能親自動手去報仇，便狠下心，將自己的愛犬埋入土中，只留了頭在地上，然後向這條愛犬祈求，要牠為自己復仇。在這之後，主人砍下了愛犬的頭，燒掉後放在神龕中進行祭祀。這隻愛犬懷著怨念死去，帶著主人的憎恨，牠的靈魂變成了犬神。犬神不僅報復了主人的仇人，還為他的主人帶來了許多財富。而這家的主人也成為具有「犬神血統」的家族，世世代代豢養「犬神」。

犬神也是陰陽道中的一種巫術，被犬神附身的人會像得狂犬病一樣，發高燒、昏迷或發狂。遇到這樣的情況，家人就會向陰陽師求助。陰陽師能夠區分犬神到底屬於哪些犬神家族，他們會幫助受害者找到這些家族的犬神筋，也就是犬神祭祀，來召回犬神，解救被附身的人。犬神筋是犬神家族中專門進行犬神祭祀的人，他們能夠操縱犬神，所以頗得人們敬畏。

犬神家族既是犬神的祭祀者，也是犬神的製造者。他們用犬神製作蠱毒，詛咒他人或獲取財富。每個犬神家族製造犬神的方式各不相同，有的家族會將狗綁起來，在牠面前放上大魚大肉，狗聞到味道，食欲大盛，此時主人就會砍下狗頭，進行祭祀，然後丟棄狗頭，由狗的怨念產生犬神。有的犬神家族會將生前作惡的狗丟到大海中的岩石上，看著狗被餓死或被淹死，進而使其成為犬神。總之，當時的人都是以非常殘忍與變態的方法激發亡狗的怨靈，讓牠們接受主人的嫉妒與恨意，在主人指引下去咬人。

犬神
日本傳統的犬神形象通常與白兒連在一起。白兒就是被惡犬咬死的小孩，他們死後的靈魂會作為犬神的侍從奴婢陪伴犬神。

犬神家族世代相傳，在日本德島，犬神筋由女性擔當，她們的犬神召喚術傳女不傳男。女孩十五歲時，母親會將家養的犬神交給女兒。犬神被飼養在犬神家族中，只有家族內部的人能夠看到。每年的三月三日、五月五日、九月九日都要進行犬神祭，以防犬神發怒，禍害家人。對於犬神家族來講，犬神是一種守護神，為了主人的利益去禍害別人；對於被詛咒的家族，犬神是一種作祟的妖物，防不勝防。

犬神家族如此可怕，很多其他家族儘量迴避他們，甚至避免與他們通婚，有種惹不起躲得起的味道。

日本也流傳著這樣一個犬神報恩為主人復仇的故事：傳說在江戶時期，四國土佐有一個富商，家中一直沒有男孩誕生。富商一天天變老，最終還是從親戚家中過繼了一個男孩，名叫菊丸。菊丸原本以為到了這家就魚躍龍門，將來會成為家主，結果沒過多久，富商的小妾就生了一個兒子，名為次郎吉。富商雖然依舊將生意交給養子菊丸打理，但在年老之時，卻希望將家業交給親生兒子次郎吉。

菊丸得知養父的心意，內心不平，以致怨恨，便買通了家中的管家和家丁毒死了養父，對外宣稱父親急病猝死，暫時掌管家務，等次郎吉成年後，再將家業交還給他。次郎吉並不知道哥哥的野心與狠毒，依舊十分敬重哥哥，因為年紀尚幼，還不能打理家務，每天只是讀書，閒時逗逗狗——這是一條他從狗販子手裡救回來的小白狗，次郎吉十分喜歡小白狗，每次出去都帶著牠。

次郎吉一天天長大，家族中要求次郎吉重掌家業的呼聲再起。菊丸十分焦慮，終於有一天，他要次郎吉出去購置貨物，派出四個家丁跟著，並暗中買通家丁，要求他們在路上幹掉這個礙事的弟弟。家丁與次郎吉路過深山，終於找到機會下手，他們將次郎吉逼到懸崖邊，告訴次郎吉，他哥哥要殺他，而父親的死也是哥哥買通家僕所為。

次郎吉又驚又怒，可此時他已沒有反抗之力。正當幾個家丁要行凶時，他一直帶著的白狗撲上來，擋在主人面前，救了次郎吉，但白狗卻被家丁一刀砍掉了腦袋。次郎吉看到白狗慘死，抱住狗就大哭。此時，家丁一擁而上，想要殺死次郎吉，白狗卻化作犬神，將四個家丁全部咬死。

次郎吉帶著白狗化作的犬神回家，讓犬神咬死了菊丸，同時也咬死了那些黑心的家僕。然後他將白狗的遺體帶到了寺院，請高僧超度了白狗，進行厚葬。次郎吉也重掌家業，再度成為家主。

青坊主、海坊主與泥田坊

所謂的坊，在日本是和尚或光頭的稱呼，所以青坊主、海坊主與泥田坊，基本上都是光頭的形象。他們是人類幻化的妖魔，既有人性，又有妖性，是人形的鬼神。

青坊主是個大和尚，穿著青色的衣服，身材魁梧，他比較懶惰，所以大廟不收小廟不要，每天要走很多路，一雙大腳變成了扁平足。青坊主是獨眼，由於生前偷懶，所以死後為了贖罪，就要不停地敲木魚。

青坊主是善是惡很難定論，因為他是獨眼，所以又叫作一目坊。一目神通常都是山神，因為缺陷而沒落，最後墮入百鬼之中。青坊主原本也是修道之人，經常出沒在荒廢的房屋中，但不害人，一副愁眉苦臉的樣子。他十分喜歡小孩，在天黑之後，如果有貪玩的小孩不回家，在山中的青坊主就會將小孩抓住，帶到洞穴裡或荒廢的寺廟中嚇唬小孩子。他並不想傷害孩子，只是讓他們得教訓長記性，下次不要貪玩晚回家。

青坊主如此喜歡小孩，是因為一個傳說。在日本戰國時代，由於戰火連綿，百姓生計艱難，很多人因此淪為山匪，或出家為僧，青坊主就是生活困窘的百姓中無奈做了和尚的那個人。他身材魁梧，面色青黝，卻性格質樸，心地善良，只是頭腦簡單，背誦經文有困難，他的師父就讓他去山上荒廢的寺廟靜修，以便專心背誦經文。

但寺廟中卻早已住了一群小孩，他們因為戰亂流離失所，白天乞討，夜間聚在廟中住宿。青坊主覺得小孩子很可憐，就收留了他們，為他們在寺廟旁邊蓋了房子，還種了糧食，讓他們不會挨餓受凍。孩子們也很喜歡青坊主，待他像親人一樣。

糧食成熟的時候，青坊主去城裡採購，回到廟中，卻發現來了山匪，不僅搶糧燒寺，還殺死了所有的孩子。青坊主一怒之下入魔，殺了所有的山匪。他雖然懲治的是惡人，卻犯了殺戒。他

青坊主
青坊主是個穿著青衣的大和尚，他十分喜歡小孩子，會嚇唬到山中玩的小孩，讓他們遠離危險的地方。

的師父為孩子們超度後，把孩子們的頭顱變成一串巨大的念珠，掛在青坊主的脖子上，以避免青坊主再起殺戮之心。就這樣，青坊主由佛成鬼，變成百鬼夜行中的一員。

在香川縣，青坊主卻是個十分麻煩的存在。他會跟隨那些跑到山中上吊的女性，這些女人在上吊之前都會哭哭啼啼再三猶豫，青坊主就在旁邊煽風點火：「你不上吊嗎？」如果這個女人上吊了，青坊主就如願以償，消失無蹤。如果這個女人鬧了半日卻不想上吊，青坊主就會親自動手，將女人強行勒在上吊繩上。這裡的青坊主惡作劇的味道更濃，顯出了邪氣的一面。

海坊主也是個和尚，身材同樣胖大，身高六尺，在古代日本也算個異類。海坊主是海上的妖怪，出現在夜間，他的到來通常伴隨著極差的天氣和滔天巨浪，在浪峰之上會出現一個巨大的人影，黑黝黝的一片，卻有著一雙藍光閃閃的眼睛，令人毛骨悚然。

海坊主並不吃人，他們會成群結隊地攔住漁民的去路，抱住船隻和櫓，要漁夫交出全部的魚，如果漁夫拒絕，海坊主就會朝漁夫吐出黏液，掀翻漁船，讓漁夫連人帶船葬身海底。從這一行徑上看，海坊主更像是一群海盜。偶爾有些漁夫會反抗，用船槳打海坊主，他們就會哎呀呀地

海坊主
海坊主是海上攔路搶劫的妖怪，他們的眼睛泛著幽幽藍光，會向漁民要魚，如果不給就搗蛋，掀翻漁船。

慘叫起來。

海坊主的妻子在百鬼夜行中也很有名，叫海女房，又稱海夫人。海女房很美麗，俊俏的臉，長髮披肩，身形曼妙，可是腰部以下都是魚身，像傳說中的美人魚。海女房喜歡魚，自己卻不會捉魚，因此經常偷偷地潛上海岸，偷盜漁民晾曬的鹹魚。海坊主也會將強搶來的魚交給妻子海女房，以餵養後代。

泥田坊比起強勢的青坊主和海坊主普通多了，就是一個瘦骨嶙峋的小老頭，長得黑黝黝的，通過勤勞種地換來了大量的田地。他生前十分節儉，都不肯為自己買件好衣裳，家人也過得非常拮据。沒想到老人過世後，他的兒子終於解放了，再也不去務農，每天喝酒賭錢，很快就把老人的田產都賣了，換來的錢也花光了。老人在天之靈看得心疼不已，悲憤交加，他化成妖怪，夜晚經常從田地裡鑽出半個身子來，襲擊那些經過田地的人，向他們投擲泥巴，喊著：「還我田來！」他也許將夜行者當成了買他家田地的人。泥田坊所丟的泥巴據說奇臭無比，他自己也是渾身汙黑臭氣熏天。他的三根手指，代表著貪、嗔、痴，是一種無法化解的執念，也是日本人借神話傳說，對慳吝者與不肖子孫的一種寓言。

泥田坊
泥田坊是那些辛苦一輩子攢下田地的老人，他們死後子孫敗家，老人的靈魂忍不住，從地下跳出來索要自己的田地，是一種地縛靈。

以津真天與姑獲鳥

以津真天這個名字讓人摸不著頭腦，日語翻譯過來就是「到何時為止」。戰爭到何時為止？瘟疫到何時為止？黎民的苦難到何時為止？以津真天是一種巨大的鳥，牠展開雙翼，遮天蔽日，盤旋於戰火連綿之地。以津真天在戰火未熄的戰場上凌空飛舞，每進行一場戰役，就會有更多的以津真天聚集此處，哀婉淒厲地鳴叫，噴出妖異的火焰，染紅戰後的夜空。被牠的火焰籠罩的天空下，人們失去了生的信仰，從此消沉頹喪，最終精神崩潰，鬱鬱而終。

以津真天就是那些亡者的冤魂幻化的鳥，是百鬼夜行中的惡妖，但是牠的初衷並非加害人類，而是希望戰爭能停止，希望災難儘快離開人間。牠晝伏夜出，希望用淒厲的叫聲和恐怖的火焰，喚醒人們對戰爭的憎惡。瘟疫之年，以津真天也會增加，帶著死亡的氣息盤旋在野外荒墳之上。

以津真天
以津真天是戰火中聚集的亡靈，飛翔在戰場上空，在高空中警示人們。

以津真天是一種頗有警世意味的妖魔，不會直接傷害人類，但畢竟會帶來不祥與死亡，人們一見到就會出手剿滅。不過，以津真天飛得不低，且從不落下，只有十分有力之人才能用箭射中牠。日本史上曾有一次以津真天出現的紀錄：西元一三三三年，鎌倉幕府氣數已盡，連年的征戰讓國家與黎民都陷入災劫。這時，在日本皇宮中的紫宸殿出現了以津真天，牠不斷地叫著「到何時為止」，讓皇宮中的人煩躁又恐慌，於是，宮廷下令處理妖鳥。宮中的神箭手隱歧次郎左衛門廣有射下了這隻鼓噪的怪鳥，皇宮方得寧靜。不過，這隻以津真天只是在哀歎連年的戰禍讓生靈塗炭，所以才跑來皇宮進行警示，只是那些爭權奪利，為自己的權欲而挑起戰爭者，怎麼會聽一隻妖鳥的進言呢？

以津真天人臉、蛇身、曲喙，牙尖爪利，長相凶惡怪異，在百鬼中的戰鬥力卻一般。牠們棲息於深山老林，但因長有葉片狀的黃金羽毛，很多貪財者會潛入山林，來捉牠以獲得黃金。不過，以津真天本就巨大，腿腳肌肉發達，能噴火還能飛翔，一般人難以捉住牠。

姑獲鳥是百鬼夜行中的另一種妖鳥，源於中國的上古傳說，傳說是顓頊的女兒，黃帝的玄孫女，這樣一種神鳥是如何一步步墮落成妖的呢？

魯迅在《古小說鉤沉》中記述了姑獲鳥的故事：姑獲鳥是一種白天飛翔、晚上休息的鳥類，穿上羽衣則為神鳥，脫下羽衣就變成凡人女子。姑獲鳥的別名很多，有天帝少女、夜行游女、鉤星、隱飛等。姑獲鳥沒有孩子，但喜歡偷別人的孩子當成自己的孩子養。人們不會讓孩子的衣服

姑獲鳥
傳說姑獲鳥能給人帶來災禍，也有人認為，姑獲鳥喜歡收集人們的指甲，預測福禍，如果這人有禍，牠就會跟隨鳴叫，警告人小心災難即將降臨。

在夜間晾曬出來，因為姑獲鳥會施展法術，在小孩的衣服上點一滴血，就能偷走孩子。

《山海經》中這種鳥原本是鳳凰形象，生有九頭九尾，稱作九鳳；在楚國，姑獲鳥也是受信仰的神鳥，被稱為九頭鳥。秦國滅楚，姑獲鳥開始流落民間，由國家信仰變成民間信仰。此後，姑獲鳥成了民間失子婦女的代言者，喜歡偷竊別人的孩子，自己養育，自此失去了神女的地位。

到了日本，姑獲鳥的故事變得更加淒厲，神鳥變成了純粹的妖怪。姑獲鳥是由懷胎生子而死去的女人變化的妖魔，執念很深，產婦已經亡故，胎兒還沒有死，產婦的亡魂就會變成人的樣子，抱著孩子在夜間的路邊哭泣。所以，姑獲鳥就成為一個腰間染血，神情淒苦可怖的女人形象了。

滑頭鬼

滑頭鬼的原型是章魚，頭上光溜溜的讓人抓不住頭腦。所以滑頭鬼又名滑瓢。日本人在家中舉辦宴席的時候，通常都會忙前忙後，張羅飯菜，招呼客人，等天色將近傍晚，每個人都心情愉悅，期待著即將到來的晚餐。

這時候常會有一位突然來訪的陌生客人，這是名神色嚴肅的老者，他光著頭，穿著黑色的羽織，腰間掛著一柄小太刀，威風凜凜，走進門後，穿堂過室直接到客廳中，大大方方坐下。族中之人想要詢問，卻礙於他的威嚴無法開口，這就是滑頭鬼。滑頭鬼神情自若，口渴了就親自動手沏茶，一點都不露怯，別人和他聊天，他卻冷冷地不肯說話，只自顧自地喝茶，還將主人的菸斗拿過來自己享用，那舒服的樣子簡直就像是富商大賈在自己家裡消閒一般。

家中的主人回來之後，看到有這樣一位客人很是吃驚，他當然能確定自己並不認得這個不速之客，然而客人衣著得體，氣度不凡，看來很有來頭，使他又不敢得罪，只能假裝熱情地招呼他吃晚飯，等著這個看起來大有來頭的客人自己離開。滑頭鬼大快朵頤，吃飽喝足之後就會悄然離開，人們甚至不知道他是什麼時候走的。

滑頭鬼是個狡猾的妖怪，也是高超的心理學研究者，他能夠看透人心，知道人們在什麼時候不會拒絕別人，知道如何利用別人心中複雜的念頭，來達到自己的目的，所以他是百鬼夜行中智商最高的妖怪。正因如此，滑頭鬼在百鬼夜行中成為老大，他雖滑頭滑腦，但頗有威勢。百鬼夜行中的妖怪相互之間也會起摩擦口角，打起架來傷和氣。這時候滑頭鬼就會出現，做中間調停人，他利用妖怪的性格與妖怪之間的關係，進行公允的判斷和調解，使妖怪們心服口服，由此成為妖怪首領，是一種具有領導氣質的妖怪。

江戶時期，滑瓢又被稱為「客人神」，據說是流落人間、墮落成妖的神明。滑瓢會穿著舊僧衣，掛著小佩刀，拈著長菸袋，踩著高木屐，頂著個大頭，隨隨便便跑到別人家去做客，如果

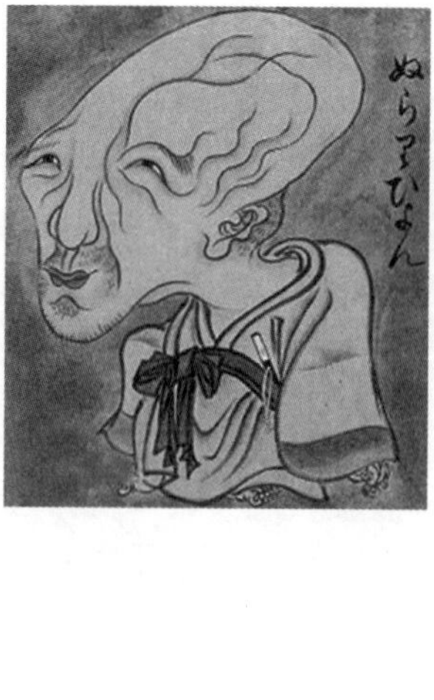

滑瓢
滑頭鬼是百鬼夜行中人形的妖怪，沒有人知道他從哪裡來的，也沒有任何關於他的典故。他被人稱為客人神，是非常有名的外來神。

這家人殷勤招待，伺候周到，滑瓢就會帶這家的人出去，到街市上大吃大喝，因為是「客人神」滑瓢帶來的客人，商戶一般都不會收錢，還會恭恭敬敬地迎來送往，因為這個滑頭滑腦的「客人神」能為他們帶來財運。也有一些摳門的商人，討厭這種混吃混喝，卻又派頭很大的傢伙，私下裡稱他們為「掛單僧」，或罵他們是「掛單禿驢」。

道成寺鐘

道成寺鐘的傳說是日本版的白娘子傳奇，傳說發生在紀伊國。富商莊司是個大善人，他非常慷慨，信佛向道，經常接濟一些過往僧人。有一次，他接待了一個年輕和尚，名叫安珍。安珍年方二十，生得十分英俊，佛法學得好，人也極有修養。莊司很看好這個年輕人，安珍每次從老家白河到紀伊國的日高寺參拜途中，都會經過莊司家，莊司都會熱情款待，做好素齋，妥善安排他住宿。

莊司有一個小女兒清姬，年方十八，正是談婚論嫁的年紀。安珍的俊俏與儒雅使清姬一見傾心，每當安珍來時，清姬就顯得興高采烈。莊司看到女兒心儀這個小和尚，也覺得這是一樁不錯的姻緣。那時候僧人還俗並不是什麼大事，莊司也不計較安珍出身普通，便告訴女兒，他贊成他們兩個年輕人在一起。

清姬得到了父親的許可，心中再也無法平靜。她不避嫌疑，夜晚到了安珍的房間，向安珍坦露心跡：只要他肯應允儘快還俗，便立刻稟明父親，開始操辦婚事。

沒想到莊司之前並沒有與安珍提過婚姻之事，安珍聽到清姬的話大吃一驚。他沒有這方面的心思——清姬只是單戀而已。但是，清姬的父親對自己有恩，安珍又不能太沒禮貌，只是委婉地推說他還沒有想好，此次還要去日高寺參拜，如若決定了，回來再與她說。

第二天安珍天沒亮就上路了，清姬得知後追了過去，當晚，安珍住在客棧中，清姬也到了。安珍有點感動，一個女孩子孤身一人追自己，誠心可鑒。夜裡，安珍與清姬成就了姻緣，但事後安珍十分愧疚，他自認為修行了多年佛法，居然為了一個女子破了戒。羞愧的安珍沒有向清姬道別，天未亮就離開了客棧，繼續趕路。

清姬以為一定可以留住她心愛之人，沒想到她從美夢中醒來，卻不見了安珍，她十分著急，沿路尋找，別人告訴她，她要找的人向日高寺方向去了。

清姬追著安珍到了日高川岸邊。安珍卻已經上了一艘船，還買通周圍的僧兵不讓清姬坐船。清姬失望又憤怒，眼見安珍的船已經遠去，再也聽不到她的哭泣與數落，她看著日高川湍急的流

道成寺鐘

道成寺鐘的故事，被後世編成歌舞伎劇《京鹿子娘道成寺》，演繹著這個淒美慘烈的愛情故事，在民間廣泛流傳。道成寺鐘，也成為懷春少女的象徵。

水，萬分絕望，突然縱身一躍，投水自盡。

日高川中忽然巨浪翻滾，一條青龍從水中躍出，這就是已死的清姬，她的怨靈化作了青龍，渡水上岸，繼續追趕安珍。

安珍逃到了日高寺，卻見清姬化作的青龍也遠遠趕來，忙向寺廟的住持求助，要他幫忙躲過劫難。日高寺剛巧新鑄了一口大鐘，相當沉重，即使是龍也無法撼動。住持讓寺廟的僧兵將鐘抬起一點，讓安珍躲在裡面。

剛剛放好，青龍就來了。青龍變回了清姬的模樣，她四處找不見安珍，正急切間，看到了那口大鐘。她確定安珍就在那口鐘裡面，於是在鐘外苦苦哀求與哭訴，希望安珍能出來見她一面，沒想到鐘裡的安珍自以為安全，一口咬定自己要修行佛法，不能與她再續前緣，要她快點回去。

清姬傷心欲絕，悲憤交加，她一頭撞在鐘上氣絕身亡，遺體再度變成了青龍，身周燃著熊熊火焰，盤繞在鐘上。烈火中，安珍在鐘內被活活烤死，清姬化身的青龍也燃盡了自身。

住持將清姬與安珍合葬在一起。某日夜裡住持做了一個夢。夢裡，安珍痛悔前非，希望住持能為他與清姬超度。住持答應了他的請求，為他們在日高寺做了法事。安珍再度托夢感謝住持，他已經得道超脫。至此，日高寺改名為道成寺，那口鐘也被命名為道成寺鐘。

這是一個佛法與欲望兩相矛盾的悲劇，道成寺鐘最終也成為妖魔，它會將所遇到的人變成和尚，使他忘記自己的前世今生。這種妖怪是在諷刺那些修習佛法至僵化的人，因執念於修行而毀滅人欲，冷酷無情。執著於男女之情是一種執念，然而執著於佛法修行又何嘗不是一種執念呢？

第12章

百鬼夜行

（下）

文車妖妃與塵塚怪王

鳥山石燕的百鬼畫圖故事《百器徒然袋》中曾經說：「世間最苦之事莫過於文車的文，塵塚的塵。」這裡說的是兩種妖怪，文車就是文車妖妃，塵塚就是塵塚怪王。文車妖妃是奈良時代村上天皇的妃子，她長得美豔無雙、魅力十足，深得村上天皇寵愛。不過紅顏薄命，她的得寵，無論對於她還是她身邊的人來說都是災難。

村上天皇的後宮嬪妃大半是藤原家出身的，無論是在朝堂還是宮廷都很有影響力，但村上天皇偏偏寵愛美麗的文車妃，也因此只有文車妃為他生下一個兒子。當時後宮的大權是由藤原家把持的，從皇后到貴妃都姓藤原。最嫉妒文車妃的就是另一個得寵的嬪妃——大臣藤原元方的女兒佑姬。借助藤原家在宮中的勢力，藤原佑姬得以陷害文車妃，讓天皇將文車妃幽禁在冷宮，並當著她的面殺死了小嬰兒。文車妃因為刺激而精神失常。三年後，文車妃在一天深夜裡寫下一篇血書，詛咒藤原佑姬和她的家族，然後含冤而死。

不久，深受寵幸的藤原佑姬也生下一個兒子，就是廣平親王。廣平親王自從出生就多病多難，還有精神病。他的母親藤原佑姬生下他不久就猝死了。村上天皇只有這一個兒子，廣平親王母子的遭際，讓他覺得這一定是文車妃的報復，所以內心鬱結，在四十二歲就去世了。

廣平親王只做了兩年的天皇，此後一直瘋瘋癲癲。他臨終前，有人看到一個長得很像文車妃的美麗女子，在他的宅邸中出現。人們傳說，文車妃死後的怨靈化為妖物，來為自己的兒子索命。

平安時代也流傳著關於文車妖妃和安倍晴明的傳說。據說，文車妖妃是安倍晴明的第一式神，在安倍晴明少年時期就已經開始跟隨他了。安倍晴明在讀書的時候不喜歡受打擾，他的父親就安排他去祖父的老宅中看書。老宅中有很多祖父的藏書，還有祖先阿倍仲麻呂從大唐帶回來的珍貴書籍，安倍晴明如魚得水，每天讀書到深夜。可每每他一覺醒來，卻總發現一些稀奇事：油燈一直點著卻不見燈油減少，他的桌子上總會無端地出現一盞熱茶，困倦伏案而臥時，晴明的身上也會多一件衣服，為他擋禦夜晚的寒氣。

安倍晴明是陰陽師世家子弟，從小就熟悉這類事情，他知道，這一定是有精怪來過，但是這個精怪似乎並沒有惡意。於是一天夜裡，他假裝讀書困倦，伏案假寐。當他聽到身後的腳步聲時，抬起頭睜開眼，正好看到一個美麗的妙齡女子，在他的桌子上放了一盞熱茶。

看到安倍晴明醒來，那女子很友善地告訴他，自己是文車妖妃，很早以前就已經在這書房中了，安倍晴明的祖父拜託她

文車妖妃
在百鬼夜行中，文車妃的形象是一個宮中運書的小車，聽聞很多運書的宮女閒聊宮中軼事而成精，尤其遇到那些女性寫的情書，運書的小車就會幻化成妖怪。這是一種言靈妖，本質上是文車上的書妖，被人運入書庫就再無人問津，年深日久，終成妖魔，藏匿在書籍的字裡行間，一旦有人翻開此書，就會受到蠱惑。化為人形的文車妖妃，有的長相蒼老凶惡，有的卻貌美溫柔。

留在這間書齋中照顧他的後人。此後，文車妖妃繼續在這所舊宅中陪伴安倍晴明，輔助他解讀很多艱深的典籍。安倍晴明有後來的成就，文車妖妃功不可沒。安倍晴明死後，文車妖妃也不知所蹤，也許是去了那些藏書頗多的人家，繼續敦促好學子弟吧。

塵塚怪王的遭際雖然沒有文車妖妃悲慘，卻也很令人唏噓，它並沒有一個固定的實體，只是散落在陳年舊物上的灰塵，在角落裡無聲無息，四處飄蕩，無所歸依。一旦人有了傷口，這些灰塵沾染其上，就會幻化成付喪神塵塚怪王。這種妖怪會趴在人的後背上，吸取人的精氣，人的關節便會咯咯作響，渾身沒有力氣，手腳發麻走不動路。塵塚怪王雖不起眼，卻是付喪神中的王，它無所不在，引導著各種付喪神。

塵塚怪王霸道起來十分不好惹。肥後國就曾經出現過塵塚怪王的傳說。據說，有一年過年時節，肥後國的一個農民久兵衛出門去辦年貨。他採購了很多東西，將它們裝好馱在馬背上，歡喜地踏上歸家之路。沒想到樂極生悲，遇到了塵塚怪王。

塵塚怪王叉著腰站在路中央擋住了久兵衛的路，它像盜匪一樣要求久兵衛放下貨物，趕緊滾蛋，不然連他的馬都吃掉。這些年貨是久兵衛辛苦勞作一年的錢買來的，怎麼可能輕易都給這個不知道哪裡竄出來的妖怪？久兵衛拿起一束海帶，像對付野狗一樣丟向塵塚怪王，然後牽著馬就跑。

塵塚怪王被海帶砸了一下，卻並無大礙，它將海帶吞了，繼續追久兵衛。久兵衛又將他買的糖、蒟蒻紛紛丟向塵塚怪王，卻只能阻擋一時，塵塚怪王已經被激怒了，它不肯善罷甘休。眼看著東西就要丟光了，如果被塵塚怪王抓住，不僅馬會被吃，連自己都會有危險。久兵衛急中生智，看到背包裡還有一捆買給老爹的菸草，便將菸草點燃丟向了塵塚怪王。塵塚怪王一口吞下，卻被燙到，連忙吐出來，那煙卻熏得它睜不開眼，腦袋發脹，分不清東南西北，沒辦法追趕久兵衛。就這樣，久兵衛趁機騎馬快跑，擺脫了塵塚怪王的追擊。

關於塵塚怪王流傳更廣的故事，發生在群馬縣的一個富商家。

有一年群馬縣鬧山匪，搶錢搶糧，搞得民不聊生。當地官府就動員富戶人家出錢賑災，群馬縣的首富卻十分吝嗇，不肯出錢，只肯出糧。但他捐出來的糧食都是陳年發霉的糧食，貧民吃過後就會生病，對於原本就遭山匪搶劫、家徒四壁的貧苦百姓來說，簡直是火上澆油。

忽然有一天，富商發現家裡的小金庫中布滿了灰塵，連最精貴的珍珠上都十分骯髒，擦拭乾淨後第二天又落滿厚重的灰塵。富商覺得十分蹊蹺，便夜間躲在金庫外，從門縫中向內查看。只見一群小鬼圍著一個戴著王冠的大妖怪，在金庫中群魔亂舞，搞得灰塵漫天，那大

塵塚怪王
百鬼夜行中的塵塚怪王，是如同凶獸的一團妖怪，頭上還戴著王冠。塵世的灰塵無處不在，無孔不入，塵塚怪王知曉所有妖界與人間之事，所以，他成為凌駕於眾多百鬼小妖之上的王，也是日本民間所敬畏的鬼神之一。

妖怪還在啃富商裝著珍珠的箱子。富商心疼不已，卻不敢作聲。

第二天富商張榜求賢，請高人來家中驅邪，群馬縣各路高僧法師都來做法事，卻都沒效果，金庫中灰塵依舊，珠寶也損失不少。這時候一個穿著舊僧衣、樣貌普通的老和尚登門，說他能降服此妖。富商半信半疑，但無可奈何，只能讓他試試。

僧人當夜進入金庫，小怪看到僧人紛紛躲避，大妖怪卻並不懼怕。他自稱塵塚怪王，說自己原本只在窮人家作怪，將他們家裡弄髒，但是那些窮人現在已經赤貧，每天沒有心情打掃環境，家中早已布滿灰塵，自己沒有用武之地。因此他才會帶著小怪，來富商家搗亂。

僧人正是日本歷史上赫赫有名的法師空海，他見塵塚怪王並非殘害人類的惡妖，便與他約定暫時不會驅逐他，但七日內他不能再作怪，空海會與富商協商，救濟那些赤貧的家庭，讓塵塚怪王能夠回到他們家中。

空海告訴富商，妖怪已經被他降服，只是富商需要出資救濟那些因為吃了他的陳米而生病的貧民，富商滿口答應，等空海走後，卻把救濟的事忘得一乾二淨。七日後，塵塚怪王帶著小怪又在金庫作怪。富商損失慘重，只好再請來空海。空海讓富商買糧食救濟了貧民，貧民的生活恢復了往常的樣子。這次，塵塚怪王才真的離開富商家，回到了那些即使每天打掃卻仍然會有灰塵的貧民家。

橋姬

在宇治橋的西邊，有一座很小巧的神社名為橋姬神社，其中供奉著一位奇特的女神，她上身半裸，下身穿著紅色的褲裙，右手拿著釣魚鉤，左手纏著蛇，是個看起來就不大友好的女神。據說，附近的迎親隊伍一定會避開宇治橋，以防這位分手女神衝撞了新人的婚事。

橋姬的形象，在日本更多的是因嫉妒而幽怨的女子。不過，最初的橋姬是有神格的，她是水神或者河神，曾經是離宮八幡神的戀人。這位八幡神每天晚上來橋姬家中共度良宵，早上就無情離去。宇治橋姬又傷心又惱火。於是每當宇治川的浪濤洶湧起來，人們就知道八幡神已經離開此處，回八幡宮去了。八幡神有時也會去其他女神那裡消遣，橋姬只能整夜地守在橋邊，期盼著八幡神的到來，其狀十分淒苦。也有人說，橋姬的戀人並不是八幡神，而是住吉神。不論其戀人為誰，這個神話後來成了傳說中橋姬「怨念」的根源。

這種傳說與日本古老的訪妻制有關。古時的日本，很多男子都會在黃昏時分去女人家中過夜，在清晨離開，因此，民間便流傳著神明用這種訪妻的方式成就姻緣。

橋姬的故事越向後發展越親民，橋姬本人也演變成了普通女子，這種橋旁女神逐漸變得和女鬼差不多，每座橋一個，各有各的傳說，卻都十分近似。

平安時代，橋姬是一名家住宇治橋邊的女子，她的丈夫非常愛她。橋姬懷孕後，孕吐得厲害，丈夫很心疼，就問她想吃什麼，他會設法弄來。妻子要吃伊勢的裙帶菜，丈夫二話不說就去了伊勢。那個時候商業不發達，稍微有點特殊的東西在集市上都買不到，只能自己動手，丈夫就直接跑到海邊去摘裙帶菜。

妻子在家中等著丈夫，等了很多天也沒見到丈夫。她非常擔心，親自到了伊勢的海邊，卻見到了丈夫的亡靈。原來，丈夫爬上海邊的懸崖去摘裙帶菜，結果失足落海而死。橋姬悲傷地返回宇治橋，每夜等在橋邊，希望丈夫有一天能活著歸來。

平安時代的橋姬本質上還是一個非常善良而痴情的平凡女子，到了鎌倉時代，這位曾經的女神開始妖魔化。

這是一個遭到丈夫拋棄的女子，她的內心嫉妒而怨憤，決心報復負心漢。她去神社參拜，最終得到神官指點，叫她穿著火紅的衣衫，臉塗成紅色，將頭髮綁成五隻角，頭戴一個有三個角的燈架子，其上點著蠟燭，在滿月之夜跑到宇治川，將自己浸在橋下的河川中，藉此達到復仇的目的。

女人依言照做，果然在宇治川中變成了厲鬼，殺死了負心漢和他的新歡。紅衣而頭上長角，是日本典型的惡鬼相，通常都是懷有執念的怨婦所變。橋姬的形象也自此定型，變成嫉妒之神。

橋姬

《古今集》中，有一句「今宵依舊孤枕眠，宇治橋姬入我心」，大概和中國古代那些深閨怨婦的「夜雨百年心」、「夜深千帳燈」是同一種心境。橋姬孤獨地困守家中，丈夫此刻在哪裡？大概是去花天酒地，和別的女人歡愉去了吧。

關於橋姬也有一些其他的零散傳說，比如父親因為被強制祭橋慘死，女兒化作厲鬼報復所有從橋上路過的人；或是因為無法與心愛的男子在一起，女子從橋上跳水而死，死後變成女鬼，在橋邊勾引那些長得像她戀人的男子，將其騙入水中淹死。橋姬也曾經出現在一些草子[8]中，比如在源賴光的故事中，其家臣渡邊綱就遇到過橋姬，砍下她的右臂，後來橋姬幻化成他的老母，來騙回自己的右臂。渡邊綱曾經砍了三個右臂，一個是茨木童子，一次是九尾狐，一次是橋姬，最後還都被騙走了。

青女房與丑時之女

唐詩有云：「白頭宮女在，閒坐說玄宗。」幾個年紀大的宮女無事的時候聚在一起，閒聊唐玄宗在位時的宮廷軼事。古代大多數的宮女，很少在宮中熬到白頭，一般年紀大了，在宮中又沒什麼地位，就會被放出宮嫁娶，再選入年輕的宮女進宮侍奉。

青女房就是這種到了年紀被放出宮去，卻最終成妖的百鬼之一。

青女是有良好家庭出身的女子，她年輕貌美，已經與心儀的男子有了婚約，這時候，宮中卻召喚她入宮侍奉嬪妃。青女便與男子約定，待她從宮裡出來，再續前緣。青女在宮中小心翼翼，

8 草子：來源於《徒然草》，意思是指「草紙」或「冊子」。

努力工作，職位越升越高，年紀也越來越大，一年又一年，容顏漸衰，最終圓滿離開了皇宮。她回到以前的家中，那個曾經信誓旦旦等待自己的男子，卻早已經耐不住寂寞，娶了別的女子，兒女繞膝，而青女再無人問津，孤獨終老，相思無盡頭。她等著那個男人回來，不肯離開這荒廢的舊屋。漸漸地，她無心打理髮髻，任首如飛蓬，形容枯槁，最終成魔。

每當有人經過舊屋，青女便偷偷梳妝打扮，從門縫裡向外窺視，看那人是否是自己等待已久的戀人。如果不是，青女就會十分惱火，將那人殺掉。特別是那些年輕俊美的男子與漂亮的女子，青女一定不會放過。長年累月積攢的怨念，使青女變成了妖怪青女房，披著淒美豔麗的舊宮裝，每日描著眉，等待那再也不會回來的人。

青女房原本有著良好的教養，她牙齒塗黑，是那些皇族和宮廷貴族才有的裝扮。她是平安時代很多有同樣遭遇的宮女的代表，這些女子在宮中數年，所用皆是奢華之物，再回到民間，卻已過了能定良緣的年紀，也沒有獨立生活的能力，因此生活潦倒無依，心中充滿怨念，整日愁眉不展，脾氣古怪，便被人們妖魔化為青女房。

在《吾妻鏡》中記載了青女房的蹤跡。

青女房

日語裡「坊」或「房」，有僧尼之意，女房也就是女尼。青女房並非尼姑，她是一個被拋棄的女子，再不會有姻緣，獨身若寡，便稱之為「房」，和女尼一樣孤寂，青燈獨守。

在平安時代，一個夏季的後半夜，將軍家的南面忽然所有燈都熄滅，萬籟俱寂之時，一個身著白衣的女官緩慢地飄過前庭。侍衛攔住她詢問來由，她卻一聲不吭，一直走到門前，忽然閃出燭火之光，消失無蹤。

將軍覺得此事蹊蹺詭異，便找來陰陽師占卜，當時的陰陽師是安倍晴明的後人安倍泰親。他知道這女官是宮女怨靈所化，來到將軍府中便是災難將至的預警。於是他請將軍在家中的南面庭院進行祭祀慰靈。但這並沒起作用，第二天夜裡，在同一時間，整個京城發生了大地震。

丑時之女和青女房身世相同，也曾慘遭拋棄。丑時之女更加悲慘，是失身之後遭人背叛，所以，她變為厲鬼之後，報復更加主動與激烈。

丑時之女會在丑時，也就是半夜一點到三點之間，跑到陰氣森森的樹林中，將代表著仇人的稻草人用錘子狠狠地釘在神社的御神木上，進行一種古老的詛咒。她的頭上頂著插了三根蠟燭的鐵圈，由於她的身體如薄霧一般透明，映著燭火之光，就會呈現出詭異的紅色。稻草人連續釘七天，被詛咒的人就會痛苦地死去。

丑時之女
被拋棄的怨婦在三更半夜戴著惡鬼面具，拿著錘子，狠狠地將稻草人釘在樹上，似乎那稻草人，就是她所怨恨之人，讓人不寒而慄。

丑時之女通常會出沒在神社周圍，被稱為某神社的丑時之女。丑時之女是日本民間最普遍的怨婦成魔的形象，她頭上的三根蠟燭代表著情感、仇恨與怨念。丑時之女有強烈的嫉妒心與報復心理，她們因愛生恨，被怨念裹挾，一念成魔。

丑時之女的詛咒方式隱蔽、便捷、見效快，很多被男人拋棄的女子會模仿丑時之女，對負心漢或者搶走男人的女子進行詛咒。她們穿上白衣和單齒木屐，胸前掛著銅鏡，嘴裡叼著把木梳，頭頂三根蠟燭，拿著錘子和五寸釘，在三更半夜跑到深山老林，一言不發，就向神木上釘釘子。空曠的山林中，迴響著她們發洩怨念的聲音。

絡新婦

有一種蜘蛛叫絡新婦，這種蜘蛛長著黑黃相間的斑紋，牠的絲是金色的，能夠織成閃著光芒的金色錦緞。在日本，絡新婦同時也是一種妖怪，會殺死與自己歡好的男子，如同現實中的蜘蛛。

最早的傳說中，絡新婦是《賢淵的傳說》中的蜘蛛精。

有個有道之人將去高野參拜，坐在道旁休息時，一隻蜘蛛爬了過來，在他的腳上纏了一根蜘蛛絲。這人覺得蜘蛛如此渺小，吐絲織網不易，怕傷害蜘蛛，就小心翼翼地將蜘蛛絲從腳上取下，掛在了身邊的草葉上。等他睡醒卻看到駭人的一幕：那蜘蛛絲以極大的力量，將周邊的草纏成一團，然後拉入河中。這蜘蛛便是絡新婦。

在很多故事中，絡新婦幻化成美麗女子，同樣擁有巨大的糾纏之力。

在《曾呂利物語》中，一名隱居山中的男子落日之後在山中散心，忽然看到樹上有個六十歲左右的女子，塗黑牙齒，披散著蓬亂的頭髮，朝著他邪魅地一笑。

男子嚇了一跳，連忙轉身回家。臨睡前他看到一個女子身形和頭髮的影子映在紙窗上，正欲破門而入，這身形正是他在山中看到的妖女。男人嚇得跳起來，提起防身的刀朝那妖女腰間就是一刀。

妖女被砍後奪門而逃。家人聽到打鬥的聲音趕來，看到男子昏倒在地，四周搜尋，發現一隻巨大的蜘蛛，殘肢斷爪散落了一地。

在《宿直草》中，絡新婦繼續進化，變成一個年輕婦女。

有個男子住在人煙稀少的地方，將近四更的時候，有婦人抱著孩子來了。男子十分警惕。這婦人笑著對懷中的小孩說：「那人是你的父親，讓他抱抱你。」小孩向男子走來，男子手持武士刀怒目而視，小孩嚇得跑回母親身邊。婦人再次推著小孩，要他別怕，去找父親，男子瞪著小孩，小孩不敢接近，再次回到母親身邊，這樣反覆了四、五次。

那婦人微微一笑：「還是我自己來吧。」她身法極快，倏忽間到了男子面前，男子手起刀落，劈向那婦人。婦人被砍中，大叫一聲，沿著牆壁攀上頂棚。天亮後男子爬牆上房，在頂棚上看到一具巨大的蜘蛛屍體，爪長二尺，後背有一道深深的刀痕。蜘蛛屍體旁有很多人的屍骨。那個看似小孩的東西，卻是一座石頭五輪塔。如果當時這男子砍向小孩，如此堅硬的石塔，一定會將他的寶刀弄斷，男子最終也會因為沒了武器而被絡新婦所害。

《太平百物語》中，有一個叫孫六的人，遇到一位老婦人邀他去家中做客。孫六在老婦人家遇到一個絕色女子，衣著華麗，長髮披肩。這女子對孫六傾訴心中的仰慕之情，想與他結為夫婦。孫六已經有了妻子，便婉拒了。但這女子糾纏不休。孫六乾脆一走了之。他剛剛出門，這座宅院立刻消失得無影無蹤，只剩一片竹林，他就在自家房前。孫六在竹林中四處查看，忽然看到一個女郎蜘蛛在地上爬。他抬起頭，看到無數蜘蛛在他家的屋簷下築巢。孫六恍然大悟，昨天晚上，他曾經用煙管將很多蜘蛛從家中趕出來，這些蜘蛛變成女子捉弄了他。

日本傳說中的絡新婦也叫新羅婦、女郎蜘蛛，她們白天是美豔的女子，憑藉姿色勾引年輕的男子，到了夜晚，絡新婦就會變成蜘蛛，吐出小蜘蛛，吸食人血。在誘惑男子後的第三天，絡新婦會將男子的首級取下來，吃掉男子。

即使沒有絡新婦，日本人對蜘蛛也是既敬且畏，他們認為蜘蛛有神奇的力量，牠們的出現，往往帶著某種徵兆。早上出現的蜘蛛，意味著貴客將至，是喜蛛；夜晚看到蜘蛛，卻意味著盜賊將至，令人恐懼。

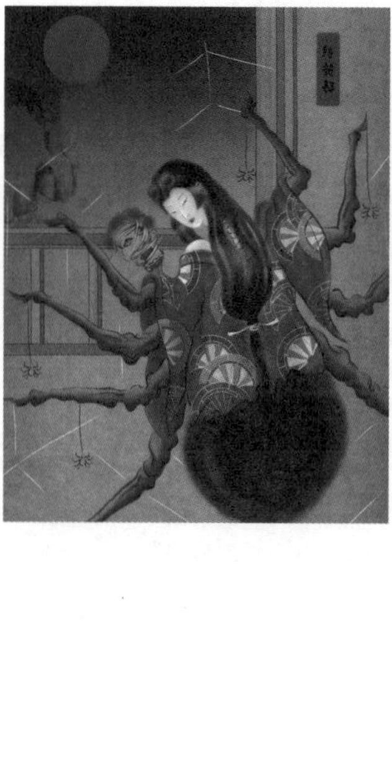

絡新婦
絡新婦有很多種臉孔，或是老婦，或是美麗的少婦，或是漂亮的少女，但本質是蜘蛛，迷惑人類，以人的血肉為食。

座敷童子

關於座敷童子，有著這樣一個動人的傳說。

相傳在日本的東北部某個貧困的小山村裡，有個母親帶著她幼小的女兒，住在破舊的房子裡。父親不幸離世，母親又經常生病，窮人的孩子早當家，小女孩每天上山採藥，既能給媽媽治病，又能換錢糊口。

有一天清晨，小女孩早早出門採藥，母親做好了早飯在家中等待，一直到晚上也沒見女孩回來。

此後每天早上，母親都會在門前發現很多新鮮的草藥，卻再沒有看到自己的女兒，也沒有人知道這些草藥是從哪裡來的。母親拿這些草藥換了錢，治好了病，可那草藥還是不間斷地出現在門前，風雨無阻。

有一天清晨，母親守在門口，在迷濛的霧氣中，她看到了一個熟悉的身形到了自家門口，放下草藥就轉身跑了。那正是離家多日的小女孩。母親喚她的名字，她卻走得更快了。母親在她身後跟著，上了山，一直來到了懸崖邊。

小女孩終於停住腳步，她回頭戀戀不捨地看了一眼母親，然後揮揮手，從懸崖上跳了下去。母親趕上前，發現崖邊只有女兒的一隻鞋和一個裝滿了草藥的籃子。原來小女孩早已死去了，她擔心母親的病，即使是死後也依舊每天到懸崖邊採藥，直到母親病好，她才真正解脫。

小女孩後來成了座敷童子，她同情有同樣遭遇的貧困家庭，希望這些家庭都能擺脫貧困，幸福生活。她的願望被神明垂聽，賜予了她帶給人幸福的力量。

座敷童子通常是小孩的樣子，梳著河童一樣的髮型，有著紅紅的臉頰，穿著紅色的和服。他們多數是女孩子，也有一些是男孩或一對童男童女。座敷童子是家中的精靈，只有和他們住在一起的家人才能看見他們。

因為是小孩子，免不了淘氣，座敷童子喜歡與家中的小孩子一起玩。在一群孩子中，經常會多了一個誰也不認識的小朋友，但是不知何時又不見了，這就是座敷童子。他們喜歡在空曠的房間裡啪嗒啪嗒地跑過去，卻不露身影；有時候會趁著人睡覺，硬將枕頭翻過來，或者在乾淨的地上踩出一串髒髒的小腳印；有時候會模仿奇怪的聲音嚇唬一個人在家的人。他們雖然愛胡鬧，但不會傷害人，他們的惡作劇只是為了好玩。

人們常常會將座敷童子供奉在家中的堂屋或是倉庫中。在日本人眼中，他是幸運之神，會給家庭帶來好運，讓家族興旺，在家族遇到災難的時候，座敷童子也會守護家庭，比如，要發生火

座敷童子

座敷童子原本是守護家宅的神明，卻被人歸入百鬼一類。它通常是小女孩的樣子，在家中惡作劇，但從不傷害人類，反而會帶來福祉，是具有正能量的小小神明。如果座敷童子離開了，那麼這戶人家就會遭遇不幸。正因如此，座敷童子無法躋身神明，只是作為百鬼中的一種妖怪流傳世間。

災或地震，座敷童子會提前警告家人，使家人從災難中逃脫。座敷童子是一個小小的福神。不過他也有脾氣，如果家中人對他不敬，或做出讓他不喜歡的事情，他就會很快離家，而這個家庭也會從此一蹶不振。

不過，座敷童子在幫助一個貧困家庭變得富裕之後，又會跑去另一個貧困家庭。這時候，如果富裕的家庭擔心福神離開會使得家道由此衰落，而去找法師強行留住座敷童子，就會招致厄運。座敷童子是個自由的精靈，不喜歡受人束縛。

在日本的岩守縣，有另一個關於座敷童子的傳說：古時候，當地山中有一個雷獸經常吞吃小孩，百姓苦不堪言，後來來了一位陰陽師收服了雷獸，超度了被雷獸吃掉的孩子。但其中有個男孩說什麼都不肯被超度。因為他之所以被雷獸吃掉，是為了去山中尋找迷路的妹妹，妹妹沒有找到，他不能離開此世。陰陽師同情他，但又怕他的靈魂被濁氣沾染成魔，就做了兩尊小地藏，讓哥哥寄宿在其中一尊之中，另一尊附著引導妹妹靈魂的靈力，希望有朝一日讓兄妹團聚。

兩尊小地藏立在村口，經過了很多歲月。有一年村子裡要修路，需要搬走這兩尊小地藏。一名姓山口的樵夫聽過小地藏的傳說，十分同情他們，就將他們請到家中供奉起來。兩尊小地藏中的兄妹早就重逢了，經常暗地裡做一些好事，因此，被當地山神收作護山童子，也有一些法力。他們覺得樵夫很善良，為了感謝他，就暗暗幫助他。樵夫的日子越過越好，娶妻生子，家業也越來越大，家中人丁逐漸興旺，成為當地有名的富戶。人們傳說，這都是因為山口家中有那兩位守護在家中的童子神明，因此，這兩兄妹又被人稱為座敷童子。

老樵夫逐漸老去，臨死前他覺得座敷童子為自己帶來了這麼多的福運，他死後不希望座敷童子再被拘束在家中，就命人將兩尊小地藏送歸山林。老樵夫的家人卻不這麼想，他們覺得座敷童子走了會影響家運，在將老人安葬後，就急匆匆地找到山中的座敷童子，又將他們帶回山口家，關在內室裡。座敷童子從此就被困在了山口家，不得自由。

山口家雖然依舊興盛，卻從此再也沒有生出男丁。世世代代，山口家最漂亮的女孩被選來終身陪伴座敷童子，永遠不能離開家門。家中其餘的女孩則招贅女婿，這些上門女婿，無論一開始多麼敦厚淳良，到山口家後都會變得狂躁暴戾。家中逐漸開始彌漫著怪異的氣息。終於有一天，有一個被選來陪伴座敷童子的女孩忍受不了這種形同牢獄的生活，將座敷童子偷偷放走了。座敷童子重返山林，恢復了自由之身，山口家卻大禍臨頭。

座敷童子離開的當晚，山口家的院中長出了很多肥美可愛的蘑菇，家人將這些蘑菇採摘下來做湯，結果，全家都被毒死了。只有一個六歲的小女孩因為在朋友家做客而倖免於難。她回家後看到滿地橫屍，震驚之後慟哭失聲。山口家的親戚朋友們聽聞此事，紛紛跑來，但他們不但不幫忙，還趁火打劫，藉口山口家欠他們錢，將山口家的東西全部搬走。一個曾經受過山口家恩惠的孤寡老婦，同情這個小女孩，收留了她。

座敷童子得知此事，他們固然怨憎山口家的世代拘禁，卻也依舊記得當年老樵夫對他們的恩情。於是，哥哥選擇留在山口家最後一個孩子身邊，守護她長大，幫助她重振家業；妹妹則遠走他鄉，選擇到那些家境貧寒但心地善良的人家，為他們帶來福運。

第13章

七福神

七福神

七福神是日本的八仙，他們來自三教[9]，乘坐寶船，各顯神通。七福神驅邪避凶斬妖除鬼，為人們帶來吉祥與幸福，在日本是家喻戶曉的存在。中國的八仙被民間安置在各種地方，比如牆壁上、盤子上、服飾上、桌椅板凳上，使生活充滿了祥瑞仙氣。日本的七福神也被供奉在船上、店中和住宅裡，祈禱積福添壽，財運亨通。

在日本歷史上，從室町幕府開始，就有向七福神祈福的風俗。此時正是中國的元末明初，中國很多士大夫和文人因為政治黑暗，民生凋敝，空有抱負卻無法施展，只能醉情山水，談幽論玄，隱逸山林，這種隱士文化也影響了日本。最初是一些日本的公卿大夫，受漢文化的影響，將玄學清談中的「七賢」、「七神」圖畫掛在牆上。民間照貓畫虎，供奉「七福神」，取義佛教中的「七難即滅，七福即生」，不僅在年節將「七福神」請入家

9 三教：儒教、釋教、道教。

七福神
七福神各司其職，也是各種主流行業神的集大成者。商人信仰大黑天與惠比壽，他們是商業之神；從事音樂與藝術工作的人信仰弁財天，她是藝術女神，為藝人帶來庇佑與靈感；知識份子信仰福祿壽神；旅人、醫生向毘沙門天祈福；壽老人代表長壽與財運；布袋和尚代表滿足與快樂。

中，還為七福神修建了各自的神社。

七福神來自於不同的宗教和國度，卻被日本人聚在一起，共同降福。通常所說的七福神是惠比壽、大黑天、毘沙門天、弁財天、福祿壽、壽老人、布袋和尚。

七福神中，只有惠比壽是日本土生土長的神明，大黑天、毘沙門天、弁財天來自印度的婆羅門教，福祿壽、壽老人來自中國道教，布袋和尚是佛教菩薩，這些都是在亂世中久經信仰考驗、人氣最高的幾位民間神明，百姓將他們聚在一起，以祈求帶來福氣。每到春節，貧苦百姓中就會選出一些人穿上七福神的衣服，潛入別人的家中，這是在扮演「七福神盜賊」。被這些吉利的「盜賊」光顧的家庭，全都興高采烈，一邊喊著「福神來了」，一邊給些財物，不讓「福神」們空手而歸。這也是一種比較有趣的施捨方式，花錢買個吉利，貧苦百姓得到這些錢，也能開開心心過節。

七福神之所以乘坐寶船，是因為最開始的時候，他們就是在船上供奉的神明。日本文化的輸入基本上都源自海路，《古事記》和《日本書紀》中很多神明就是突然在海上出現的。日本人對海船非常重視，他們不僅依賴漁業帶來豐富的水產，也通過海上貿易和文化交流，獲得經濟和文化上的進步。

江戶時代，坐著寶船而來的七福神形象已經深入人心。日本人會像中國人賣年畫一樣，在春節時，滿街賣七福神的寶船圖，買回家的人們會將寶船圖放在枕下。傳說這種做法會帶來好夢。年初的好夢也稱為初夢，如果夢到了富士山、鷹、茄子、扇、菸草、座頭（指帶著琵琶、三絃，巡遊各處，以說唱故事為職業的剃髮盲人）等，就會收穫一整年的幸福。

惠比壽

惠比壽在七福神中排名第一，他頭上戴著黑色高帽，身上穿著狩服，這原本是宮廷貴族的打扮，但他偏偏一手抱著一條肥胖的鯛魚，另一手拿著魚竿，又像個漁民。這很符合他的出身。傳說，惠比壽是比天照大神降生還早的高天原神明，當年伊邪那岐與伊邪那美進行了錯誤的結婚儀式，生下的第一個孩子是個蛭兒，大概就是近親結婚所生的畸形兒。夫妻兩人十分失望，讓這孩子順水漂走。這個遭遺棄的孩子就是惠比壽。他出身尊貴，卻又墮入凡間，最終還是成了神明，而且是人氣最高、在民間最受喜愛的福神。

日本人會將一切順水漂來的不明物體稱為惠比壽，大概就源於那段神話。後來，凡是水中漂著的都與惠比壽產生了關係，比如海上浮著的鯨魚、穿梭往來的鯊魚、能凌越海面的海豚、不知何處漂來的海上枯木，甚至海難後漂到岸邊的浮屍，皆成神明。這位原本被高天原所拋棄的神，也開始端坐廳堂，享受人們對他的供奉。

不僅如此，日本人還主動去尋找這位神明。大海喜怒無常，日本作為島國，很多地區靠海吃飯。在漁獵季，日本的一些年輕漁民會蒙上眼睛，潛水到海底，撈一塊石頭上船，然後將石頭供奉起來。他們認為這種石頭帶有神性。希望惠比壽神能保佑他們出海平安順利，保佑當地漁業獲得豐收。

惠比壽原本是漁業神，但船不僅用來打魚，也是旅行和商業必需的工具，因此，海上的惠比壽，又逐漸成為旅人與商人的保護神。他笑容滿面，慈和富態，代表著豐收的喜悅，商人讓他來守護自己的買賣，祈禱生意興隆、財源廣進。常年在海上往來的旅人，會在出發前向惠比壽祈禱此行順利，旅途平安，惠比壽又變成了家喻戶曉的旅人守護神。

信仰惠比壽的通常是普通百姓，漁民在撒網之時會大喊「惠比壽」，期待這一網能帶來豐收。東京的惠比壽地區是日本的三大購物勝地之一，在惠比壽車站，還有惠比壽雕像，顯示了惠比壽地區從商的人們對這位神明的信仰。

由於宣揚惠比壽信仰的人曾被稱為「夷回」，因此惠比壽又被稱為「夷三郎大明神」，或簡稱為「夷神」。每年的一月十日是傳統的「惠比壽之日」，人們會在這一天舉辦大型的祭祀活動「十日戒」，商人也會去參拜神社，祈求財神帶來一年的生意興隆。

大黑天

大黑天神原是印度婆羅門教的濕婆神，與梵天和毗濕奴並列為印度三大神。大黑天是毀滅者，具有雙重神格，即毀滅與繁衍，破壞與創造。他有三眼四手，頭頂一彎新月。濕婆神進入佛教系統後，大黑天成了佛教中的護法神，負責治癒疾病與帶來財富，因此他又是醫神與財神。在藏傳佛教中，大黑天神是毗盧遮那，又稱大日如來，也是一位護法神。到了蒙元時代，大黑天神又因為忽必烈的供奉成了軍神，在明末甚至傳到了女真人生活的區域，滿族人也供奉著大黑天。

在古代中國的中原地區，大黑天是作為財神受到信仰的。作為修習密宗法度的財神，大黑天據說是個能令財富急劇增值的神明，廣泛地被供奉在寺廟的廚房中，故此大黑天也是廚神。中國的財神文化漂洋過海傳入日本後，由於神佛習合，日本吸收了佛教中的諸位神明，這位大黑天神，由於其繁殖與創造的神性，被放入了七福神中，成為正牌財神爺。

大黑天初到日本時，在著名的佛教名山比叡山得到供奉。比叡山是日本天台宗的總本山，曾經被毀僧謗道的織田信長一把火燒掉，在德川時代才再次修建。比叡山在日本是鎮守京師的聖山，大黑天就是比叡山的守護神，供奉於比叡山各個寺院的食堂中。百姓來參拜神佛的時候也會參拜這位食堂中的廚神，大黑天從此成為一種十分親民的福神。

有人認為，藝能之神摩多羅神也是由大黑天變化的。鎌倉時代，慈覺大師從大唐回日本，在海上忽然聽見空中傳來聲音，那聲音自稱摩多羅神，是一位障礙神，如果不信奉他，就無法往生極樂淨土。作為來歷不明的神明，摩多羅神的形象與大黑天有些近似。

在日本，大黑天擺脫了原本怒目圓睜的戰神濕婆形態，變成了一位慈眉善目、身材豐滿的神明，他頭上戴著黑色頭巾，背著米袋子，手裡拿著小木槌子，還踩著兩袋大米，帶著一隻小耗子。傳說耗子是大黑天的御史，能夠預知災禍吉凶，牠與大黑天一起，使用神明戰術祛除五種惡神邪氣，幫助人們開運招福。

毘沙門天

毘沙門天是佛教中的財神護法。「毘沙門」是梵語，意為「多聞」，也就是說他的福德之名廣布四海，因此又稱為北方多聞天，是著名的財寶天王。這個神在中國有另一個化身：身披鎧甲，頭戴高冠，一手拿寶棒，一手托寶塔。他生了個兒子名叫哪吒，而他就是傳說中鼎鼎大名的「托塔李天王」李靖。

毘沙門天的形象於唐代傳到日本，成為日本佛教中一位重要的神明。平安時代，菅原道真曾向毘沙門天祈求，因此毘沙門天又被後世尊為智慧天神，代表著無窮無盡的聰慧與智識。

日本的毘沙門天
在七福神中，毘沙門天是智慧與財富之神，他代表通過智慧勇氣積極進取，換取財富。同時，他的戰神屬性，也能為人們降妖伏魔，守住福氣。

日本戰國時期，大名（即領主）間征伐不斷，曾為戰神的毘沙門天在那一時期積累了廣泛的信眾。由於他又名北方多聞天，是北陸的守護天神，因此得到了領土在日本北部的上杉謙信的信仰，在上杉軍的大旗上有一個「毘」字。上杉謙信也因為能征善戰，如同北方天神，被時人譽為「軍神」。此後毘沙門天在日本的地位得以鞏固，成為能鎮護國土、擊退邪魔的神將。

毘沙門天的妻子吉祥天（有一說是妹妹），也曾位列七福神之一，如今在日本的一些地區，依舊有人信奉吉祥天。吉祥天也是護法天神，因為有大功德，又名功德天。她相貌秀美，隨著多聞天征戰四方，是一位女戰神。她翱翔於天地之間，被稱為「三界總主」，能給人帶來財富、智慧與幸福。她又是愛情女神，能為女人帶來美貌與戀情。

弁財天

弁財天是七福神中唯一的女神，她是婆羅門教中梵天的女兒，也是梵天的妻子。濕婆神，也就是大黑天，看不慣梵天這種亂倫的做法，曾將梵天的第五個頭砍下來。弁財天十分美貌，騎著孔雀，頭戴八蓮冠，有四隻手臂，一手持經書，一手執蓮花，一手抱琵琶，一手彈琵琶。

弁財天是「水源充足」的意思，所以，她是位與水有著不解之緣的女神，甚至被當成河神。在高天原神話中就有很多河神，日本人也傾向於接受外來文化中與日本文化相似的部分，因此這位女河神備受日本人歡迎。

俗話說仁者樂山，智者樂水，親近水的弁財天是文學和科學的保護神，她代表著才能和智慧。此外「山主人丁水主財」，弁財天因為親水的特性，也被賦予了財富之氣。

在印度，弁財天也是詩之女神，她掌管著語言，具有強大的舌辯能力，因此，她在日本也被奉為戲劇之神，是日本歌舞伎劇、能劇、落語及其他各劇種的行業神。戲劇能給人們帶來輕鬆與歡樂，作為戲劇之神的弁財天，也能為人們帶來福氣。戲劇從業者供奉弁財天，希望能獲得靈感，增長智慧與福德，並獲得財富，增福添壽。

弁財天的形象在日本也與本源不同：四隻手變成了八隻手，分別握著弓、刀、斧、卷、索、箭、戟、杵、輪，懷裡還抱著琵琶，八種武器代表著各行各業的百家技藝，所以，弁財天也是日本的工匠之神與藝術女神。

福祿壽
福祿壽長著很長的腦袋，為人們帶來福氣。

福祿壽與壽老人

福祿壽與壽老人分別代表福氣與長壽。他們原本是道教中的神仙，是傳說中的天官，在中國民間很受歡迎，得到了普遍的供奉。傳至日本後平安時代，福祿壽和壽老人與中國的南極仙翁形象相同。室町時代，原本是同一位神仙的福祿壽和壽老人，分離成了兩位神仙。

在日本，這兩位老神仙都慈眉善目，福祿壽長著很長的腦袋，有著連鬢美鬚，手裡拿著拐杖，身邊跟隨一隻白鶴，能為人們帶來幸福、厚祿與長壽。壽老人長得很瘦，長鬍鬚，手拿寶杖，有梅花鹿相伴，寓意長生不老。

壽老人在日本民俗中是一位善神，人氣很高，傳說他是主管陽壽的神明，經常會跑到民間微服私訪，借宿在旅途中的某戶人家中。如果這家主人善待壽老人，壽老人就會讓這家人的陽壽增長很多，而如果這家還有年過九十的老人，壽老人就會邀請他登上七寶弁天風神福船，去高天原遊玩，回來後就能返老還童，並保留此人的記憶與才華，讓他在此基礎上重獲新生。

壽老人
壽老人帶著鹿，象徵長壽延年。

布袋和尚

日本的布袋和尚與中國的布袋和尚同出彌勒佛一系。彌勒佛是未來佛，他背著布袋到處行走，用這種行為藝術向人們言傳身教。「布袋」很大，裡面裝的是人世間一切欲望、負擔、憂愁、愛憎。對著沉甸甸的包袱，一般人都會不堪重負，布袋和尚卻能背得起放得下，腆著能容天下的肚子笑口常開。

傳說布袋和尚有著謎一樣的身世。在唐代奉化的龍溪有人撿了一個嬰兒，這孩子躺在溪流中的一捆柴草上，卻沒有被湍急的溪水沖沒。這人將孩子救起後，看到孩子長得圓潤豐滿，笑眉笑眼，十分喜氣讓人喜歡，便將他帶回家。後來小嬰兒長大成人到岳林寺出了家。他經常背著一個布袋子雲遊四方，傳播佛法，人們都稱他為布袋和尚。也有人說，布袋和尚是五代後梁時期的僧人……不論是哪個朝代的，最終，布袋和尚和他的傳說傳入了日本。

在日本，布袋和尚幾乎家喻戶曉，他代表著豁達與樂觀的精神，用熱烈、真心的大笑來征服一切煩惱、苦難與負累，他的笑坦誠卻又深不可測，包含著各種意味，讓世間人自行體悟。在七福神中，布袋和尚是洪福吉祥之神，他肥胖的身體為世人背來滿滿一布袋的福氣。在七福神中，他排名在最後，也正因如此，他預示著未來的幸福與美滿既是收尾，也是新的開始。

第14章

土神

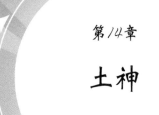

阿伊努族的神

阿伊努又名愛奴，正是日本古時的「蝦夷」。阿伊努人居住在日本的北海道地區，毛髮長如蝦鬚，故此被稱作蝦夷。阿伊努是日本北方的少數民族，在阿伊努語中，阿伊努是「人」的意思，阿伊努更喜歡別人稱他們「烏塔里」，也就是「夥伴」。

古時候的阿伊努人以漁獵為生，到了近現代一部分轉為農耕，習俗信仰上卻與農耕的大和族人不同。他們同樣信仰萬物有靈，神明也很多，只是形態不同。阿伊努的神被稱為「神威」，也稱為「精靈」，囊括動物、植物、日月星辰、風雨雪、瘟疫，還包括家宅神和器物神，甚至還有一些因稀奇古怪的念頭而形成的神明。阿伊努人觀念中的神明，不比日本的八百萬神少。

傳說阿伊努族的神與人住在不同的世界。世界最初是一片茫茫大海，沒有草原和森林，只有大雪山歐普塔帖希凱山聳立雲間，神明高坦卡拉卡姆伊與妹妹降臨在大雪山頂，他們收攏天上飄浮的雲朵，用烏雲製造岩石，用黃雲製造土地，形成山川島嶼、蒼茫大地。這就是傳說中的愛奴莫希，也就是人類所居的土地。

阿伊努人的世界分為三層：諸神居於天上界，人類居於地上界，死者居於地下界。神的世界分為六層：最上界的天神是日神，也稱雷神；生活在地上的阿伊努人居住在山中；空中的飛鳥往返於地上界與天上界之間；逆戟鯨是海神；地下界居住著數不清的魔物，又稱地獄，有深重罪孽的人死後也會進入地獄。

巨人神高坦卡拉卡姆依創造世界之時，誕生了天神遼楊神與春榆女神。遼楊神在向人類傳授火種時失敗，誕生了惡神。在火中，春榆女神的美麗使雷神著迷，他們結合後，產生了狂熱的火焰，誕生了阿伊努族的文化神阿伊努拉克爾。

拉克爾是阿伊努族神話中的始祖，他娶了女神白鳥姬禮多千利為妻。拉克爾教人們識別有用之物，將杵臼、刀鞘、木鏟和織布機的製作方法教給男人，又將服裝的製作方法教給女人，讓人類能有更好的生活。

拉克爾生活在一個群魔亂舞的時代，地上界中有巨大的雨鱒和水獺，還有怪獸莫西列奇克奇克、克塔涅奇克奇克以及盤旋在天空中的飛龍，它們不僅襲擊人類，帶來災禍，還綁架太陽神讓三界陷入沉沉黑暗。拉克爾誅殺了危害人類和世界的妖魔之物，所以他也是和平之神。

平定妖魔之後，拉克爾將巨大的雨鱒剁成碎塊，這些碎塊變成了鳥類與飛蟲。他將沼澤中的魚撒向大地、森林與海洋，從此河中充滿鮭魚和鱒魚，海中都是海獸和魚類，陸地上有很多鹿。阿伊努族的人依靠這些食物變得更加強壯，不斷繁衍。

阿伊努族供奉著很多神明，不僅有始祖神，也有一些動物神。他們會進行鮭祭和熊祭。熊祭

阿伊努人
以漁獵為生的阿伊努人，靠天吃飯，更加崇尚自然的力量，熊、蛇、魚、飛鳥、飛蟲，所有生靈都自有其神性，守護著阿伊努人，得到他們的祭祀與供奉。

又名伊奧曼帖，意為「送熊」。在阿伊努人的觀念中，熊既是獵物，也可以飼養。他們將幼熊養大，吃其肉並進行祭祀，祭祀的目的是將熊的靈魂送歸山林，回到熊神身旁。

阿伊努族也有蛇神，全身呈淡淡的黑色，十分粗壯。蛇神的嘴是紅色的，鼻子尖利，能夠輕易切開巨木，背後生長著雙翼，形象近似《山海經》中的騰蛇。蛇神棲息於沼澤之中，身體有惡臭，這臭味有劇毒能讓草木枯萎，人要是接近它，輕則頭髮掉光、身上腫脹，重則渾身潰爛而死。不過，洞爺湖的蛇神卻是人類的守護神，曾經用惡臭幫助人們驅逐瘟神，得到人們的信仰。人們對蛇神進行祭拜，以祈求健康與平安。

注連繩

很多日本的神社中都能看到巨大的稻草編製的繩子，橫亙在門前。此物名為注連繩，是用稻草編製的雙股草繩，寓意是「分界線」。

注連繩源於神道教的高天原神話。天照大神被迫躲在天之岩戶的時候，眾神將她騙出門，布刀玉命立刻在天之岩戶門前攔了一條稻草繩，這就是最初的注連繩。注連繩的風俗起於日本本土，不過「注連」二字來源於中國。《顏氏家訓》中有「戶外列灰，祓送家鬼，章斷注連」，用注連劃定陰陽區域，人鬼殊途，各歸其所，以這種方式驅邪避鬼，保護家宅安寧。

注連繩的作用，通俗的說法就是畫出結界，用稻草繩將神聖的場所與其他區域分開。除了神社，在祭神時，或者在家庭中的神龕區域，人們都會使用注連繩，分隔聖地與世俗。早期的神社注連繩甚至會將整個社園起來，以示「閒雜人等不得入內」。注連繩的編法十分豐富，一般注連繩由四部分組成，分別為雙股的稻草麻繩、柳丁、裡白和紙垂。

注連繩的主體由乾燥的稻梗編製。由於日本的農耕民族屬性，稻子具有神性，象徵著民以食為天的樸素信仰。日本人認為米中寄宿著祖先的神靈，這靈力能驅走邪惡的東西，因此，能帶來稻米豐收的神明被稱為田之神。日本人出生時有產立飯，死後也會被供奉米飯，生病時，也有將米裝入竹筒「搖米」的風俗，意在增加生命活力，戰勝病魔。

因此，日本人認為稻草具有非同凡響的靈力，注連繩往往被綁在神社、家中，或是辦公場所和倉庫、鳥居上、山寺前的刻石上。甚至有些高段位的相撲手會佩戴注連繩，讓邪魔歪道無法靠近，以保平安。

出雲大社的注連繩
日本最著名的注連繩是出雲大社門前，尤其是神樂殿的注連繩，有八公尺粗，四點四噸重。

柳丁在日語中的諧音是「代代」。柳丁即使成熟了也不會從樹上落下來，所以，注連繩中的柳丁也有家族代代相傳，永遠興盛不沒落之意。裡白是一種蕨類植物，有點像中國南方山區潮濕的地方生長的蜈蚣草。它的莖內部是白色的，寓意表裡清白，內心清淨。白色代表白髮，家中有白髮蒼蒼的老人坐鎮，自然容易繁盛長久。紙垂是折出褶皺的和紙，表現稻穗成熟時下垂的狀態，象徵稻穀的力量，既寓意豐收，也能夠辟邪。

也有另一種說法，認為柳丁、裡白和紙垂代表三大神器，圓圓的柳丁代表八咫鏡，裡白代表草薙劍，一串串的紙垂代表八尺瓊勾玉串。如此一來，注連繩的寓意就與神道教中的高天原神明聯繫起來了。

日本人一般會在十二月二十八日前將注連繩掛起來，正月裡要一直懸掛，直到神明回歸，也就是一月七日時才會取下。家中的注連繩，一般用來迎接年神，如同中國過年貼春聯和年畫一樣，也有祈福的意味。摘下的注連繩不能隨便丟棄，必須送到神社焚化。

疊石頭的神仙

在日本很多不起眼的地方，比如小溪旁、路口處、山腳下，常會發現一堆堆人為搭起的小石頭。這些小石頭或者幾個豎著疊在一起，或者是一小堆一小堆，堆成奇形怪狀的樣子，頗有藝術感。這些石頭並非小孩子鬧著玩亂堆而成，而是一種對石頭的信仰。

世界各地都有對石頭的信仰：在埃及有巨石搭成的金字塔，在南美有復活節島的巨石頭像。而將石頭堆在一起視之為神明化身的，不只日本獨有——在西藏有瑪尼堆，在蒙古有敖包。

日本的石神信仰起源很早，神道教神話中，伊邪那岐在黃泉比良坂逃命的時候，就曾立起一塊千引石。這石頭是一塊具有神性的界碑石，鎮守著黃泉界的大門，隔絕陰陽，有點類似於中國的泰山石敢當。

日本的道祖神也是一種古老的石神信仰。日本人認為，在村落、山道或十字路口容易有惡靈棲息，所以要立一塊大石頭，上面雕刻人物、文字及一些奇怪的器物，代表這些具有分界性質的地方所匯聚的神明，它可以鎮守境界，阻擋邪魔入侵。而黃泉比良坂的千引石是這諸多道祖神的鼻祖，阻擋黃泉國的穢氣與災難湧入世間。

日本神話中有很多有關石神信仰的典故，比如玉藻前所化的殺生石，百鬼夜行中的夜啼石，以及神功皇后在征伐朝鮮的時候，捆住腹部的石頭，諸如此類，不勝枚舉。在日本神道教中，神仙降臨凡間時會以一塊大石作為神座，神仙會降臨在大石上，而大石也因此有了神性。

佛教進入日本後，神佛習合，佛教中的很多因素與日本本土信仰結合，石神在神性之外有了更多的禪意。石頭堅硬耐腐蝕，被製成石佛、石塔和石經，成了佛教中常用的器物，比如弘法大師曾經在大石上睡覺，就有了弘法石；僧人過午不食，晚上餓了就會揣一塊溫熱的圓石，以減緩饑餓帶來的胃痙攣，從而有了懷石料理。

在禪意十足的日式庭院，石神信仰與園林設計融二為一，形成了小巧精緻卻又深邃空玄的境界。石在此意味著高山峻嶺，也象徵著各路神佛。比如，佛盆石代表佛祖正在講經說法，達摩石代表達摩面壁，橋石代表接引橋，是此世去往彼岸的必經之路。

在日本民間的各個地區，對於疊石頭的信仰有不同的說法，有用以辟邪的石頭，也有用於祈願的石頭。這些不知何人、何時、因何而立起的石頭，帶著各種各樣的精神力存在於世間，寄託著人們的信仰與期待。

日本也有一些地區的疊石文化，代表著父母對兒童的守護。傳說河岸邊是陽間與陰間的交匯處，很多先於父母去世的小孩子，由於讓父母難過，便背負了不孝之罪。他們會在河邊堆石頭，但要堆成時，就會有鬼將石頭推倒。因此，孩子便會永世輪迴地重複著痛苦的工作。很多為人父母者，就會在岸邊堆起石頭，幫那些早夭的孩子完成心願，從而達到為自己子女祈福的目的。

鳥居

日本的鳥居多立於神社之前，形狀為兩根柱子，上加橫梁。它的起源與注連繩差不多，在天照大神躲在天之岩戶之時，思金神想出計策，在天之岩戶門外架起高高的支架，上面放一隻公雞，帶領高天原的所有雄雞鳴叫，將天照大神引出來。這個支架因為其上有雞，其形為門，因此稱為鳥居。鳥居上一般也會有注連繩，用以劃分神域與人世的界限。比起注連繩，鳥居更為醒目，也有更強烈的警示意味：入此門即入神之領域，言行舉止皆應謹慎，不得冒犯神明。

也有人認為鳥是人的靈魂所化，有乾淨的，也有不潔的。為了阻擋鳥類飛入神域，衝撞神明，所以在神社前的一段距離外建起鳥居。鳥落在巨大高聳的鳥居上就不會再飛入神社，帶來不潔之物。

民間也有傳說，鳥居可以用來投石許願，但這樣容易破壞鳥居的外觀，再說很多古老的鳥居隨神社一起被列入世界遺產名錄，向它投石也是違法的。

用鳥居來祈福，最常見的辦法就是捐款供奉鳥居。在日本商業神明的祈禱聖地伏見稻荷大社，有聞名遐邇的千本鳥居，位列日本三景之一。此地從山腳到山頂，橘紅色的鳥居連綿不斷，密密麻麻，如同紅色隧道，讓人印象深刻。千本鳥居的供奉分為大型鳥居和迷你鳥居，大型鳥居雖然價值不菲，但供奉者卻絡繹不絕。商人藉由捐贈鳥居表達對神明的敬意，希望以此為自己帶來好運，生意興隆，家宅安寧。

出雲大社鳥居

鳥居的材質有金屬的，有石頭的，也有木頭的。日本人認為，即使是塑膠做的鳥居也無傷大雅，心誠則靈。鳥居的顏色通常是朱紅色，或者橙紅色，紅色是一種警示色，具有強烈的辟邪意味，守護力量強大。日本還有一些其他顏色的鳥居，如原木色和原石色、白色的，這種鳥居通常專屬神道教，比如出雲大社的鳥居就是白色的。此外，長野縣貧乏神社的鳥居是黃色的，代表著積極努力；京都御金神社因為主旺財運，神社的鳥居是金燦燦的，十分招搖。

還有一些特殊的鳥居，如廣島縣的嚴島，因為整個島被視為一位神明，鳥居不能建在神明身上，只能建在島外的海水中，退潮時，人可以站在鳥居旁邊，漲潮時，嚴島鳥居凌駕水上，充滿神祕意味。愛知縣犬山市的桃太郎神社鳥居也別具一格，是一座粉色的桃形鳥居，鳥居中間有白犬雕像，兩邊分立猴子與綠雉雞。京都錦天滿宮的鳥居，十分神奇地插入兩側的民居之中。這是因為鳥居作為遺跡不能拆除，周圍住宅卻又發展過快而出現的。青森縣的稻荷神社也有千本鳥居，這裡的千本鳥居錯落有致，布局非常有節奏感，與花紅柳綠、小橋流水的園林相呼應，美不勝收，十分俏麗。

神宮、神社與神龕

日本號稱有八百萬神，並不是虛張聲勢。在日本全境有超過八萬間神社，每個神社都供奉著若干神明。

日本有三大神宮，分別為三重縣的伊勢神宮、愛知縣的熱田神宮和東京都的明治神宮，神宮就是規模更大的神社，相對神社來說，其數量雖少，地位卻更高。神宮供奉的是日本皇室的祖先神、天皇，以及其他神明。而歷史名人，即使如豐臣秀吉、德川家康等稱霸一世或基業長青的亂世梟雄，也不能進入神宮，只能供奉在神社中。

伊勢神宮相當於日本皇室的宗廟，地位極高，天照大神是伊勢神宮祭祀的主神。神宮中供奉著八咫鏡，只能由歷代天皇親自參拜，外人不能入內參觀。伊勢神宮體現了日本人對太陽的崇拜，日本人認為，作為太陽神的天照大神，不僅向人間傳授農耕紡織技術，還用陽光普照為萬物帶來生機，所以連國名都稱為「日本」。

伊勢神宮遠離首都。關於它的選址，傳說是垂仁天皇的女兒倭姬命公主在為天照大神選擇人間的住所時，看中了依山傍水、四季溫暖的伊勢山。在日本人心中，伊勢山和伊勢神宮是有生之年必去的聖地。

熱田神宮無論從規模、名氣和地位上，都是僅次於伊勢神宮的第二大神宮，供奉的主神是熱田大神。傳說日本武尊曾經在熱田化作天鵝飛走，留下草薙劍，因此熱田大神就是日本武尊倭建命，但這一說法始終沒有相關的印證。熱田神宮內供奉著三大神器之一的草薙劍。真正的草薙劍早在壇之浦海戰中就被丟到了海裡，因此，熱田神宮的草薙劍是一個精緻的複製品。

明治神宮的祭主是明治天皇和他的皇后——聰明到成精，以至於被稱為「天狗娘」的昭憲皇太后一條美子。明治神宮，相對於另外兩個神社來說更加開明親民，因此，處於三大神社第三位的明治神宮，每年參拜的人反而最多。來參拜的人懷著各種各樣心願，因此，明治神宮成為百姓舉行婚禮、畢業典禮、成人禮等儀式的聖地。

伊勢神宮

伊勢神宮是日本神道教最古老、最神聖的道場，有一個正宮和七個別宮，正宮祭祀的主神是天照大神，別宮中祭祀著月讀命、伊邪那岐、伊邪那美和其他高天原神明。

日本的神社通常達不到神宮的規模與影響力，不過不論多小的神社都體現著獨特的信仰與文化。日本最大的神社是出雲大社，此外諏訪大社和伏見稻荷大社規模也不小。

無論是神宮還是神社，在規制上都大同小異。一般神社周圍會有一片茂密的森林，空幽寧靜。這片森林又稱為「鎮守之森」，是人世與神界的分界線，除了神明和參拜者，閒雜人等不能進入。到了這裡，人們就要懷揣虔誠的參拜之心。

神社的入口處是鳥居，掛著辟邪的注連繩。進入鳥居前，虔誠的參拜者先要整理衣衫，鞠個躬，然後安靜地進入鳥居。不能有汙言穢語，不能說有辱神明的話，做褻瀆神明的事，甚至內心不能產生一絲邪念。淨心、謹言、慎行後，參拜者登上長長的參道，也就是上山的石階。在日本人心目中，這既是人的通道，也是神明的御道，參拜者必須走在參道兩邊，正中間留給神明通過，以免衝撞神明。在參道兩旁，掛著很多參拜者供奉的燈籠，立著守護參道的狛犬，以守護參拜的行路者，為他們提供照明和庇護。

參道盡頭的旁邊有「手水舍」，是給參拜者淨身的地方。參拜禮儀中講究齋戒沐浴，不過現代參拜的人很多，無法像古人那樣跑到大瀑布下泡七天寒潭浴，只能在手水舍裡洗手漱口。

手水舍的亭子裡通常有一個盛水的石盤，石盤上有很多勺子。進手水舍時要低著頭，拿起勺子舀半勺水，先洗左手，後洗右手，然後將水倒在掌心，送入口中漱口，再將漱口水輕輕吐在地上。剩下最後一點水，將勺柄朝下立起來，清洗勺子，最後將勺子放回原位。進行淨身亦如一場儀式，全程只用這半勺水，所以要十分留心，灑了就沒辦法再用了。還要全心全意不能左顧右盼，淨手的同時，連心也一併淨化才好。

淨手後人們就可以去拜殿了。拜殿通常與神殿連在一起，不過有的神社沒有神殿，只有拜殿，有的神社卻連拜殿也沒有，只能在神殿門外進行參拜。為人們所熟知的還有幣殿。參拜幣殿也要按照儀式步驟進行，先行禮，然後搖響鈴鐺，再投幣到塞錢箱，這是初始步驟。然後進行正式參拜，先鞠躬兩次，再在胸前擊掌兩次，默默祈禱，深鞠一躬，完成參拜。參拜是為了感謝神明的照拂與庇佑，同時向神明再次祈禱，與中國的還願許願有同樣的目的。

除了神宮、神社，日本人最廣泛也最日常的供奉就是各種各樣的神龕。這些神龕分為兩種，另一種供奉在家中，雖說供奉在公共場所，卻有很多是在不起眼的地方，比如在郊區的小路邊、商店街旁，甚至是自動販售機旁邊。所供奉的神明包括十方三世一切諸神，有中規中矩的民間神明，也有精靈、各式地藏、器物神，甚至人體器官，簡直隨心所欲，有多少想像力，就有多少神明。材質有石有木，尺寸都不大，式樣也各有特色。這些神龕承載著供奉者小小的心願，或是祈求平安，或是祈求生意興隆，成為日本街頭巷尾的一道風景。

家中供奉的神龕，通常也有普通神明和祖先神明的區別。日本人相信家人死後會保佑自己，便連骨灰罈一併供奉在家中。家中的神龕麻雀雖小，五臟俱全，神龕中央會放一個神社形狀的神殿，然後將神符（或牌位）供奉中央。神龕上掛著注連繩，旁邊放著長明燈與插了楊桐的瓷瓶。神龕前會放置米、鹽、水、酒作為供品，很多普通的家庭通常一碗生米就能滿足神明了。

神龕本質上就是一個小小的神社，不管神明在多大的地方居住，始終是神明，所以參拜儀式也一模一樣，先洗手漱口，拜兩下，拍兩下手，再拜一次。日本人相信，這種日常的參拜，能通過神龕向神明傳達自己的謝意以及願望，祈禱的內容也是五花八門，只要有願望，就可以隨時按照儀式，向神龕參拜，神明自會聽到祈禱，給予庇佑和幫助。

第15章

光怪陸離的自然神話

櫻

「時運不濟歸隱遁，何時花發返春都？」這是《源氏物語》中，主人公源氏在心灰意冷準備出家之時寫的詩，他將這首詩繫在一枝幾乎凋零的櫻花上，請人帶給在遙遠京都的戀人。日本的詩歌或和歌中沒有特指的話，幾乎所有的「花」指的都是櫻花。如果日本人說去賞花，基本上就是賞櫻花。

在日本，櫻花是國花，日本人對它既崇拜又喜愛。賞櫻是日本人春季最熱衷的活動。櫻花不僅是可供賞玩的美景，更帶有一種神性。日本的淺間大社，供奉著淺間大神木花開耶姬，就是那個嫁給了天孫邇邇藝命，最後在火中生下三個孩子的美麗女子。木花開耶姬生下三個孩子後不久就去世了，如同綻放後轉瞬間凋零飄落的花。這位可憐的女神成了櫻花女神，櫻花樹也成為淺間大社的神木。

傳說櫻花女神每年從沖繩出發，經過九州、關西和關東，在第二年的仲春時節到達北海道，將片片櫻花撒遍她所經過的每一寸國土。日本人每年春天賞櫻，就是對櫻花女神表示感謝。櫻花的純潔、雅致、美麗、高尚，使日本人如醉如痴。

櫻花富士山
白雪皚皚的富士山，如倒置的扇面，櫻花盛開時，如圖畫般在白扇上綻放，在湛藍的天空下分外美麗，被稱為「青空一朵玉芙蓉」。

櫻花是日本人心中最美麗的花。櫻花的花語是生命，日本人對生命的詮釋不同於其他的國家民族。他們認為，生命是短暫易逝的，要追求那種瞬間綻放極致美麗，卻又轉眼凋零落敗的物哀之美。在歌舞伎劇中，被折斷的櫻花代表美麗的女主角即將殉情殞命。

櫻花也代表日本的武士道精神。高潔的櫻花代表著高尚的靈魂終會返回神國。短暫的人生只是生命長河的一瞬間，武士們追求的是櫻花般絕美的瞬間。然而日本民間也有這樣美麗而恐怖的傳說：從前的櫻花只有白色的，英勇的武士在高潔美麗的櫻花樹下剖腹自盡，他們達成了自己的信仰，也成就了心願，在榮耀中死亡，櫻花樹下血流成河，染紅了櫻花的花瓣。所以，櫻花越紅，樹下的武士亡魂便越多。

竹

竹子是奇特的植物，它中空筆直，自帶一股清靜幽雅的正氣。在秉持「萬物有靈」信念的日本，竹子讓人產生很多聯想：這種中空的植物裡，是不是天然裝著一些能夠帶來幸福的東西呢？《竹取物語》中，老翁伐竹，從竹子中出現一個漂亮女孩，又在竹子中發現黃金，老翁也由此變成富翁。

日本彌生時代，竹子就已經視同神物，而竹籃和竹簸箕也被視為有魔力的東西，成為巫術的專用道具。在《古事記》和《日本書紀》神話中，天宇受賣命為了將躲在天之岩戶的天照大神引出來，曾經穿著從天之香具山取來的笹葉圍成的衣裙，跳起狂熱的舞蹈。所謂的笹葉就是矮小的細葉竹的葉子，笹葉是祭祀時專用的小竹葉。

至今，日本仍然流傳著用竹子祭祀的習俗，在每年的新年，京都的八幡神社就會進行「小正月」祭祀儀式，在神社裡焚燒門松。「門松」原本是平安時代從中國傳入日本的，包括松、竹、梅三樣，到了日本，就只用竹子。這一天，人們用帶葉子的青竹竿製成御神木，在神社中央十字形地上支起來。整個儀式中，人們圍繞著御神木燃起火焰，排著隊，依次到御神木旁將手中的新年飾物拋入火中燃燒，以此來迎神和祭神。

神社中手水舍的竹勺子

在祭神的儀式中，還有一種名為「太箸」的筷子，雖然是筷子，可兩頭尖尖中間鼓起。這種筷子兩頭都可以用，不過，一頭是人用的，另一頭是神用的，使用這種筷子相當於與神交流，人在使用筷子的時候，神靈就依附在上面了。

竹子乾淨清雅，在日本也被認為具有蕩滌邪穢的神聖作用。在神社的手水舍裡，會有竹子做的勺子用以淨手漱口。竹子被視作與神有關的植物，自然也是神社所用器具的首選。

竹子的除邪作用不僅體現在神社中，日本人在蓋房子前會在工地的死角放置青竹，用繩子拴住竹子，再向神明祈禱，驅邪除穢，保佑房子順利建成，保佑建好後的房子家宅安寧，這種儀式叫「忌竹」。日本古時的喪葬儀式裡，也用青竹圍住棺槨，人們認為，青竹的神性能蕩滌汙穢與邪氣，引導亡靈趨向淨土之地。

魚

日本的國土如同漂浮在大洋中的一艘船，這個海島國家的生存離不開大海，海洋就是他們最大的糧食倉庫。不僅海裡有魚，山中也有魚。日本多山地，落差造成日本山川河流遍布本土，淡水河流中有很多魚類供人們食用。日本人幾乎每頓飯都離不開魚，魚的形象也深入到日本生活的各個層面。

日本人喜歡釣魚，漁民釣魚為了生活，普通人釣魚為了快活，傳說中的浦島太郎，也是靠釣魚釣到了美好生活。日本人不僅名字裡有魚，地名也有，比如糸魚川市。此外，魚也被裝飾在各種各樣的布料、建築和器具上，點綴出粗樸的海洋風。在很多祭祀中，魚也經常出現，比如相撲比賽，獲勝取得橫綱寶座之時，相撲手除了得到獎盃，還會獲得一條大鯛魚。

鯉魚旗
飄揚的鯉魚旗，代表著一家人其樂融融，也是希望的象徵：孩子將在父母的呵護教導下長大成才，終有一天魚躍龍門。

魚在日本有著豐富的神話色彩，比如在五月五日，家家戶戶都會在門外掛起色彩豔麗的鯉魚旗。這是日本文化受中華文化影響而產生的風俗，所借用的是《後漢書》中魚躍龍門瀑布變成龍的典故。鯉魚旗中，黑魚旗代表父親，紅魚旗代表母親，藍色旗的小魚代表孩子。日本人希望家中的男孩也能像小鯉魚，奮力一搏，有朝一日躍上龍門，出人頭地，成為有為之人。

魚類成精化作人形的故事，在杉浦日向子的《百物語》中也有很多，比如曾經有一個疏通護城河的工程隊，工頭在夜間接待了一位客人，客人請求他在第二天疏通虎之門護城河的時候，如果捉住四尺長的大鰻魚，要放牠一條生路。工頭知道，這種大鰻魚通常是護城河的主人，也就是河神，所以滿口答應，並請客人吃了小米飯。第二天，果然出現了大鰻魚，可惜捕撈的工人不知道，工頭趕到時，大鰻魚已經死去了。人們剖開大鰻魚的肚子，裡面有還沒消化的小米飯，從此，這位工頭再也不吃鰻魚了。

日本的魚傳說中，也不忘提及全世界都關注的特殊魚類：人魚。在日本，美人魚的傳說十分幽玄可怖，人魚不是用來觀賞並與之戀愛的，而是用來吃的。夢枕貘的小說《陰陽師》中，有一個食用了人魚肉而長生不老的比丘尼，體內孕育著妖魔，每隔三十年就要找陰陽師進行除魔。

傳說在若狹的小濱，有一名叫高橋的漁夫，他帶來了人魚肉。烹飪後，高橋用它款待小濱的村民，聞起來味道十分鮮美，但村民沒有人敢吃。只有一個村民偷偷地藏了一塊在袖子裡帶回家中，原本只是當成稀奇東西收藏，結果被女兒誤食了。出於對未知事物的恐懼，所有人都認為這個女孩會為他們帶來災禍，便將她趕出村子。沒想到，誤食了人魚肉的女孩從此青春永駐，長生不老。

女孩離開家鄉，周遊世界，這樣度過了八百年，她感慨於世態炎涼，厭倦了永恆的生命，最後還是回到家鄉若狹，遁入空門，廣施恩惠，終於消失無蹤。有人說她已然成佛，也有人說她進入瀨山的洞穴中修行後，辟穀絕命。她活了八百多歲，日本人稱其為「八百比丘尼」，小濱的青井神社至今還供奉著八百比丘尼的神像。

日本人魚
日本的人魚意味著災難，會被人抓住吃肉，以達到長生不老的效果。

日本傳說中，特別是百物語類的故事裡，八百比丘也經常出現。比如有一則故事：一個人喝了酒之後，路過一眼泉水，看到水中一個尼姑在沐浴。那尼姑用刀剖開肚子，用泉水清洗腸子，傳出陣陣臭味。後來人們分析，這就是八百比丘尼，雖然人魚肉令她長生不老，但需時常清洗腸道。

日本的人魚據說肉味鮮美，能令人長壽，長相卻極其醜陋。日本經常有活捉人魚的記載，《繪本小夜時雨》中記載，大阪漁夫釣到過人魚，上半身長得和人一樣，下半身是魚，還會像小嬰兒一樣啼哭。

如今的大阪浪速瑞龍寺還收藏了一條人魚標本。大阪富商萬代藤兵衛從漁民手裡購得一條人魚，到手時還是活的，但飼養方法不當，人魚被他養死了，他就將人魚做成標本贈給了瑞龍寺。萬代藤兵衛同時也捐贈了龍和河童的標本。和歌山縣橋本市的蘇萱堂也供奉著一具人魚標本，與瑞龍寺的人魚相同的是，兩個人魚都長得奇醜無比。

靜岡天照教總社封存著日本最古老的人魚，這人魚被製成木乃伊，有著離奇的身世傳說。

據說在一千四百多年前，隱居在琵琶湖石山寺的聖德太子，在河邊溫習佛戒經文，這時一條人魚躍出水面來到岸邊，大聲向太子自陳身世——他本是水邊漁夫，因殺生變成了醜陋的人魚，聽到太子念誦經文受到感化，向太子許願，死後願以自身為戒，告誡殺生的人。人魚說完就氣絕身亡。聖德太子將人魚帶到了石山寺，製成木乃伊封存起來。相傳，夢到這個人魚三次，就會結善緣而長命百歲，在這裡，人魚又成了吉祥物。

各種鳥

在日本，飛鳥象徵人的靈魂；日本山林茂密，有無數種鳥類，各色飛鳥也為人們帶來了無窮聯想。

烏鴉在中國大部分地區被視為不吉利，而在西方，烏鴉是吉祥之鳥。在日本，烏鴉有著至高無上的神性。日本的很多神話傳說中都有烏鴉的影子。

神武天皇東征時，一路激戰來到和歌山的熊野，在山林中迷失了方向。這時，天照大神派出八咫烏，為神武天皇引導方向，讓他擺脫迷陣，突出重圍。八咫烏原名賀茂建角身命，又稱日之精八咫烏，是一隻三隻腳的烏鴉，牠的脖頸上掛著八尺瓊勾玉，擁有突破迷霧、看清真相的本領。賀茂建角身命是山城賀茂氏的祖先，是下鴨神社的主祭神。這隻三腳烏鴉，後來成為日本的「立國神獸」，日本國內有三千多個熊野神社拜祭烏鴉，以祈禱吉祥。此後，三足八咫烏也作為日本足協的徽記，繡在日本國足的球衣上。

在日本的熊野本宮大社，三足烏的三足代表其主祭神家津美御子的三種美德「仁、智、勇」。也有人認為，三足烏代表熊野的三股家族勢力，藤白鈴木氏、宇井氏和榎本氏，鈴木氏的家徽正是三足烏。

綠雉是日本的國鳥，最早出現在人們所熟悉的桃太郎神話中，桃太郎的三個小夥伴原本都不簡單：小狗是犬神，綠雉雞是神鳥，小猴是猴神。所謂一人得道，雞犬升天，桃太郎被人們崇敬信仰，綠雉雞也成了神，被供奉在桃太郎神社中，是日本民間普遍認可的神鳥。不僅如此，綠雉也是唯一印在日元上的鳥類，可見日本人對綠雉的喜愛。

綠雉被日本人評為國鳥也是經過綜合考慮的。首先，綠雉是日本土生土長的鳥，而且不是候鳥，牠常駐本地，因此也被當成一種守護神。日本人喜歡綠雉，還因為這種鳥是狩獵時最常見的鳥，羽毛漂亮，味道鮮美，口感滑嫩。這就有違評選國鳥的初衷了，原本日本提倡各國選擇國鳥是為了保護鳥類，而把「好吃」作為評選國鳥的理由，非常無厘頭。

為神武天皇引路的三足烏

三足烏受天之命，引導神武天皇走上正途，避開邪魔妖怪。

朱鷺是日本皇室的聖鳥，長相帶著十足的貴族氣質，羽毛潔白，腿腳修長，豔紅色的頭，黑長的嘴，走起路來從容優雅，飛在空中婀娜縹緲，被稱為「東方寶石」。在日本神話體系中，朱鷺是代表日本的神鳥。正因如此，在拉丁語中，朱鷺譯為「日本的日本」，非常具有本土氣息。在日本，朱鷺是吉祥的象徵，因為瀕危，也經常與中國進行物種交換繁衍。

朱鷺

百物語中，有一種神奇的鳥名為借物鳥，並不是真正存在的生物，而是一種妖精，會在夜晚潛入普通人家的臥室，向人借走五官，並聲明只借一晚，然後飛到華麗的宅邸中去高歌，第二天，就會如約將五官還回來。被借五官的人，會感受到喉嚨火辣辣的，也許，這鳥變作人形就是為了尋歡作樂吧。

系譜表

別天神

高天原造化三神

天之御中主神
（天空的中心之神）

高御產巢日神
（產靈之神）

神產巢日神
（產靈之神）

宇摩志阿斯訶備比古遲神

天之常立神

神世七代

第一代

國之常立神

第二代

豐雲野神

宇比地邇神（男，泥土神）	第三代	須比智邇神（女，沙土神）
角杙神（男，木樁神）	第四代	活杙神（女，木樁神）
意富斗能地神（男，建築神）	第五代	大斗乃辨神（女，建築神）
淤母陀琉神（男，創造面目的神明）	第六代	阿夜訶志古泥神（女，傳輸思想的神明）
伊邪那岐（男，又稱伊奘諾尊）	第七代	伊邪那美（女，又稱伊奘冉尊）

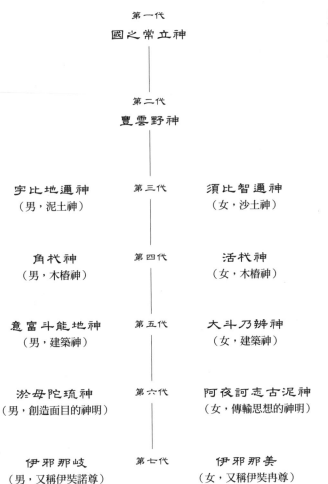

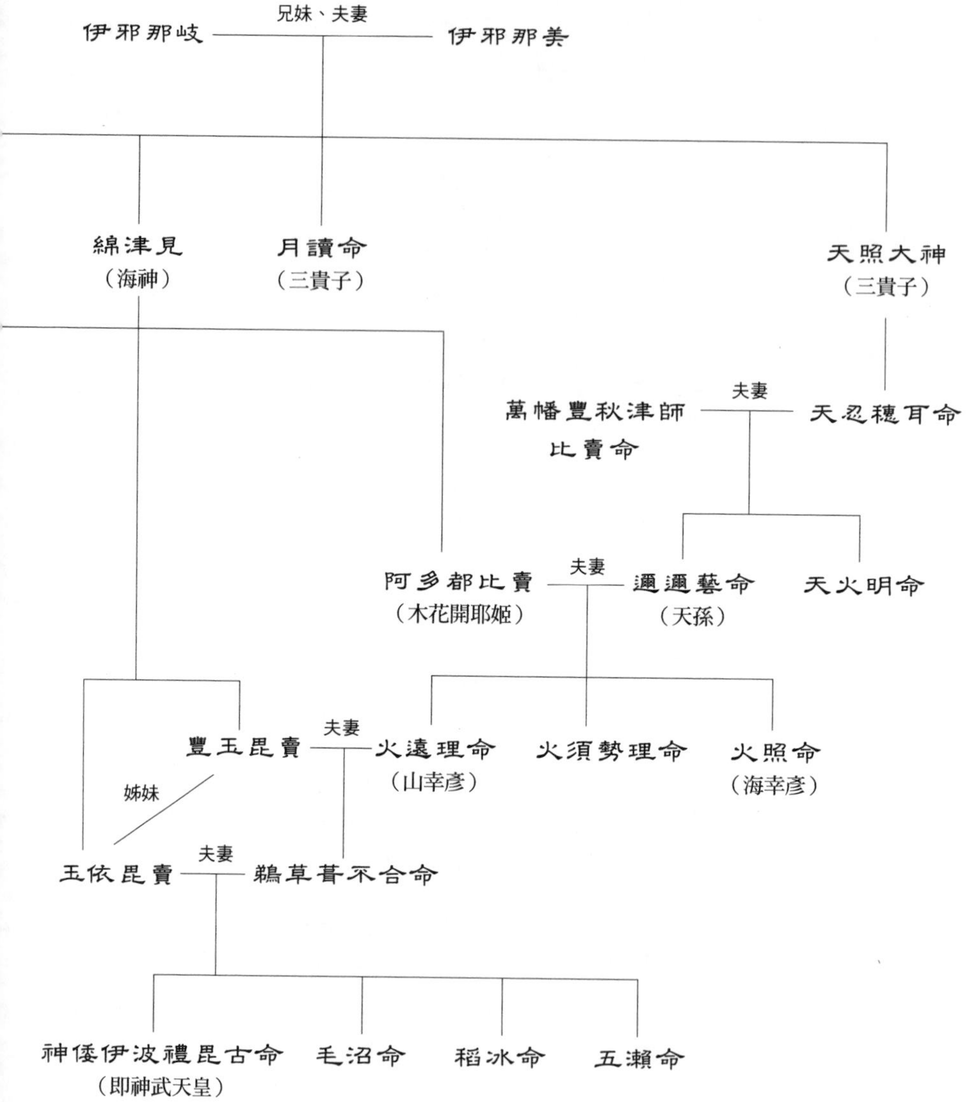
伊邪那岐
兄妹、夫妻
伊邪那美
綿津見
（海神）
月讀命
（三貴子）
天照大神
（三貴子）
萬幡豐秋津師比賣命
夫妻
天忍穗耳命
阿多都比賣
（木花開耶姬）
夫妻
邇邇藝命
（天孫）
天火明命
豐玉毘賣
夫妻
火遠理命
（山幸彥）
火須勢理命
火照命
（海幸彥）
姊妹
玉依毘賣
夫妻
鵜草葺不合命
神倭伊波禮毘古命
（即神武天皇）
毛沼命
稻冰命
五瀨命

天津神

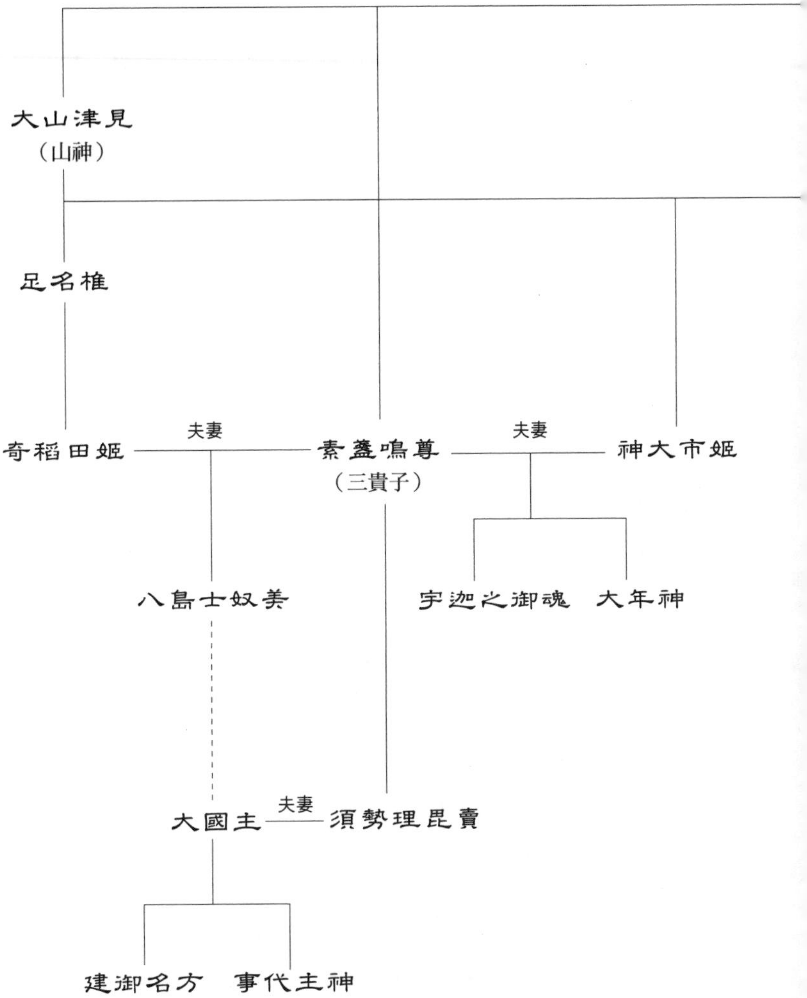
大山津見
（山神）
足名椎
奇稲田姫
夫妻
素盞嗚尊
（三貴子）
夫妻
神大市姫
八島士奴美
宇迦之御魂
大年神
大國主
夫妻
須勢理毘賣
建御名方
事代主神

國津神

日本神話
從創世神話到妖怪物語，奇巧、炫麗的神鬼世界

作　　者　李潔
封面設計　白日設計
內頁排版　高巧怡
行銷企劃　江紫涓、蕭浩仰
行銷統籌　駱漢琦
業務發行　邱紹溢
特約編輯　吳佩芬
責任編輯　吳佳珍
總 編 輯　李亞南
出　　版　漫遊者文化事業股份有限公司
地　　址　台北市松山區復興北路331號4樓
電　　話　(02) 2715-2022
傳　　真　(02) 2715-2021
服務信箱　service@azothbooks.com
網路書店　www.azothbooks.com
臉　　書　www.facebook.com/azothbooks.read
營運統籌　大雁文化事業股份有限公司
地　　址　台北市松山區復興北路333號11樓之4
劃撥帳號　50022001
戶　　名　漫遊者文化事業股份有限公司
初版一刷　2021年6月
初版四刷 (1)　2023年6月
定　　價　新台幣330元
I S B N　978-986-489-484-0

圖書許可發行核准字號：文化部部版臺陸字第110124 號

國家圖書館出版品預行編目 (CIP) 資料

日本神話：從創世神話到妖怪物語，奇巧、炫麗的神鬼世界／李潔著. -- 初版. -- 臺北市：漫遊者文化事業股份有限公司出版：大雁文化事業股份有限公司發行，2021.06
288 面；14.8×21 公分
ISBN 978-986-489-484-0（平裝）
1. 神話　2. 日本
283.1　　110008501